유아교사를 위한
일과 운영 방법

김금주 · 유윤영 · 오진희 · 김은정 · 박형신 공저

학지사

머리말

오늘날의 유아는 다른 어느 때보다 유아교육기관에서 많은 시간을 보낸다. 그렇기 때문에 잘 짜여진 유아교육기관의 하루 일과는 유아의 발달과 행복한 삶을 위해 필수적이다. 또한 등원에서 귀가로 이어지는 유아교육기관의 하루 일과는 유아교육철학과 신념 등이 반영되어 있어 유아교육과정을 상징하는 대표성을 띤다. 유아의 발달과 흥미에 기초한 하루 일과는 유아에게 일관된 교육을 제공하며 안정감 있는 기초를 형성할 수 있다는 점에서 가치를 갖는다.

유아교육 현장에서 유아교육의 목표를 성공적으로 달성하기 위해 가장 중요한 요소는 유아교사의 역량이다. 일과 운영을 잘하기 위해 유아교사는 먼저 일과가 갖는 교육적 의미를 파악해야 하며, 아울러 유아의 학습특성을 고려한 발달에 적합한 교수-학습활동을 계획할 줄 알아야 한다. 또한 알고 있는 실천적 지식을 유아교육의 현장 상황에 적합하게 활용할 줄 알아야 한다. 교수-학습원리에 대한 이해는 교사의 원활한 수업을 위해 필수적이다. 그러기 위해 매일의 일과 중에 진행되는 다양한 유아교수-학습활동의 중요성과 교사로서의 역할 및 효율적 지도방법을 숙지하는 것은 매우 중요하다.

이 책은 이러한 중요성을 감안하여 하루 일과 운영을 중심으로 집필되었으며, 유아의 일상생활 습관의 형성과 관련된 활동뿐 아니라 자유선택활동, 대 · 소집단활동에서의 구체적인 교수-학습방법을 제시함으로써 유아교사와 예비유아교사, 현장 전문가들에게 좋은 시침서가 되도록 하였다.

제1부는 일과 운영에 대한 전반적인 이해를 중심으로 일과 계획을 위한 유아교육과정의 조직, 일과 운영의 의미와 유형, 일과의 구성, 효율적 일과 운영을 위한 교수-학습방법, 평가와 교사의 역할 등을 다루었다. 제2부는 유아교육 현장의 하루 일과 운영의 실제를 중심으로 등원부터 자유선택활동, 대·소집단활동, 급식·간식과 낮잠, 실외놀이 등 각각의 활동의 교육적 가치와 교사로서의 교수-학습방법 및 역할을 제시하였다.

이 책이 유아교사와 예비유아교사 그리고 현장 전문가들이 일과를 중심으로 한 유아교육 현장을 구체적으로 이해하는 데 도움이 되길 바라며, 이 책이 나올 수 있도록 도움을 주신 강릉원주대학교 부설유치원, 침례유치원 교사들과 학지사에 감사드린다.

2012년

저자 일동

차 례

Part 02 일과 운영의 실제

Part 01

일과 운영의 이해

제1장

유아교육과정의 성격

1 유아교육과정 일과 운영의 이론적 기초

교육과정은 철학적 관점에 따라 의미와 범주가 다르게 규정된다. 교육과정의 개념은 인간, 사회, 교육, 지식, 자연, 환경, 문화 등을 어떻게 보는가에 따라 다양한 의미로 해석될 수 있으며, 그에 따라 교육과정을 다양하게 정의하고 있다. 또한 교육과정을 넓게 혹은 좁게 생각하느냐, 교육과정을 가르치는 내용이나 교과로 보느냐 혹은 학생들이 하는 경험으로 보느냐에 따라 그 의미가 달라질 수 있다. 아직 교육과정에 대한 정의가 구체적으로 제시되고 있지 않지만, 여기서는 교육과정을 학교교육 안에서 적용하는 것으로, '형식적인 교육을 위한 목표, 내용, 방법, 평가를 체계적으로 조직한 교육계획'(교육과학기술부, 2008a)으로 정의한다.

유아교육과정은 여러 가지 철학적 · 심리적 · 사회적 측면의 토대를 바탕으로 이루어진다. 철학적 측면에서는 코메니우스(Comenius)부터 현대철학자에 이르기까지 인본주의, 아동중심주의, 노작주의, 진보주의, 구성주의 등에 영향을 받았다. 그리고 심리적 측면에서는 여러 가지 발달 이론들과 구성주의 접근의 영향을 받았으며, 사회적 측면에서는 사회구조의 변화와 유아교육에 대한 인식의 확대 등에 영향을 받았다.

유아교육과정은 초·중등 교육과정에 비해 여러 가지 측면에서 더 복잡하고 다른 양상을 보이는데 그 이유는 크게 다음과 같은 세 가지다. 첫째, 대상으로 하는 아동의 연령 범위가 넓고 이 시기가 일생 동안 성장과 발달적 변화가 가장 빠르게 일어난다는 점이다. 따라서 유아교육은 좀 더 유아 개인의 발달 수준을 고려해야 하며, 보호와 양육뿐 아니라 교육을 모두 포함해야 한다. 둘째, 유아의 발달적 특성에 따라 초·중등 교육과 달리 유아교육의 교수방법에서는 교재·교구가 중요하다는 점이다. 셋째, 유아교육의 목적에 대해서도 다양한 의견이 존재한다. 유아교육의 목적을 학습의 결과로 보는 경우, 유아의 발달을 돕는 포괄적인 면으로 보는 경우다(Spodek, 1991).

이러한 특성들에 따라 유아교육과정에 대한 정의는 아직 충분하게 이론화되지 못하고 있으며, 많은 학자들에 의해 다양하게 정의되고 있다. 몇몇 학자들의 유아교육과정에 대한 정의를 살펴보면 다음과 같다. 첫째, 유아가 학습할 내용(content), 교육과정 목표를 성취해 나가는 과정(process), 목표를 성취하도록 돕는 교사의 역할, 교수와 학습이 발생하는 상황에 관해 서술한 조직화된 틀(framework)이다(Bredekamp & Rosegrant, 1992). 둘째, 학교환경 안에서 아이들의 학습을 위해 공식적·비공식적 기회를 제공하도록 고안되고 조직화된 경험이다(Spodek & Saracho, 1994). 셋째, 유아교육과정은 유아의 전인적 성장과 발달을 돕기 위해 유아교육기관에서 유아가 학습할 내용, 교육과정 목표를 성취해 나가는 과정, 유아의 목표 성취를 돕기 위한 교사의 역할, 교수와 학습이 발생하는 상황에 관해 계획한 조직화된 틀이다(한국유아교육학회, 2006). 이처럼 유아교육과정에 대한 정의는 그 범위가 매우 넓다. 이를 요약하면, 넓은 의미로는 유아들이 경험하는 모든 것이라고 할 수 있으며, 좁은 의미로는 학교환경 안에서 교사가 의도적으로 계획한 교육활동이라고 할 수 있다.

유아교육기관에서의 하루 일과는 교육과정의 기본적인 틀로서 작용한다. 하루 일과를 운영하기 위해 교사는 국가수준의 교육과정을 바탕으로 개별 유아교육기관의 교육철학, 유아교육기관이 속한 지역사회의 요구, 그리고 유아의 연령과 발달수준, 흥미 등을 고려하여 교육과정을 구성한다. 유아교육과정은 주로 1년을 단위로 구성되지만, 3~5세 유아들의 3년간 교육과정을 구성할 수도 있다. 연간교육과정은 유아의 발달과 흥미, 관심을 중심으로 한 생활주제들로 이루어지며, 생활주제는 주로 월간 교육계획으로 구성된다. 월간교육계획의 생활주제는 여러 개의 주제로 나눌 수 있는데, 이때의 주제는 주간교육계획의 바탕이 된다. 주간교육계획의 주제는 다시 소주제로 나뉘고, 이는 일일교육계획으로 구성된다.

하루 일과는 연간, 월간, 주간 교육계획 안에서 이루어지는 것으로, 선정된 소주제를 중심으로 일과를 계획하고 활동을 제공하는 것은 유아교육과정 운영에 가장 중요한 요소다(이기숙, 2000). 하루 일과는 특정한 주제를 연계성 있고 통합적으로 운영할 수 있도록 하는 기본 단위로서 등원에서 귀가까지 일과 시간표로 나타난다. 하루 일과는 정적인 활동과 동적인 활동, 개별활동과 대·소집단활동, 실내활동과 실외활동, 교사주도 활동과 유아주도 활동이 적절하게 배치되도록 구성해야 하며, 이를 통해 유아는 다양한 경험을 함으로써 통합적으로 발달이 이루어질 수 있어야 한다.

2 우리나라 유아교육과정의 성격

우리나라의 유아교육기관은 교육과학기술부 관할의 유치원과 보건복지부 관할의 어린이집으로 이원화되어 있으며, 각각 「교육기본법」 「유아교육법」과 「영유아보육법」에 근거하여 교육하도록 규정되어 있다. 따라서 유치원과 어린이집의 특성을 고려한 국가수준의 유치원 교육과정과 표준보육과정이 개별적으로 존재한다. 그러나 유아 단계에서 교육과 보육 문제에 의한 저출산 경향을 완화하고, 양질의 교육을 제공하기 위해 '만 5세 공통과정'이 도입됨에 따라, 2011년 교육과학기술부와 보건복지부에서는 유치원과 어린이집으로 이원화되어 있는 교육 · 보육 과정을 선별 · 보완하여 '5세 누리과정'을 고시하였다(2011. 9. 5.). 이는 비록 5세 유아만을 대상으로 한 교육과정이나 그동안 이원화되어 있던 국가수준의 유아교육과정을 일원화한 공통과정이라는 점에서 의의가 있다. 우리나라 유아교육과정의 성격과 내용을 세부적으로 살펴보면 다음과 같다.

1) 유치원 교육과정

2011년 현재 우리나라 유치원 교육과정의 국가수준 기준을 제시하고 있는 2007년 개정 유치원 교육과정은 만 5세 공통과정의 도입으로 2012년 3월부터 '5세 누리과정'과 '만 3~4세 교육과정'으로 분리 · 적용된다. 그러나 유치원 교육의 목적과 목표를 달성하기 위한 교육과정의 공통적 · 일반적 기준은 동일하며, 이를 살펴보면 다음과 같다.

유치원 교육과정의 성격은 ① 국가수준의 공통성과 개인수준의 다양성을 추구하는 교육과정, ② 유아의 전인적 성장 발달과 행복을 추구하는 교육과정, ③ 자율성과 창의성 신장을 위한 유아중심 교육과정, ④ 일상생활과 놀이 속에서 통합적으로 실현해 가는 교육과정, ⑤ 교육청, 지역사회, 유치원, 교원, 유아, 학부모가 함께 실현해 가는 교육과정, ⑥ 유치원 교육의 질적 수준을 유지 및 관리하기 위한 교육과정이다(교육과학기술부, 2008a).

유치원 교육과정은 교과중심의 교육과정이 아니라, 유아의 생활경험과 놀이를 중심으로 한 주제중심 통합교육과정의 성격을 가지고 있다. 유치원 교육은 유아에게 알맞은 교육환경을 제공하여 유아를 교육하고 심신의 조화로운 발달을 돕는 것을 목적으로 한다.

(1) 만 3~4세 교육과정

교육과정은 건강생활, 사회생활, 표현생활, 언어생활, 탐구생활의 5개 영역으로 구성된다. 각 생활영역의 목표와 내용은 다음과 같다.

■ 건강생활 영역

• 목표: 자신의 신체를 긍정적으로 인식하고, 생활에 필요한 기초 체력을 기르며, 건강하고 안전한 생활 습관을 형성하는 데 있다.

• 내용:

- 나의 몸 인식하기: 감각 기관을 활용하고 자신의 몸을 움직여 봄으로써 주변 환경을 바르게 지각하고, 자신의 신체 능력을 긍정적으로 인식하도록 한다.
- 나의 몸 움직이기: 유아기에 발달하는 기본 운동 기능을 이용한 활동을 함으로써 기초 체력을 기르고 유능한 신체 운동 능력을 기르도록 한다.
- 건강하게 생활하기: 청결, 영양, 질병 예방, 휴식과 같은 신체 건강뿐 아니라 정신 건강을 유지하여 건강한 생활 습관을 갖도록 한다.
- 안전하게 생활하기: 유아기부터 안전사고에 대비할 수 있도록 안전과 관련된 지식을 습득하고, 위험 요소를 미리 예측하여 대비할 수 있는 태도와 능력을 기르도록 한다.

■ 사회생활 영역

• 목표: 자신과 다른 사람을 존중하고, 더불어 살아가는 능력을 기르는 데 있다.

• 내용:

- 나를 알고 사랑하기: 자신을 소중하게 여기며 이를 바탕으로 자신의 일을 스스로 하고, 자기 감정을 알고 조절할 수 있도록 한다.
- 가족과 함께 생활하기: 가족의 소중함을 느끼고, 가족 구성원들과 도움을 주고받으며 화목한 가정을 이루기 위해 함께 노력하는 태도를 기르도록 한다.

- 이웃과 더불어 생활하기: 대인관계에 필요한 기본적인 예절을 익히고, 나와 다른 차이점을 이해하며 수용하는 태도를 형성하도록 한다. 또한 집단생활을 잘 유지하기 위해 필요한 기초 질서와 규칙을 이해하고 따르며, 사회 구성원들 간의 협력의 중요성을 경험을 통해 이해하도록 한다.
- 사회 현상에 관심가지기: 자신이 속한 지역 사회에 대해 알아보면서, 자연스럽게 지리, 경제, 문화 등 사회과학적 지식을 습득하고 이를 생활 속에 적용하여 사회적 문제해결력을 기르도록 한다.

■ 표현생활 영역

• 목표: 생각하고 느낀 것을 예술적으로 표현하고 감상함으로써 심미적 태도와 창의적 표현력을 기르는 데 있다.

• 내용:

- 자연과 생활에서 아름다움 찾아보기: 자연과 주변 환경에서 자연스럽게 접할 수 있는 소리나 음악, 움직임, 조형물에 관심을 기울이며, 예술 활동의 기본이 되는 다양한 요소를 찾아보도록 한다.
- 예술적 표현 즐기기: 다양한 예술 활동에 참여하여 생각과 느낌을 자유롭게 표현하도록 한다. 또한 음악, 움직임과 춤, 조형 활동, 극놀이를 통합적으로 경험하며 예술 활동의 과정을 즐기도록 한다.
- 감상하기: 음악, 움직임과 춤, 조형 활동, 극을 보고 듣고 즐기는 경험을 통해 아름다움을 느끼고, 자신의 표현뿐만 아니라 다른 사람의 예술적 표현도 존중하는 태도를 기르도록 한다. 또한 전통예술을 감상함으로써 우리 전통예술의 뛰어남과 아름다움을 느끼도록 하며, 전통예술에 대한 긍정적인 태도를 함양하고 문화적 정체성을 기르도록 한다.

■ 언어생활 영역

• 목표: 말과 글을 즐겁고 바르게 사용하기 위한 기초 능력과 태도를 기르는 데

있다.

• 내용:

- 듣기: 일상적인 이야기와 문학 작품을 듣는 가운데, 바르게 듣고 이해하는 능력을 기르고, 문학적 흥미와 우리말의 재미를 느끼도록 한다.
- 말하기: 자신의 생각과 느낌을 바르게 말하는 능력을 기르며, 상대방을 배려하여 말하는 태도를 기르도록 한다.
- 읽기: 주변의 친숙한 글자나 책의 내용에 대해 궁금해하며 글의 의미에 관심을 가지도록 한다.
- 쓰기: 자신의 생각과 느낌을 그림이나 긁적거리기 등 다양한 형태로 나타내기를 즐기며, 여러 가지 쓰기도구에 관심을 갖도록 한다.

■ 탐구생활 영역

• 목표: 자연을 존중하고, 창의적으로 탐구하며, 논리적으로 문제를 해결하기 위한 기초 소양을 기르는 데 있다.

• 내용:

- 탐구하는 태도 기르기: 주변의 사물과 자연환경에 대해 지속적으로 호기심을 가지고 적극적으로 탐구하며, 창의적으로 사고하는 태도를 기르도록 한다.
- 과학적 기초 능력 기르기: 유아가 주변의 사물과 생명체 및 자연현상에 대하여 능동적으로 탐구하는 경험을 통하여 자연을 존중하는 마음과 과학적으로 사고하는 능력을 기르도록 한다.
- 수학적 기초 능력 기르기: 유아가 주변을 탐색하고 놀이하면서 부딪히는 문제를 논리 · 수학적으로 해결하는 경험을 통하여 기초적인 수, 공간 및 도형과 측정에 대한 통찰력을 기르며, 규칙성을 이해하고 자료 정리 및 결과 나타내기의 능력을 기르도록 한다.

(2) 5세 누리과정

앞서 살펴보았듯이, 우리나라의 유아교육과정은 서로 다른 행정부서의 관할과 법체제를 바탕으로 유치원 교육과정과 표준보육과정으로 이원화되어 있었다. 그러나 2011년, 교육과학기술부와 보건복지부는 취학 전의 만 5세 유아에게 양질의 보육과 교육을 제공하는 것을 목적으로 만 5세 공통과정인 5세 누리과정을 확정 · 고시하였다. 5세 누리과정은 전반적으로 기본생활습관 및 질서, 배려, 협력 등 바른 인성을 기르기 위한 창의 · 인성 교육을 강조하고 있으며, 초등학교 교육과정과의 연계를 강화하고 있다. 또한 신체 운동 · 건강, 의사소통, 사회관계, 예술경험, 자연탐구의 5개 영역을 중심으로 유아 주도적인 경험과 놀이중심의 통합과정으로 구성되어 있다. 개별 영역의 교육내용과 목표를 살펴보면 다음과 같다.

■ **신체 운동 · 건강 영역**

- 목표: 기본운동능력과 건강하고 안전한 생활습관을 기르는 데 있다.
- 내용:
  - 신체 인식하기: 감각 능력을 기르고, 감각 기관을 적절히 활용하며, 신체를 인식하고 움직이는 능력을 기르도록 한다.
  - 신체 조절과 기본 운동하기: 신체 조절과 이동하며 운동하기, 제자리에서 운동하기 등의 능력을 기르도록 한다.
  - 신체 활동에 참여하기: 신체활동에 대한 자발적인 참여와 바깥에서의 신체활동, 기구를 이용한 안전한 신체활동을 하도록 한다.
  - 건강하게 생활하기: 몸과 주변을 깨끗이 하고, 식생활을 바르게 하며, 건강한 일상생활을 통하여 질병을 예방하도록 한다.
  - 안전하게 생활하기: 안전하게 놀이하고, 교통안전 규칙을 지키며, 비상시에 적절하게 대처할 수 있는 능력을 기르도록 한다.

■ 의사소통 영역

• 목표: 일상생활에 필요한 의사소통 능력과 바른 언어사용 습관을 기르는 데 있다.

• 내용:

- 듣기: 낱말과 문장, 이야기, 동요 · 동시 · 동화를 듣고 이해하고, 바른 태도로 듣는 습관을 기르도록 한다.
- 말하기: 낱말과 문장으로 말하기, 느낌 · 생각 · 경험 말하기, 상황에 맞게 바르게 말하기 등의 말하기 태도를 기르도록 한다.
- 읽기: 읽기와 책 읽기에 관심을 갖도록 한다.
- 쓰기: 쓰기에 관심을 갖도록 하고, 쓰기 도구를 바르게 사용하도록 한다.

■ 사회관계 영역

• 목표: 자신을 존중하고 다른 사람과 더불어 생활하는 태도를 기르는 데 있다.

• 내용:

- 나를 알고 존중하기: 유아가 자신을 알고 소중히 여기며 자신의 일을 스스로 하도록 한다.
- 나와 다른 사람의 감정 알고 조절하기: 유아가 자신과 다른 사람의 감정을 알고 표현하며, 자신의 감정을 조절하도록 한다.
- 가족을 소중히 여기기: 가족과 화목하게 지내고, 가족과 협력하도록 한다.
- 다른 사람과 더불어 생활하기: 친구와 사이좋게 지내고, 공동체에서 화목하게 지내도록 한다.
- 사회에 관심 갖기: 지역사회와 우리나라에 관심을 갖고 이해하도록 하며, 세계와 여러 문화에 관심을 갖고, 사회적 가치를 알고 지키도록 한다.

■ 예술경험 영역

• 목표: 아름다움에 관심을 가지고 예술 경험을 즐기며, 창의적으로 표현하는 능력을 기르는 데 있다.

• 내용:

- 아름다움 찾아보기: 음악적 요소와 미술적 요소, 움직임과 춤을 탐색하도록 한다.
- 예술적 표현하기: 음악, 움직임과 춤, 미술활동, 극놀이로 표현하고, 이를 통합적으로 표현하도록 한다.
- 예술 감상하기: 다양한 예술 장르와 전통예술을 감상하도록 한다.

■ 자연탐구 영역

• 목표: 호기심을 가지고 주변세계를 탐구하며, 일상생활에서 수학적 · 과학적 문제해결 능력을 기르는 데 있다.

• 내용:

- 탐구하는 태도 기르기: 호기심을 유지하고 확장하며, 탐구과정을 즐기고 탐구기술을 활용하도록 한다.
- 수학적 탐구하기: 수와 연산, 공간과 도형의 기초개념 형성, 기초적인 측정, 규칙성의 이해, 기초적인 자료 수집과 결과 나타내기를 해보도록 한다.
- 과학적 탐구하기: 물체와 물질, 생명체와 자연환경 및 자연현상에 대해 알아보고, 간단한 도구와 기계를 활용해 보도록 한다.

2) 표준보육과정

어린이집 보육과정의 국가수준 기준을 제시하고 있는 표준보육과정(보건복지부, 2010)은 만 2세 미만, 만 2세, 만 3~5세로 구분된 연령집단을 상정하고 각 연령집단을 수준별로 세분하여 이에 근거한 목표와 내용을 체계화하고 있다. 5세 누리과정이 도입됨에 따라 만 3~5세 연령집단의 보육과정은 만 3~4세 보육과정과 누리과정으로 구분되었으나, 이에 대한 성격은 동일하다. 즉, 이는 보육시설 영유아의 보육 목적과 목표를 달성하기 위한 국가수준의 보육과정이며, 6세 미만의 영유아가 갖추어야 할 바람직하고 적합한 태도와 가치, 지식과 기술을 포함하고, 이를 통해 영유아의 잠재력을 최대한 발휘하여 완전한 어른으로 성장하도록 한다. 또한 표준보육과정은 보육환경의 질을 높이고 교사의 역할을 강화하며, 부모, 가족, 지역사회와 협력을 꾀하고, 영유아와 보호자의 성, 연령, 종교, 사회적 신분, 재산, 장애, 출생지역, 민족배경 등에 따라 차별하지 않고 운영하도록 한다(보건복지부, 2010).

표준보육과정은 영유아의 전인적 성장과 발달을 돕고 민주시민으로서의 자질을 길러 심신이 건강하며 조화로운 사회구성원으로 자라도록 하는 데 목적이 있으며, 기본생활, 신체운동, 사회관계, 의사소통, 자연탐구, 예술경험 등의 6개 영역으로 구성되어 있다. 각 영역의 목표와 내용은 다음과 같다.

■ 기본생활 영역

• 목표: 건강, 안전, 바른생활에 관한 지식 · 기술 · 태도를 배우고 익혀서, 건강과 안전한 행동을 알고 실천하며 바른 습관을 갖는 데 있다.

• 내용:

- 건강한 생활: 청결과 위생, 수면과 휴식, 바른 식생활과 의생활을 통하여 유아의 몸과 마음을 건강하게 유지하도록 한다.
- 안전한 생활: 위험을 알고 안전하게 행동하며, 비상시 대처하는 능력을 길러서 자신과 타인을 보호하도록 한다.
- 바른 생활: 일상생활에서 바른 예절과 기본 질서를 지키며, 자원을 아끼는 태도를 기르도록 한다.

■ 신체운동 영역

• 목표: 자신의 신체를 긍정적으로 인식하고 즐겁게 신체활동에 참여함으로써 영유아기에 필요한 기본 운동능력을 기르는 데 있다.

• 내용:

- 감각과 신체 인식: 기본적인 감각능력을 기르고, 감각기관을 활용하며, 자신

의 신체를 긍정적으로 인식하도록 한다.

- 신체조절과 기본 운동: 협응력과 신체조절 능력을 기르고, 신체균형감을 익히며, 기본 운동능력을 습득하도록 한다.
- 신체활동 참여: 신체활동에 자발적으로 참여하여 안전하고 즐겁게 활동을 함으로써 기초 체력을 형성하도록 한다.

■ **사회관계 영역**

- 목표: 자신에 대한 긍정적인 존중감을 형성하고, 자신과 타인의 다양한 정서를 인식하여 이를 다양한 사회적 관계에서 적절하게 활용하는 데 있다. 또한 가족을 비롯한 또래, 공동체에서의 긍정적인 관계를 형성하고, 유능한 사회 구성원으로서 능동적인 역할을 수행하기 위해 필요한 사회적 지식을 습득하는 것이다.
- 내용:
  - 자기존중: 자신을 인식하고 소중하게 여기도록 한다.
  - 정서인식과 조절: 자신과 타인의 정서를 알고 조절하도록 한다.
  - 사회적 관계: 가족과 또래, 공동체와의 안정적이며 긍정적인 사회적 관계를 형성하도록 한다.
  - 사회적 지식: 지역사회와 우리나라, 세계에 관심을 갖고 사회적 가치를 실현하기 위한 사회적 지식을 습득하도록 한다.

■ **의사소통 영역**

- 목표: 듣고 말하는 것을 즐기며, 상황에 맞는 언어를 익혀 바른 언어생활을 하도록 하고, 일상생활에 필요한 의사소통능력과 기초적인 문해능력을 기르는 데 있다.
- 내용:
  - 듣기: 다른 사람의 이야기와 다양한 동요, 동시, 동화를 듣는 경험을 통해 주

의 깊게 듣는 태도와 이해력을 기르도록 한다.

- 말하기: 정확한 발음으로 바르게 말하는 태도를 기르고, 다른 사람들과 대화하고 토론하며 서로의 의견을 나누는 능력을 기르도록 한다.
- 읽기: 글과 글자에 친숙해지는 경험을 통해 글자 모양을 인식하고 글의 의미를 이해하며 읽기에 흥미를 갖도록 한다.
- 쓰기: 여러 가지 쓰기도구에 관심을 갖고 자신의 느낌, 생각, 경험을 글로 표현하는 데 흥미를 갖도록 한다.

■ 자연탐구 영역

• 목표: 일상생활에서 탐구능력을 기르고 수학적 · 과학적 탐구를 위해 필요한 지식과 이해를 스스로 구성하는 데 있다.

• 내용:

- 탐구하기: 태도 · 기술과 관련된 것으로 주변 사물과 자연환경에 대해 지각하고 호기심을 가지며, 수학적 · 과학적 문제 해결을 위해 기초 기술을 사용하여 탐구 능력을 기르도록 한다.
- 수학적 탐구: 일상생활의 여러 상황과 문제를 수학적으로 이해하고 해결하기 위하여 기초 지식을 구성하도록 한다.
- 과학적 탐구: 자연 세계에 대한 기초 지식을 구성하도록 한다.

■ 예술경험 영역

• 목표: 주변의 친근한 환경과 일상생활에 관심을 보이고 예술적 요소를 직접 경험하고 즐김으로써 창의성과 감성을 기르는 데 있다.

• 내용:

- 심미적 탐색: 주변의 생활환경에서 예술적 요소에 관련된 형상이나 사물을 흥미롭게 살펴보며 집중하여 탐색하도록 한다.
- 예술적 표현: 자신의 생각과 느낌을 다양한 예술적 방법으로 표현하는 것을

표 Ⅰ-Ⅰ ● 우리나라 국가수준 유아교육과정의 목적과 목표 및 영역별 내용 비교

구분	유치원 교육과정		표준보육과정
적용 대상	만 3~4세 유아	5세 누리과정(만 5세 유아)	만 5세 미만의 영유아
구성	21세기 지식 정보화 시대를 주도할 '사람과 자연을 존중하고 사랑하는 한국인 육성'을 기본 방향으로 한다. 가. 사람과 자연을 존중하고 사랑하는 세계관을 바탕으로 구성한다. 나. 유아의 기본생활습관과 전통문화, 창의성을 강조하여 구성한다. 다. 지역과 유치원의 자율성을 확대하도록 구성한다. 라. 유치원 교육의 정체성을 살리며 초·중등학교와 연계하여 구성한다. 마. 유아의 발달 특성을 고려하여 수준별 교육과정을 구성한다. 바. 교육과정 평가 체제를 통하여 교육에 대한 질 관리를 강화하도록 구성한다.	가. 만 5세아의 기본생활습관과 질서, 배려, 협력 등 바른 인성을 기르는 데 중점을 둔다. 나. 사람과 자연을 존중하고, 우리 문화를 이해하는 데 중점을 둔다. 다. 전인발달이 고루 이루어진 창의적 인재를 기르는 데 중점을 둔다. 라. 초등학교 교육과정과의 연계성을 고려한다. 마. 5개 영역을 중심으로 주도적인 경험을 강조하고, 놀이중심의 통합과정으로 구성한다. 바. 1일 3~5시간의 운영을 기준으로 한다.	가. 총 6개 영역, 즉 기본생활, 신체운동, 사회관계, 의사소통, 자연탐구, 예술경험 영역으로 구성한다. 각 영역은 영유아가 건강하고 안전하며 바르게 생활하는 데 필요한 내용과 신체, 사회, 언어, 인지, 정서 등 전인적 발달을 위해 영유아가 갖춰야 할 지식, 기술, 태도를 포함한다. 나. 각 영역은 연령집단별로, 즉 만 2세 미만, 만 2세, 만 3~4세 영유아로 구분한다. 각 영역은 연령별 목표와 내용을 기술하되, 세 연령 집단의 보육 목표와 내용을 계열성 있게 경험하도록 제시한다. 다. 각 연령집단별 보육 내용은 각각의 수준으로 나누어서 구분한다. 보육과정에서 만 2세 미만, 만 2세, 만 3~4세 보육 내용은 각각 연령, 발달, 개인차를 고려하여 수준별로 구분한다.
목적과 목표	유아에게 알맞은 교육환경을 제공하여 유아를 교육하고 심신의 조화로운 발달을 돕는 것을 목적으로 한다. 이를 실현하기 위해 다음과 같은 교육목표를 둔다.	만 5세아에게 필요한 기본 능력과 바른 인성을 기르고, 민주 시민의 기초를 형성하는 것을 목적으로 한다.	가. 건강, 안전, 바른 생활에 관한 지식·기술·태도를 배우고 익히며 올바른 습관을 길러, 자신의 건강과 안전을 스스로 보호하고 타인을 존중하며 즐겁게 생활한다.

목적과 목표	가. 몸과 마음을 건강하게 하며 기본생활습관을 기른다. 나. 더불어 사는 태도와 우리 전통문화를 사랑하는 마음을 가진다. 다. 자신의 생각과 느낌을 자유롭고 창의적으로 표현하는 경험을 가진다. 라. 의사소통을 위한 언어 능력을 기르며, 바른 언어 사용 습관을 기른다. 마. 호기심을 가지고 주변 세계를 탐구하며 자연을 존중하는 태도를 가진다.	가. 기본운동능력과 건강하고 안전한 생활습관을 기른다. 나. 일상생활에 필요한 의사소통 능력과 바른 언어사용 습관을 기른다. 다. 자신을 존중하고 다른 사람과 더불어 생활하는 태도를 기른다. 라. 아름다움에 관심을 가지고 예술 경험을 즐기며, 창의적으로 표현하는 능력을 기른다. 마. 호기심을 가지고 주변 세계를 탐구하며, 일상생활에서 수학적 · 과학적 문제해결력을 기른다.	나. 자신의 신체를 긍정적으로 인식하고 즐겁게 신체활동에 참여함으로써 영유아기에 필요한 기본 운동능력을 기른다. 다. 자신에 대해 존중감을 키우고, 자신과 다른 사람의 정서를 인식하고, 이를 사회적 관계에서 적절히 조절하여 활용할 수 있도록 하며, 가족, 또래, 지역사회와 긍정적인 관계를 형성하고, 유능한 사회구성원으로 기능하게 하기 위하여 필요한 사회적 지식을 획득하도록 한다. 라. 듣고 말하는 것을 즐기며 상황에 맞는 언어를 익혀 바른 언어생활을 하도록 하고 일상생활에 필요한 의사소통능력과 기초적인 문해능력을 기른다. 마. 주변의 사물과 자연현상을 지각하고, 호기심을 가지며, 지속적으로 탐구하는 태도와 문제해결을 위한 기초 능력을 기르고, 자연을 사랑하는 마음을 가진다. 바. 주변의 친근한 환경과 생활에서 예술적 요소에 관심을 보이고 흥미롭게 경험하고 즐김으로써 창의성과 감성을 기른다.

<table>
<tr>
<td>영역별 내용</td>
<td>1. 건강 생활
• 나의 몸 인식하기
• 나의 몸 움직이기
• 건강하게 생활하기
• 안전하게 생활하기

2. 사회 생활
• 나를 알고 사랑하기
• 가족과 함께 생활하기
• 이웃과 더불어 생활하기
• 사회 현상에 관심 가지기

3. 표현 생활
• 자연과 생활에서 아름다움 찾아보기
• 예술적 표현 즐기기
• 감상하기

4. 언어 생활
• 듣기
• 말하기
• 읽기
• 쓰기

5. 탐구 생활
• 탐구하는 태도 기르기
• 과학적 기초 능력 기르기
• 수학적 기초 능력 기르기</td>
<td>1. 신체운동 · 건강
• 신체 인식하기
• 신체 조절과 기본운동하기
• 신체활동에 참여하기
• 건강하게 생활하기
• 안전하게 생활하기

2. 의사소통
• 듣기
• 말하기
• 읽기
• 쓰기

3. 사회관계
• 나를 알고 존중하기
• 나와 다른 사람의 감정 알고 조절하기
• 가족을 소중히 여기기
• 다른 사람과 더불어 생활하기
• 사회에 관심 갖기

4. 예술경험
• 아름다움 찾아보기
• 예술적 표현하기
• 예술 감상하기

5. 자연탐구
• 탐구하는 태도 기르기
• 수학적 탐구하기
• 과학적 탐구하기</td>
<td>1. 기본생활
• 건강한 생활
• 안전한 생활
• 바른 생활

2. 신체운동
• 감각과 신체 인식
• 신체조절과 기본 운동
• 신체활동 참여

3. 사회관계
• 자기존중
• 정서인식과 조절
• 사회적 관계 및 지식

4. 의사소통
• 듣기
• 말하기
• 읽기
• 쓰기

5. 자연탐구
• 탐구적 태도
• 수학적 탐구
• 과학적 탐구

6. 예술경험
• 심미적 탐색
• 예술적 표현
• 예술 감상</td>
</tr>
</table>

즐기며 창의적으로 표현하도록 한다.

- 예술 감상: 친근한 소리나 노래, 아름다운 사물이나 환경, 자신과 또래의 표현물을 포함한 음악 · 춤 · 극놀이 · 미술작품을 보고 느끼고 즐기며, 일상생활에서 예술에 대한 지속적인 흥미를 갖도록 한다.

3 현대 유아교육과정의 동향

1) 교육과 보육의 통합

여성의 사회진출, 결혼 연령의 고령화, 그리고 저출산으로 이어지는 사회 현상은 2026년 무렵이 되면 25세 이하의 인구수가 현재 수준의 절반으로 줄어들 것이고 경제활동 인구 한 명당 4명의 노인을 부양해야 하는 사회구조의 변화를 가져올 것이다(통계청, 2005). 이러한 국가적 위기를 극복하기 위해 정부는 최근 다양한 캠페인을 통해 출산을 장려하고 있으나 아직 많은 여성들이 육아의 부담 때문에 출산을 망설이고 있다. 따라서 사회가 육아의 책임을 공유해야 한다는 논의가 활발해지고 있으며, 양질의 육아지원 서비스를 제공하기 위해 유아교육과 보육의 통합의 필요성이 강조되고 있다. 현실적으로 취업모가 많아지면서 유치원은 연장제와 종일반을 운영하여 보호적인 기능을 추가하였고, 어린이집은 교육적인 프로그램에 대한 요구가 커지면서 이를 강화하게 되었다. 이에 따라 유치원과 어린이집 간에 역할과 기능에서의 차이가 줄어들고 각 기관의 구분이 모호해지고 있다. 2000년 미국 유아교육위원회(Committee on Early Childhood Pedagogy)는 "어린이를 대상으로 하는 보호와 교육은 별개의 것이 될 수 없다. 적절한 보호는 양질의 인지적 자극과 풍부한 언어환경, 사회적 · 정서적 · 신체적 발달의 도모를 수반하고 있으며, 마찬가지로 훌륭한 유아교육은 안전한 물리적 보호와 감정적으로 혼화한 인간관계가 바탕이 될 때 이루어질 수 있는 것이기 때문이다."라고 발표하였다. OECD(2001, 2006)도

유아교육과 보육에 대한 통합된 합의가 이루어져야 하며 정부의 체계적 접근이 이루어져야 두 분야의 분리에 따른 중복과 갈등 및 혼란을 막을 수 있다고 강조하면서, 2003년 대정부 권고안을 통해 우리나라의 유아교육과 보육이 통합될 필요성이 있음을 지적하였다. 이에 따라 우리나라의 이원화된 보육과 유아교육의 통합을 위한 노력이 이루어지고 있다.

2) 다문화 사회

21세기 우리 사회는 세계화의 영향으로 다양한 국가로의 이동과 교류가 활발해지고 있으며, 통신 및 정보의 발달은 지구촌을 하나의 사회로 변화시켰다. 케이터(Katter, 1995)는 21세기의 세계화 체제는 시간과 문화의 경계가 없는 새로운 지식 기반, 기술, 기능을 요구하기 때문에 다원적인 세상 안에서 살아가기 위한 준비가 필요함을 강조하였다.

1990년대 이후 우리나라는 외국인 노동자의 증가와 국제결혼에서 비롯된 외국인의 국내 체류가 급격하게 증가하면서 더 이상 단일 민족국가가 아닌, 다양한 문화가 공존하는 다문화 사회로 접어들었다. 2008년 12월 국내 체류 외국인은 115만 8,866명(법무부, 2009)으로 198개국(결혼이민자는 126개국)에서 이주해 온 것으로 나타났다. 2009년 5월 집계된 결혼이민자 및 혼인 귀화자는 16만 7,090명으로 2008년도 144,386명에 비해 15.7% 증가하였다. 이에 따른 다문화 가정 자녀의 연령별 현황을 보면, 자녀 수 10만 3,484명 중에서 만 6세 이하의 자녀가 6만 1,700명으로 59.6%를 차지하였으며, 이들 유아의 보육 교육시설 이용률은 57.0%이며 보육 교육시설 이용자 중 57.5%가 어린이집, 40.0%가 유치원, 2.5%가 사설학원 및 기타 시설을 이용하는 것으로 나타났다. 이러한 상황에서 다문화 환경에 적절한 다양한 교육정책과 프로그램이 요구되고 있다.

다문화 이해는 모든 사람은 외모와 능력이 다르고, 믿음과 문화, 계층도 다르다는 것을 알고, 이러한 문화적 차이를 이해할 수 있는 능력을 기르는 것이다. 그러나 오랜 세월 동안 단일 민족에 대한 자긍심을 가지고 있는 우리 사회의 인간의 다양성에 대한 보이지 않는 편견과 부정적인 고정관념들이 다문화 교육에 장애 요소가 되고 있다. 유아는 3세 이전부터 사회의 기준과 선입견에 영향을 받는 것으로 나타나 성이나 신체적 장애, 인종적인 측면에서 다른 사람에 대한 초보적 편견을 드러내기도 한다.

만 3~5세 유아들 대부분이 인종적인 차이를 인식하고, 유아들의 경우 자신과 동일한 인종인 황인을 가장 선호하였으며, 그 다음으로 백인을 선호하였고, 흑인에 대한 선호도는 낮게 나타났다(이숙재, 장영희, 이차숙, 노영희, 현은자, 1999). 그러나 인종에 관한 반편견 활동을 실시한 결과 흑인에 대한 부정적 이미지가 완화되는 것으로 나타났다(이정희, 1999). 따라서 편견이 생기기 시작하는 유아기부터의 교육이 필요하다고 하겠다.

유아교육기관에서 이루어지고 있는 다문화 교육은 주로 다양한 문화를 소개하는 것에 그치고 있어 다문화 사회에 숨어 있는 문화 간의 우열관계를 간과하였다. 2007 개정 유치원 교육과정 활동자료집에 포함된 다문화 교육의 내용을 살펴보면 '가족과 일본여행을 가요' '다른 나라 사람들은 어떻게 생겼나요' '월남쌈, 필리핀 볶음밥을 만들어 보아요' '다른 나라 돈으로 시장 놀이를 해요' 등의 활동들이 제시되어 문화적 다양성을 강조하고 있다. 이런 측면의 접근은 유아들이 다양한 문화를 긍정적으로 인식하고 평등하게 여기게 한다는 점에서 긍정적이지만, 다양성만을 존중하는 데 그쳐 유아가 다문화 사회 안에서 살아가는 방법을 배우는 데는 한계가 있다.

따라서 앞으로의 다문화 교육은 문화의 다양성을 인정하면서 그 안에 내재되어 있는 문화 간 불평등을 유아 스스로 인식하도록 도와주어 편견을 해소하도록 하여야 한다. 예를 들어, 다양한 인종의 인형들을 제공할 때도 교사는 백인의 체형에 황인이나 흑인의 피부색만을 입힌 인형이 아닌 각 인종의 특성을 살린 인형들을 제공하고, 우리 사회에 살고 있는 다양한 인종의 삶의 모습을 보고 토론하는 과정을 통해 유아 스스로 자신의 생각을 되돌아 볼 수 있는 기회를 제공함으로써 인간의 삶

속에 존재하는 다양성에 대한 이해와 존중을 도모하는 다문화 교육을 실시하여야 한다.

3) 장애아 통합

2007년 새롭게 재정된 「장애인 등에 대한 특수교육법」에 유치원 · 초등학교 · 중학교 및 고등학교 과정의 의무교육이 명시됨에 따라, 2010년부터 연차적으로 만 3~5세의 특수교육대상자에 대한 의무교육이 실시되고 있다. 또한 세부적으로 '특수교육대상자의 배치'에 관한 조항에는 우선적으로 '일반학교의 일반학급'이 명시되어 있으며, 장애전담 보육시설을 이용하는 경우도 유치원 의무교육과 동등한 혜택으로 판단함을 언급하고 있다. 따라서 유아를 위한 일반학교, 즉 유치원은 특수교육대상 유아의 재원 가능성을 고려하여 통합교육을 위한 물리적 환경과 교육과정, 행정적 절차에 대해 체계적으로 준비할 필요가 있다.

통합교육은 1970년대 주로 사용되었던 일반교육에 특수교육대상자가 통합되는 주류화(mainstreaming) 개념에서 특수교육대상자와 일반학습자를 두 개의 분리된 집단으로 보지 않고 처음부터 서로 포함되어 있는 하나의 집단으로 함께 교육하는 대상으로는 보는 통합(inclusion) 개념으로 변화되어왔다(이소현, 부인앵, 2004). 따라서 통합교육이란 다양한 교육적인 필요와 능력을 지닌 아동들이 함께 교육받는 프로그램이며, 그 특징은 특수아동과 일반아동이 사회적 활동이나 교수 활동에서 의미 있는 상호작용을 하는 것(조윤경, 김수진, 2008)이라 할 수 있다. 카우프만과 동료들(Kaufman, Gottlieb, Agard, & Kukic, 1975)은 통합교육을 특수아동과 일반아동 간의 시간적 통합뿐만 아니라 학문적 · 사회적 통합을 포함하는 개념으로 정의하고 있다. 다시 말해, 단순히 특수교육대상 유아가 일정한 시간 동안 일반유아들과 동일한 교육환경에 배치되는 것뿐만 아니라 학급의 교수활동에 의미 있게 참여하고, 교사나 또래로부터 학급의 일원으로 수용되는 것을 의미한다. 이러한 통합의 개념은 장애인을 비장애인과 동등한 사회구성원으로 존중해야 한다는 윤리적 원칙(정상화,

normalization)과 장애인의 사회 통합의 필요성(탈시설수용화, deinstitutionalization) 및 특수아동에 대한 환경 제한을 최소화해야 한다는 법적 근거(최소제한환경, least restrictive environment)에 배경을 두고 발전되었다고 볼 수 있다(Hallahan & Kaufman, 2003).

장애는 인간의 전인적인 발달을 해칠 수 있는 매우 민감한 현상이므로 이를 최대한 조기에 발견하여 적절한 조치를 취하는 것이 바람직하다. 특수교육대상 유아가 조기에 교육지원을 받아 발달의 극대화를 이루지 않으면 현재는 물론이고 앞으로 이루어야 할 자아실현 및 삶의 질의 유지와 발전까지 심각하게 지체되고 가족과 지역사회의 행복 추구 또한 본질적으로 막게 되는 결과를 초래할 수 있다(김성애, 2010). 따라서 인간 발달의 결정적인 시기인 유아기에 장애를 조기 진단하여 가능한 통합된 교육 프로그램을 제공하여야 한다. 유아기의 통합교육은 특수아동의 장애를 완화하거나 극복하도록 도울 수 있고, 발달이 지체된 유아의 발달지체의 폭을 좁힐 수 있으며, 장애의 위험에 노출된 유아의 위험성을 제거하여 일반적인 발달이 이루어지도록 도울 수도 있다. 뿐만 아니라 통합된 환경에서 교사는 장애유아의 민감한 시기를 발견할 수 있고, 장애유아가 고도로 동기화되고 특별한 기술들을 더 잘 습득할 수 있는 시점을 더 많이 발견할 수도 있다(Allen & Schwartz, 2001).

한편, 통합교육은 특수교육대상 유아들에게만 긍정적인 영향을 미칠 수 있는 것은 아니다. 통합교육에 관한 많은 연구들을 종합해 보면, 통합교육이 일반유아에게 미친 부정적인 영향이 없었을 뿐 아니라(Odom, Deklyen, & Jenkins, 1984), 오히려 교육과정과 교수방법에 대한 신중한 배려가 이루어져 발달과 행동적 측면에서 다양한 혜택을 받은 것을 알 수 있다(이소현, 박은혜, 2001; Odom & McEvoy, 1990). 즉, 통합교육을 통하여 일반유아는 개인의 다양성을 인정하고 장애에 대한 편견 없는 태도를 갖게 되며, 돕고 배려하는 태도의 중요성을 인식하여 친사회적 행동을 실천할 수 있게 된다. 또한 또래 교수자로서의 역할을 수행함으로써 책임감을 발달시킬 수 있다.

앞서 언급하였듯이, 유아교육기관의 당면 과제인 통합교육을 효율적으로 실행하기 위해서는 일반 유아교사의 역할이 매우 중요하다. 그러나 선행연구(박승희, 2003; 이은주, 2010)에 따르면, 아직까지 통합교육 현장의 교사들이 통합교육에 대한 가장 큰 문제점으로 일반학교의 준비 부족과 더불어 일반교사의 특수교육 관련 지식의 부족을 지적하고 있다. 이제는 더 이상 통합교육의 실행에 대한 책임이 특수교사에게만 있다고 볼 수는 없다. 일차적으로 일반학교와 일반 유아교사는 통합교육의 실행구조를 확고히 하기 위한 지침을 숙지할 필요가 있다.

이에 조윤경과 김수진(2008)이 미국의 통합교육을 바탕으로 우리나라에 적용할 필요가 있는 통합교육 실행 지침을 제시한 내용을 살펴보면 다음과 같다.

- 장애의 정도와 관계없이 모든 특수교육대상 유아는 일반교육기관에서 교육한다.
- 특수교육대상 유아는 장애가 없었다면 입학했을 학교나 교육기관에 입학한다.
- 일반교육기관에서 특수교육 서비스를 제공한다.
- 특수교육대상 유아의 통합이 원활하도록 교육행정기관은 일반교사와 행정가들을 지원한다.
- 특수교육대상 유아는 일반유아와 동일한 시간표에 따라서 교육을 받는다.
- 특수교육대상 유아는 되도록 많은 학과목 수업과 기타 활동(예: 예술활동, 현장견학, 행사 등)에 참여한다.
- 특수교육대상 유아는 일반유아와 같은 시간에 식당, 도서관, 운동장, 기타 시설을 사용한다.
- 특수교육대상 유아가 일반 유아 및 보조자와 또래 관계를 형성할 수 있도록 돕는다.
- 적절한 경우에 특수교육대상 유아는 일반 지역사회 환경에서 교육받을 수 있다.
- 모든 유아가 인간의 차이점을 이해하고 수용하도록 가르친다.
- 부모의 관심을 진지하게 수용한다.
- 적절하고도 개별화된 교육 프로그램을 제공한다.

다음으로 선행연구(김성애, 2010; 조윤경, 김수진, 2008)를 종합하여 통합교육을 위해 수행되어야 할 일반 유아교사의 역할을 제시하면 다음과 같다.

- 통합교육 현장에서 발생하는 여러 교육 장면들이 일반유아와 특수교육대상 유아 모두에게 중요한 교육적 자극임을 인식하여야 한다.
- 유아의 발달 및 특성에 대해 알아야 하고, 장애 및 장애가 미치는 영향에 대한 지식을 갖추어야 한다.
- 특수교육대상 유아의 특성, 강점 및 필요를 진단할 수 있는 능력이 있어야 한다.
- 특수교육대상 유아를 위한 학습 활동을 계획하고 시행할 수 있는 능력이 필요하다.
- 환경이 유아의 발달에 미치는 영향을 이해해야 하며, 특수교육대상 유아의 필요를 충족시키기 위해 환경을 수정함은 물론 환경에 적응하도록 특수교육대상 유아를 지원한다.
- 특수교육대상 유아와 가족의 필요를 충족시킬 수 있는 적절한 자원을 개발해야 한다.
- 의사소통 시 발생하는 문제를 인식하고, 효과적인 의사소통 전략을 사용하여 이를 처리할 수 있어야 한다.
- 학제간 연계를 위한 팀에 참여하여 적절한 역할을 수행해야 한다.
- 특수교육대상 유아 및 가족을 위한 옹호자로서 역할을 수행해야 하며, 의사결정과 프로그램의 실제에 가족의 참여를 촉진해야 한다.
- 관련 법률 및 이론적 배경을 이해하고, 유아교육기관의 규정에 대해서 인식해야 하며, 기관의 지침을 향상시키기 위해서 노력해야 한다.
- 정부의 지원 사항과 서비스에 대해서 이해하고, 새로운 서비스의 개발 및 기존의 서비스 개정에서 지도력을 발휘해야 한다.

제2장

일과 계획을 위한 유아교육과정의 조직

1 유아교육과정의 구성

제1장에서 살펴보았듯이, 유아교육과정은 유아가 배워야 할 내용(content), 확인된 교육과정상의 목적을 달성하기 위해 거쳐야 할 과정(processes), 유아가 이러한 목적을 달성하도록 돕기 위해 교사가 해야 할 것, 그리고 교수와 학습이 일어나는 상황에 관해 상세히 기술한 조직화된 틀(framework)이다(Bredekamp & Rosegrant, 1992). 이처럼 교육과정은 교사가 일과를 운영하는 데 계열성과 일관성을 유지하기 위한 목적을 분명히 하면서 계획되어야 한다. 그러나 최근 유치원 현장에서 교사는 개별 유치원의 철학과 교육목적, 지역사회 환경을 반영하지 못한 채 국가수준의 교육과정인 2007 개정 유치원 교육과정의 교사용 지도 자료집에 의존하여 단순한 활동을 나열하여 진행하고 있다. 이는 내용을 배제하는 것으로, 유아가 무엇을 학습하는가보다 어떻게 학습하는가에만 관심을 두는 것이다. 따라서 생활주제가 가지는 개념과 생활주제와 각 교과 영역 간의 통합이 제대로 이루어지지 못하고 있다.

따라서 단편적인 활동의 나열적 경험은 유아에게 발달에 적합한 교육경험을 제공하지 못하는 문제점을 가진다. 따라서 일과 계획을 위한 유아교육과정을 구성하기 위해 고려해야 할 사항을 살펴보면 다음과 같다.

1) 학습자에 대한 이해

일과 계획을 위해 유아교육과정을 조직하는 데 가장 먼저 고려해야 할 사항은 학습자에 대한 이해다. 대상으로 하는 유아의 인지, 사회, 정서, 언어, 신체 발달 수준이 어느 정도인지를 파악하는 것은 학습의 목표와 내용을 설정하는 데 기본적인 요소다.

인간은 태어나면서부터 죽음에 이르기까지 매순간 변화하며 발달한다. 일반적으로 눈에 보이는 성장이 이루어지는 시기 동안만을 발달이라고 여기는 경우가 많지만, 자연적으로 이루어지는 변화, 외적 자극에 의해 이루어지는 변화에 의해 성장하고 성숙하는 것 모두를 포함하는 것이 발달이다. 이러한 인간의 발달은 인지, 사회, 언어, 정서, 신체의 모든 부분에서 일정한 순서와 방향을 가지고 발달하며, 인간의 각 특성들의 발달은 연속적으로 이루어지지만 일정한 속도를 가지는 것이 아니며 서로 상호 관련되어 전체적으로 발달한다.

유아기의 발달특성을 살펴보면 이 시기 유아의 인지발달은 전조작기(2~7세)에 해당하는 시기로, 자기중심적 사고에 의존하며 지각적 속성으로 사물을 판단하기 때문에 사물의 외관에 의존하여 상황을 판단한다. 또한 관계, 분류 등에 대한 충분한 논리적 사고나 보존개념이 나타나지 않지만 이 시기의 유아는 상징(symbol) 및 추론을 사용하기 시작한다. 그 밖에 생명이 없는 것에 생명과 감정을 부여하는 물활론적 사고, 사물을 한 가지 측면으로만 이해할 뿐 반대로 역전하여 이해하지 못하는 비가역성, 꿈과 현실을 구분하지 못하는 실재론적 사고의 특징을 가진다. 유아기 언어발달은 단어 수가 폭발적으로 증가하며 과거형 · 부정형 · 의문형 등 다양한 문법 형태를 사용할 수 있으며, 문법상의 오류를 보이기도 하지만 스스로 고치는 수준까지 발달한다. 또한 긴 문장을 말할 수 있으며, 아이디어를 교환하고 토론을 하는 데 적절하게 언어를 사용할 수 있게 되며, 타인의 이야기를 듣고 이해하는 능력이 향상된다. 책을 읽는 능력은 글자에 대한 관심을 바탕으로 자기 주변에 있는 글자를 읽기 시작하고, 그림을 단서로 이야기를 하고 단어나 구절을 암기하여 읽는 것처럼 보이다가 점차적으로 책을 읽는다. 유아기의 사회성 발달은 영아기 동안 형성된 안정된 애착을 바탕으로 또래와 많은 시간을 보내기를 원하게 되면서 양보하고 협력할 수 있고, 기관에서 생활하면서 규칙을 지켜 생활할 수 있으며, 도덕적 딜레마 상황에서 외적 보상이나 처벌에 의해 도덕적 판단을 내릴 수 있다. 정서발달 측면에서 언어 사용의 빈도가 증가함에 따라 유머를 이해하고 즐거움을 느낄 수 있으며, 분노와 같은 부정적 정서를 표현할 때에 사회적으로 수용되는 방식으로 표현할 줄 알게 된다. 또한 타인의 정서를 이해하고 공감할 수 있는 능력이 발달하고, 다른 사람 앞에서 부정적 정서표현을 자제하는 능력이 나타나며, 진짜 자기 감정을 숨기고 거짓말을 하기도 한다.

그러나 인간은 모두 각기 다른 특성을 가진다. 특히 유아는 발달 속도가 다르고 나타나는 발달 양상도 각기 다르다. 이는 유아의 개인적 기질, 유전과 유아를 둘러싼 사회문화적 환경에서 이루어지는 각기 다른 경험에서 비롯되는 것이다. 미국유아교육협회(The National Association for the Education of Young children: NAEYC)의 '발달에 적합한 실제' 에서 제시한 연령의 적합성, 개별적 적합성, 문화적 적합성의 개념 역시 유아의 개인차를 중요하게 고려하고 있다. 유아의 개인차는 발달수준, 사전경험, 문제해결방법, 흥미, 학습동기와 능력 등의 다양한 측면에서 발견할 수 있다(Gardner, 1996). 따라서 효과적인 발달과 학습을 위해서는 이러한 유아의 개별적인 특성을 이해하고 각각의 유아에게 적절한 교수를 제공해야 한다. 즉, 교사는 교육활동을 계획할 때부터 유아의 개별 발달특성과 학습 준비도, 성취 가능한 목표를 고려하여야 한다. 교사는 개별 유아가 각각의 고유한 특성을 바탕으로 학습에 참여할 수 있도록 다양한 활동을 준비하고, 유아가 자신의 방법을 발견하고 실천할 수 있도록 기다려 주면서 각 유아가 점차적으로 진전될 수 있도록 상호작용을 해야 한다. 예를 들어, 교사는 유아의 수 세기 능력의 차이를 고려하여 실물이나 도구 등의 구체물과 그림, 사진 등의 반 구체물, 숫자 카드 등 다양한 활동을 준비하여 유아들이 선택할 수 있도록 한다.

2) 교과 간 통합

유아는 자신을 둘러 싼 세상을 탐색함으로써 지식을 구성한다. 이때 영유아는 주변의 사물이나 여러 가지 상황을 각각 분리된 특성이 아닌 전체로 경험함으로써 통합적으로 인식한다. 즉, 영유아의 발달은 신체적 · 인지적 · 사회적 · 정서적 발달이 각각 독립적으로 이루어지는 것이 아니라 서로 밀접히 연관되어 통합적으로 이루어진다. 이러한 영유아의 발달적 특성은 교육이 영유아의 일상과 밀접한 경험들을 중심으로 통합적으로 이루어지도록 구성되어야 함을 제시하고 있다.

통합교육과정은 영유아의 발달적 특성에 따라 영유아교육에서 일찍부터 관심을 갖고 다루어졌다. 통합교육의 개념은 20세기 초 진보주의 교육사조에서 비롯되었다. 진보주의 교육자들은 학습자의 성장이란 경험의 누적적 재구성에 의하여 일어나며, 경험의 누적적 재구성이란 바로 학습자 내부에서 일어나는 것으로 학습자가 능동적으로 자신의 경험을 재구성할 수 있을 때 통합이 잘 이루어질 수 있다고 보았다. 이러한 통합은 학습자의 현재의 경험, 관심, 흥미 등을 고려하여 그것을 출발점으로 삼아 이전의 경험을 새롭게 재구성하여 유아에게 의미 있는 학습이 될 수 있도록 교육과정을 구성하고 개발함으로써 가능하다.

잉그럼(Ingram, 1979)은 교육과정 통합의 기능을 인식론적, 심리학적, 사회적 기능으로 나누어 교육과정 통합의 필요와 정당성을 설명하였다. 인식론적 기능은 지식의 폭증 현상에 대비하여 여러 다른 지식 영역들을 서로 관계시킬 필요가 있다고 보며 학습의 목적 및 의미 부여를 위해 교육과정을 통합하는 것이 중요하다고 본다. 심리학적 기능은 학습을 용이하게 해 주고 학습을 통한 인격발달을 돕는다. 사회적 기능은 구성원 상호 간에 긴밀하고 인간적인 관계를 갖는 교실 분위기를 조성할 수 있고, 다학문적 접근을 필요로 하는 사회문제를 다룰 수 있게 하며, 유아교육기관과 사회를 연결시킬 수 있다.

미국유아교육협회(NAEYC, 2009)는 '발달에 적합한 실제'를 통해 영유아에게 학습활동이 통합적이고 의미 있는 것이어야 한다고 하였다. 그러기 위해서는 목표에 도달하기 위한 계획된 교육과정이 필요하며, 교사는 영유아의 각 발달수준에 적절한 교육활동의 적합성과 통합성을 고려하여 교육활동 이전과 이후에 연계되는 수준, 영유아의 공유된 정보, 연령을 연결하는 계속성과 통합성을 증가시킬 수 있도록 교수(instruction)를 통합해야 한다고 하였다.

유아에게 통합교육과정을 적용하는 의의는 다음과 같다(Bredekamp & Rosegrant, 1992).

- 통합교육과정은 유아의 경험을 밀도 있게 만들어 유아 스스로 의미를 구성하도록 한다. 의미 있는 통합교육과정에 참여할 때 유아는 학교에서 한 일과 배운 것들에 대해 가족 및 친구들에게 이야기를 들려주고 대화를 나눌 수 있다. 따라서 학교와 가정에서의 경험이 연계성을 가지게 된다.
- 통합교육과정은 각 교과영역 간의 연관성과 각 영역의 지식을 실생활과 관련짓는 능력을 향상시킬 수 있다.
- 대부분의 교과영역은 다른 영역들과 분리되어 학습하거나 응용될 수 없다. 과학을 하려면 수학이 필요하다. 문학을 공부하려면 역사 지식이 필요하다. 미술도 마찬가지다.
- 통합교육과정은 한 교과에서 다른 영역으로 전이하는 데서 발생하는 어려움을 최소화할 수 있다.
- 통합교육과정은 유아가 학습해야 할 많은 정보들을 의미 있는 개념으로 조직하는 데 도움을 준다.
- 통합교육과정은 유아가 특정 영역의 전문가가 어떻게 되는지 쉽게 이해하도록 도와준다.

2007 개정 유치원 교육과정은 유아의 전인적 발달과 효율적 학습을 위하여 유아와 유아 주변의 인적 · 물적 환경을 통합하며, 교과를 통합적으로 재조직하고 활동에 반영하는 통합교육과정을 강조하고 있다.

유아는 자신의 생활과 관련이 있을 때 더 큰 흥미를 느낀다. 따라서 유아의 일상생활 경험을 중심으로 교육과정을 통합함으로써 유아의 흥미와 발달 수준에 맞는 교육을 실시하는 것이 필요하다.

통합교육과정을 구성하는 방법에는 교과 간 서로 상관이 있는 요소를 중심으로 통합하거나, 유아가 관심을 보이는 일상생활 속의 주제를 중심으로 통합하는 형태가 있다. 영유아 교육과정에서 가장 일반적으로 나타나는 통합교육과정의 접근은 주제중심 접근법이라고 할 수 있다. 2007 개정 유치원 교육과정에서도 계절, 유아의 흥미와 경험, 유아의 발달 수준을 고려하여 선정한 생활주제를 중심으로 5개 생활 영역 간 통합과 영역별 교육 내용 간의 통합을 고려하여 편성 · 운영한다(교육과학기술부, 2008a).

3) 구체성

유아의 학습은 구체적인 것에서 추상적인 것으로 진전된다. 유아의 학습활동과 자료는 구체적이고 실제적이며 유아의 생활과 관련된 것이어야 한다. 유아는 구체물을 가지고 충분히 조작한 후에 추상적이고 상징적인 자료를 사용해야 한다. 여기서 구체물이란 눈에 보이는 사물과 사건을 말하고, 추상적인 것이란 실물에 대한 상징과 사물, 사건을 표상 또는 제안하는 아이디어를 뜻한다. NAEYC는 유아가 구체적 조작 없이 워크북, 시험지, 색칠공부, 미술활동 등을 할 때 성인이 만든 모형을 모방하게 하는 것 등은 6세 이전의 유아에게 적합하지 않다고 하였다(Breadkamp, 1986). 예를 들어, 강아지에 대한 활동을 할 때, 유아교육기관 실외에서 기르는 강아지를 직접 보고 만지고, 소리를 들어보고, 먹이를 주고, 같이 놀이를 하는 것이 가장 구체적인 방법이며, 강아지와 유사한 형태로 만들어진 인형을 활용하는 것은 조금 덜 구체

표 2-1 ● 경험의 구체성 정도

구체성 정도		특성
행동적 경험	직접 경험	가장 구체적인 행동적 경험
	고안된 경험	모의 사물을 통한 경험
	극화 경험	극화 활동
시청각적 경험	시범	교사가 다른 여러 매체를 사용하여 구체적인 경험을 유도하는 것
	견학	실생활을 직접 볼 수 있음
	전시	정적 · 시청각적 경험으로 실물, 그림, 사진, 도표, 모형, 표본, 아동작품 등을 전시하고 동적으로 작용할 수 있도록 병행하여 활용하는 것이 좋음
	텔레비전 · 영화	동적인 시청각 경험을 줄 수 있어 인상적이고 구체적인 경험을 줄 수 있음
	녹음 · 라디오 · 그림 슬라이드 · 사진	한 가지 감각기관만 사용함으로써 실제성이 줄어들고 있음
상징적 경험	시각적 상징	지도, 도표, 표지 등
	언어적 상징	가장 추상적이고 상징적이면서도 거의 모든 생각과 감정을 표현할 수 있어 매우 중요한 매체임

적인 것이라고 할 수 있다. 강아지 사진이나 그림, '강아지' 라는 단어는 더 추상적인 것이라고 할 수 있다. 따라서 읽고, 쓰고, 셈하는 학문적인 기술을 강조하는 추상적인 기능훈련 방법은 인간 발달 과정에서 연속성, 자아가 형성되는 과정 또는 원초적인 인간의 반응력, 자연적인 리듬의 유형 등을 이해하지 못하고 지나쳐 버리게 만드는 결과를 초래할 수 있다(이기숙, 2000).

4) 주제 전개

생활주제를 선정하여 주제를 전개할 때 교사는 먼저 학습자의 발달수준과 사전 경험, 지식 정도를 파악하여 학습자에게 도전적인 내용을 준비하여 제시한다. 유아가 주제와 관련된 지식과 기술을 학습하기 위해서는 주제의 개념과 주제를 통해 학습해야 할 교육목표와 연관성을 가져야 하며 이후의 학습경험과의 계열성을 가지고 주제를 전개해야 한다. 이를 위해 학습경험을 효과적으로 전개하기 위해서 먼저 유아가 교육목표를 학습하기 위한 학습경험들이 계속 반복되어야 한다. 예를 들어, 유아는 1에서 10, 20, ……100까지의 수세기를 수없이 반복하여 수 이름의 규칙성을 파악하고 의도된 교육적 경험으로 일상생활에서 수와 양의 관계를 반복적으로 경험함으로써 그 관계를 이해할 수 있다. 이와 마찬가지로, 유아가 같은 글자에 반복적으로 노출되고 읽는 경험을 함으로써 글자를 읽게 된다. 예를 들어, 친구의 이름표, 출석판, 신발장, 사물함, 가방 등에 쓰인 이름을 보는 반복적 경험을 통해 유아들이 글자에 대해 흥미를 가지게 되며 읽기가 가능하도록 할 수 있다. 이와 같이 계속적 반복과 유아가 이미 경험한 사전 경험을 기초로 다음 경험의 깊이와 폭을 점차적으로 더 깊고 넓게 만드는 계열성을 고려해야 한다. 계열성은 연령 및 수준별 교육내용의 선정, 학기 초에서 학기 말까지의 연간계획, 생활주제의 전개 초기와 마무리 단계, 주간교육계획의 전개에 적용된다(양옥승, 최경애, 이혜원, 2011). 즉, 단순한 것에서 복잡한 것으로, 구체적인 것에서 추상적인 것으로, 과거 · 현재 · 미래의 시간 순서에 따라, 친숙한 것에서 낯선 것으로, 이미 알고 있는 것에서 모르는 것 등의 원리들을 적용하여 점진적으로 확대 · 심화시켜야 한다. 이러한 계열성을 고려하여 학습자의 발달 수준에 적절하게 학습활동을 제공함으로써 유아가 도전적 과제를 해결하는 경험을 통해 내적동기를 통한 학습이 이루어질 수 있도록 할 수 있다.

5) 사전 지식

사전 지식은 정규적인 학교교육을 받기 이전에 학습자가 일상생활을 통해서 이미 알게 된 지식이나 개념을 말한다(유윤영, 2003). 유아는 태어나면서부터 자신을 둘러싼 물리적·사회적 환경과의 상호작용을 통해 다양한 지식을 구성한다. 영아기의 감각을 통한 주변 사물에 대한 탐색은 유아의 물리적 지식을 구성하는 기초가 되며, 자신과 가장 많은 시간을 보내는 주 양육자와의 관계 속에서 기초적인 사회적 지식과 기술을 습득한다. 이렇듯 정규 학교 교육과정에 참여하기 이전에 유아는 이미 많은 지식을 구성하게 된다.

교육은 인간을 긍정적인 방향으로 변화시키는 것을 목적으로 한다. 즉, 학습자의 인지, 정서, 사회, 신체, 언어의 모든 측면에서의 지식과 기술, 태도, 가치, 신념 등을 긍정적인 방향으로 변화시키는 것이다. 교육의 목적을 달성하기 위해 교사는 학습자에 대한 이해를 바탕으로 교수를 실시해야 한다.

새로운 지식을 구성하는 과정에서 유아는 자신이 가지고 있는 사전 지식과 개념들 간의 통합과 유아 자신이 구성한 특정 개념의 틀에 의존한다(Vosniadou & Brewer, 1987). 유아가 새로운 정보나 지식을 접할 때 그것이 어려운 것이라고 인식한다면 학습자인 유아가 새로운 지식을 구성하는 데 장애가 될 수 있다. 따라서 유아가 이미 습득한 사전 지식은 새로운 학습을 진행하는 데 정서적으로 안정감을 줄 수 있고, 새로운 도전을 시도할 수 있도록 한다. 많은 학자들은 학습자가 자신이 흥미 있어 하는 주제를 그렇지 않은 주제에 비해 더 많이 알고 있다는 사실을 발견하였고, 동기 유발과 사회적 맥락이 지식의 획득과 특정 지식의 활용에 영향을 미친다고 하였다(Alexander & Judy, 1988; Asher, 1980; Tobias, 1994).

사전 지식은 각 유아를 둘러싼 환경과 자극의 정도에 따라 다르게 구성된다. 산과 들로 둘러싸인 환경에서 자란 유아는 도시 지역의 유아보다 식물의 이름이나 식물의 변화 등에 대한 사전 지식이 더 많을 것이다. 사전 지식의 정도에 따라 어떤 유아는 특정한 영역에서 매우 유능한 모습을 보일 수 있다.

교사는 교수를 계획할 때 유아가 호기심을 가지고 적극적으로 학습에 참여할 수 있도록 유아의 사전 지식을 정확히 알고 있는 것이 필요하다. 예를 들어, 교사가 동물이라는 주제를 전개할 때 유아가 가지고 있는 동물에 대한 사전 지식은 동물에 대한 활동을 진개하는 데 영향을 미칠 수 있기 때문에 교사는 유아의 사전 지식을 미리 파악하는 것이 필요하다. 이나카키(Inakaki, 1992)는 과학교육에서 유아가 새로운 개념을 형성하는 것은 유아의 사고 구조보다 유아가 이미 직접 경험한 사전 경험이 지식의 구성에 더 큰 영향을 미친다고 하였다. 이는 비단 과학교육에만 해당하는 것은 아니며, 유아교육의 모든 분야에 해당하는 것으로 유아의 사전 지식을 교육의 출발점으로 삼는 것이 적절하다(신은수, 유윤영, 1998; Inakaki, 1992).

사전 지식의 수준과 교수의 필요성 사이에는 역관계가 있다. 사전 지식의 수준이 높을수록 교수의 필요성은 감소하고 학습의 효과는 증가하며, 반면에 사전 지식이 적을수록 교수의 필요성은 증가한다. 즉, 사전 지식에 대한 평가는 교수가 어디서부터 이루어져야 하는가를 제시한다(Jonassen & Grabowski, 1993). 예를 들어, 초등학교 과학 활동에서 사전 지식이 많은 아동들이 더 많이 관찰에 참여하였으며, 예측, 발견, 이해와 적용과 같은 더 높은 수준의 질문을 하였다(임재근, 2010). 이는 학습자 개개인이 가지고 오는 사전 지식은 그것의 양과 형태뿐만 아니라 지식의 구조에서도 차이가 있음을 나타내는 것이다. 지식의 양은 단지 개인이 얼마나 많은 정보를 가지고 있는가에 대한 양적인 특징을 의미하지만, 사전 지식은 주어진 주제에 대한 전체적인 지식 대 상세한 지식의 수준, 사전 지식의 정확도에 대해 가지는 자신감의 수준, 그리고 그 주제와 관련하여 어떤 다른 정보를 고려할 것인가를 의미한다(Jonassen & Grabowski, 1993).

이러한 사전 지식이 유아가 새로운 지식을 습득하는 데 방해가 되는 경우가 있다. 부정확한 사전 지식을 가졌을 경우 유아는 새로운 정확한 지식을 학습했음에도 불구하고 기존의 지식을 수정하거나 새로운 지식을 구성하는 것을 거부하는 경향이 있기 때문이다(Branford & Vye, 1989; Carey, 1986). 잘못된 사전 지식이 형성되는 데는 여러 가지 이유가 있다. 하나의 개념은 완전하게 구성되는 데 상당한 시간이 걸리므로 개념을 생성하는 과정에 있거나, 현재 가지고 있는 개념이 충분하다고 생각하여 새로운 개념을 학습하려고 하지 않거나 바꾸려고 하진 않는 경우다. 또한 수업에서 너무 많은 개념을 너무 짧은 시간에 가르치려고 하기 때문에 충분한 학습을 할 수 없으며, 어떤 새로운 개념은 지난날의 개념이 너무 단단하게 자리 잡고 있어서 어렵다. 그러나 유아의 잘못된 지식 구성은 발달과정에 있는 유아에게 자연스러운 현상이며 새로운 지식을 구성할 토대가 될 수 있다.

교사가 이러한 유아의 사전 지식에 대한 상태를 파악하지 못하고 유아가 잘못된 개념을 수정할 수 있는 충분한 시간을 주지 않고 정보 전달에만 급급해할 경우, 전달된 정보는 유아에게 내면화되지 못하며, 유아는 자신이 기존에 알고 있던 잘못된 사전 지식에 근거하여 또 다시 옳지 않은 개념을 형성할 수 있다. 따라서 교사는 학습자 자신이 알고 있는 것이 맞는지 틀린지를 단순히 확인하기보다 둘 간의 개념적 차이를 인식할 수 있는 기회를 제공해야 한다. 또한 교사는 유아가 알고 있는 사실이 틀리더라도 이를 존중하고, 이것에 기초하여 교육을 진행해야 한다. 잘못 구성된 사전 지식을 교육적으로 적용하기 위해 유아가 스스로 문제를 발견할 수 있는 능동적 학습이 이루어지도록 학습자가 사전 지식과 새로운 지식 간의 차이가 불러일으키는 인지적 갈등을 충분히 경험하도록 한 후 문제 해결과정을 거치도록 해야 한다(Dekkers & Thijs, 1998).

이와 같이 유아의 사전 지식은 교육의 출발점으로서 가치를 갖는다. 학습자의 사전 지식을 교육에 반영함으로써 개별 학습자에게 의미 있는 경험을 제공하게 되고, 그 결과 교육의 효율성을 높일 수 있다(유윤영, 2003).

유아의 사전 지식과 새로운 정보를 관련짓게 하여 유의미한 학습을 도울 수 있을 뿐 아니라 유아의 인지구조 변화의 성격을 잘 설명해 줄 수 있는 방법이 개념망 작성이다. 개념망은 개념 사이의 관계와 상호관계를 보여 주기 위해 이름 붙여진 선에 의해 연결된 개념들로 이루어진다. 새로운 주제가 선정되면 교사는 주제에 대해 유아들과 함께 개념망을 작성하게 되는데, 이때 학습자의 사전 지식에 대한 정보를 얻을 수 있고 이를 토대로 새로운 지식을 가르치기 위한 도입 자료를 설계하는 토대를 마련할 수 있다. 특히 학습자 개개인의 사전 지식의 수준을 확인하여 개개인의 능력수준에 맞는 적절한 도움을 제공할 수 있다.

또한 유아의 또래 간 소집단 활동은 새로운 지식과 아이디어를 교환하게 되고 활동 중에 발생하는 또래 간의 지식과 생각의 교환은 유아로 하여금 실험하고자 하는 도전 의식을 이끌어 낼 수 있으며 동시에 다양한 의사소통을 유발하고 성인과의 학습과 달리 자유로운 분위기에서 이루어질 수 있어 바람직한 교수 방법이다(신은수, 유윤영, 1998).

2 일과 운영을 위한 유아교육과정의 계획

1) 연간 및 월간 교육계획

연간교육계획은 유아교육기관에서 이루어지는 1년 동안의 교육과정과 행사를 계획하여 전체적인 일정을 계획한 것으로, 1년의 교육 흐름을 한눈에 볼 수 있고 월간교육계획이나 주간교육계획을 실시할 때 중요한 참고자료가 된다. 연간교육계획은 대개 새 학년이 시작되기 1~2개월 전에 전체 교사 회의를 통해 수립하며, 전년도 연간 운영 결과를 평가하여 이를 반영하는 것이 적절하다. 연간교육계획에는 유아의 흥미와 계절, 국가나 지역사회의 행사 등을 반영한 주제를 배치하고, 1년의 행사를 계획하여 포함시킨다. 또한 주제는 연령 간의 연계성을 고려하여 선정하고, 유아의 연령과 발달수준에 따라 주제의 난이도와 주제 전개의 소요 시간을 조절할 필요가 있다.

연간교육계획에 포함된 생활주제는 유아가 일상생활에서 경험할 수 있는 다양한 자원으로부터 선정되므로 유아의 흥미, 유아교육기관 및 지역 사회의 실정에 따라 변경되고 확장될 수 있으며 새롭게 첨가될 수도 있다. 따라서 연간교육의 실제적인 운영은 융통성 있게 하여야 한다. 〈표 2-2〉 〈표 2-3〉 그리고 〈표 2-4〉는 각각 3세, 4세 그리고 5세 유아를 위한 연간교육계획안의 예시를 보여 주고 있다.

표 2-2 ● 3세 유아를 위한 연간교육계획안의 예

<table>
<tr><th>학기</th><th>월</th><th>생활 주제</th><th>주제</th><th>주요 행사</th></tr>
<tr><td rowspan="7">1 학기</td><td>3</td><td>유치원과 친구</td><td>• 나를 소개해요
• 우리 유치원
• 유치원에서의 하루
• 유치원에서의 약속과 친구</td><td>오리엔테이션
입학식</td></tr>
<tr><td rowspan="2">4</td><td rowspan="2">봄</td><td>• 봄이 왔어요
• 꽃이 피었어요
• 봄의 곤충</td><td rowspan="2">씨앗 심기
봄 동산 산책
학부모 면담</td></tr>
<tr><td rowspan="2">• 나를 알아요
• 나의 몸과 마음
• 소중한 나
• 사랑하는 가족
• 우리 엄마</td></tr>
<tr><td>5</td><td>나와 가족</td><td>어린이날 행사
아버지 참여수업</td></tr>
<tr><td>6</td><td>동식물과 자연</td><td>• 애완 동물 • 농장 동물
• 동물원 동물들
• 그 밖의 동물들</td><td>동물원 견학</td></tr>
<tr><td>7</td><td>여름</td><td>• 신나는 여름 • 여름철 생활
• 여름철 건강과 안전</td><td>물놀이
여름 방학식</td></tr>
<tr><td colspan="4"></td></tr>
<tr><td rowspan="5">2 학기</td><td>9</td><td>교통기관</td><td>• 여러 가지 탈 것
• 교통기관이 필요해요
• 고마운 교통기관
• 교통 생활</td><td>교통공원 견학
안전교육
학부모 면담</td></tr>
<tr><td>10</td><td>가을</td><td>• 가을의 변화 • 가을아 고마워
• 나뭇잎의 변화 • 가을 친구들</td><td>가을 동산 산책
가을운동회</td></tr>
<tr><td>11</td><td>색깔 · 모양 · 소리 · 그림자</td><td>• 색깔을 찾아라
• 여러 가지 모양이 있어요
• 소리 나라
• 그림자는 내 친구</td><td>발달 검사</td></tr>
<tr><td>12</td><td>겨울</td><td>• 겨울이 왔어요 • 눈과 얼음
• 크리스마스 • 겨울방학</td><td>겨울 방학식</td></tr>
<tr><td>2</td><td>형님반에 가요</td><td>• 이만큼 자랐어요
• 형님반에 가요</td><td>수료식</td></tr>
</table>

표 2-3 ● 4세 유아를 위한 연간교육계획안의 예

학기	월	생활 주제	주제	주요 행사
1학기	3	유치원과 친구	• 우리 유치원 • 유치원에서의 친구 • 유치원에서의 약속 • 우리 유치원의 역사	오리엔테이션 입학식
	4	봄	• 봄의 날씨와 생활	씨앗 심기 학부모 면담 봄 동산 산책
		동식물과 자연	• 애완 동물 · 농장 동물 · 동물원 동물 • 그 밖의 궁금한 동물 • 나무와 풀	
	5	나와 가족	• 나의 몸과 마음 • 소중한 나 • 가족의 구조와 문화 • 소중한 가족	어린이날 행사 아버지 참여수업
	6	우리 동네	• 우리 동네 모습과 생활 • 우리의 이웃 • 우리 동네의 문화	우리 동네 돌아보기 지역축제 견학(나비축제) 과학관 체험학습
	7	환경과 생활	• 물, 흙, 바람 • 빛과 소리	
		여름	• 여름의 날씨와 생활 • 건강하게 지내요 • 즐거운 여름방학	물놀이 여름 방학식
2학기	9	교통기관	• 여러 가지 탈것 • 안전한 교통생활	교통놀이(자전거면허시험) 학부모 면담
		생활도구	• 다양한 생활도구 • 생활도구를 움직이는 힘	
	10	가을	• 가을의 날씨와 생활 • 가을 동산	가을 동산 산책 가을 운동회 안전교육
		건강과 안전	• 즐거운 운동과 휴식 • 깨끗한 나, 맛있는 음식	
	11	우리나라	• 우리나라 사람들의 생활 • 우리나라의 역사와 자랑거리	민속박물관 견학 발달 검사
		세계 여러 나라	• 세계 여러 나라 사람들의 생활 • 세계의 문화유산 • 세계는 하나	
	12	겨울	• 겨울을 준비해요 • 겨울놀이와 안전 • 즐거운 겨울방학	겨울 방학식
	2	형님이 되었어요	• 이만큼 자랐어요 • 사랑하는 선생님과 친구들	수료식

표 2-4 ● 5세 유아를 위한 연간교육계획안의 예

학기	월	생활 주제	주제	주요 행사
1 학 기	3	유치원과 친구	• 유치원에서의 생활 • 유치원에서의 안전과 규칙 • 유치원의 역사 • 유치원에서의 친구	오리엔테이션 입학식
	4			씨앗 심기 봄 동산 산책 학부모 면담
		봄	• 봄의 변화 • 봄철 생화 • 봄철의 꽃과 나무	
	5	나와 가족	• 나의 몸과 마음 • 소중한 나 • 가족의 구조와 문화 • 소중한 가족	어린이날 행사 아버지 참여수업
	6	우리 동네	• 우리 동네 모습 • 우리 동네 생활 • 우리 동네 이웃 • 우리 동네 문화	우리 동네 돌아보기 지역축제 견학(나비축제)
	7	여름	• 여름철 생활 • 여름철 안전	물놀이 여름 방학식
2 학 기	9	우리나라	• 우리나라의 생활과 문화 • 우리나라의 역사 • 우리나라의 자랑거리	역사박물관 견학 학부모 면담
		세계 여러 나라	• 세계 여러 나라의 생활과 문화 • 세계 여러 나라와의 교류	
	10			세계문화박물관 견학 가을 운동회 발달 검사
		건강과 운동	• 건강과 운동 • 운동과 휴식 • 운동 경기	
	11	가을	• 가을의 변화 • 나무와 숲	가을 동산 산책 김장 담그기 안전교육
		환경과 생활	• 흙과 우리 생활 • 빛과 우리 생활 • 공기와 우리 생활	
	12			겨울 방학식
		겨울	• 겨울의 생활 • 겨울철의 안전	
	2	1년을 마치며	• 즐거웠던 유치원 • 선생님과 친구들아 안녕! • 초등학교에 가려면	초등학교 견학 졸업식

이와 같은 연간교육계획안을 참고로 하여 월간교육계획안을 작성하게 된다. 월간교육계획은 해당 월의 교육과정이 실행되기 약 2주 전에 계획한다. 월간교육계획안은 한 달 동안 진행할 교육내용과 견학 및 행사의 시간을 포함하기 때문에 교육과정 운영을 원활하게 하는 데 도움이 된다. 월간교육계획안의 작성 및 운영 시 고려할 사항은 다음과 같다.

- 월간교육계획안은 연간교육계획에 기초하여 작성하며, 진행 중인 주제의 전개 과정을 고려하여 주제를 연장할 것인지, 이를 종료하고 새로운 주제로 전환할 것인지, 또는 새로운 주제를 추가할 것인지를 결정하여 작성한다.
- 교사가 사전에 계획한 주제 외에 유아의 흥미와 요구를 반영하여 주제를 선정하며, 주제에 적합한 교육내용을 선정하고 목표를 설정한다.
- 선정된 주제와 교육내용을 바탕으로 환경 구성, 교재 · 교구의 선정 및 활용 방법을 계획한다.
- 월간교육계획에 포함된 행사와 일정을 점검할 수 있도록 일정한 장소에 게시하고, 현장 학습 장소는 미리 현장 답사를 하고 예약을 해 두며, 일정을 구체적으로 계획해 둔다.
- 월간교육계획 역시 유아교육기관에서 발생되는 여러 변수를 고려하여 융통성 있게 운영한다.

2) 주간교육계획

앞서 살펴본 연간, 월간의 장기적인 교육계획에 비해 주간교육계획은 진행되는 주제의 전개 과정 또는 새롭게 시작될 주제를 근거로 구체적으로 작성하게 되며, 약 1주 전에 계획되는 것이 일반적이다. 실제로 교육현장에서는 유아의 흥미와 요구에 따라 한 가지 주제가 한 달 이상 전개될 수도 있으며, 경우에 따라 두 가지의 주제가 동시에 전개되기도 하므로 비교적 장기적인 월간교육계획보다 주간교육계획에 중점을 두는 경우가 많다.

주간교육계획안의 작성 및 운영 시 고려할 사항은 다음과 같다.

- 주간교육계획은 유아의 발달수준, 연령, 흥미, 요구, 주제, 우연적인 사건, 계절, 행사 등을 고려하여 구체적인 교육활동을 연계성 있고 체계적으로 전개되도록 계획한다. 그러기 위해서 활동의 내용이 구체적인 것에서 추상적인 것, 단순한 것에서 복잡하거나 확장된 것, 친숙한 것에서 친숙하지 않은 것의 순서로 계획되면 좋다. 또한 주간교육계획에서 활동은 학습의 주기를 고려하여 인식-탐색-탐구-적용의 순서로 확장되도록 계획되는 것이 좋다.
- 주간교육계획안을 작성할 때 주제와 주요 내용을 잘 반영할 수 있는 놀이 형태의 교육 활동을 개발하거나 선정한다. 교육 활동 개발 및 선정 시에는 유아의 연령별 발달 수준과 흥미에 적합한지, 다양한 활동 형태가 포함되며 통합이 이루어지는지를 고려해야 한다.
- 주간교육계획안에는 요일의 특성을 고려하여 계획하고, 각 요일별로 자유선택활동과 대 · 소집단활동 등을 선정하여 구체적으로 계획해야 한다. 또한 각 활동의 전개 방법과 자료, 전개할 장소와 진행 시간 등을 구체적으로 계획한다. 뿐만 아니라 적절한 환경 구성과 추가 또는 교체해야 할 교재 · 교구에 대한 사항도 계획에 포함한다.
- 주간교육계획은 즉각적으로 변화하는 유아의 흥미에 따라 융통성 있게 운영되는 것이 바람직하다. 교사가 계획한 교육계획이 아니더라도, 유아가 즉시 경험하게 되는 우연적인 사건이 반영될 수 있다.

〈표 2-5〉 〈표 2-6〉 그리고 〈표 2-7〉은 각각 3세, 4세 그리고 5세 유아를 위한 주간교육계획안의 예시를 보여 주고 있다.

표 2-5 ● 3세 유아를 위한 주간교육계획안의 예

<table>
<tr><td colspan="2">반 이름</td><td colspan="2">○○반(만 3세)</td><td>시기</td><td colspan="2">2011년 9월 4주</td></tr>
<tr><td colspan="2">주제</td><td colspan="5">교통생활</td></tr>
<tr><td colspan="2">목표</td><td colspan="5">• 교통수단의 이용방법을 알고 실천한다.
• 교통수단을 이용할 때의 규칙과 교통 시설물에 관련된 규칙을 알고 지킨다.</td></tr>
<tr><td colspan="2">날짜/요일
활동</td><td>26(월)</td><td>27(화)</td><td>28(수)</td><td>29(목)</td><td>30(금)</td></tr>
<tr><td rowspan="7">자유선택활동</td><td>쌓기놀이 영역</td><td rowspan="12">교통공원견학</td><td>우리들의 교통공원</td><td></td><td></td><td></td></tr>
<tr><td>역할놀이 영역</td><td>횡단보도를 건너요</td><td></td><td>우리는 안전 도우미</td><td></td></tr>
<tr><td>언어 영역</td><td>신호등 색깔의 의미를 알아요</td><td>표지판이 말해요</td><td></td><td></td></tr>
<tr><td>수 · 조작 영역</td><td>안전벨트를 해요</td><td>패턴 놀이
빨강 노랑 초록
신호등 짝 맞추기</td><td></td><td></td></tr>
<tr><td>탐색 영역</td><td></td><td>전기 신호등 놀이</td><td></td><td></td></tr>
<tr><td>조형 영역</td><td>교통공원에 다녀왔어요(그림표상)</td><td></td><td>우리들의 안전 표지판 만들기</td><td>안전지킴이 상장 만들기</td></tr>
<tr><td>음률 영역</td><td></td><td></td><td>소리 신호 듣고 걷기</td><td></td></tr>
<tr><td rowspan="4">대·소집단활동</td><td>이야기 나누기</td><td>자동차를 바르게 타요</td><td>신호등과 표지판</td><td></td><td>우리들의 교통공원</td></tr>
<tr><td>동화 · 동시 · 동극</td><td>동화) 미림이의 자동차 여행</td><td>동시) 신호등이 말해요</td><td>동화) 미나의 자전거</td><td>동화) 아기 코끼리 쭈쭈</td></tr>
<tr><td>음률</td><td>노래) 길조심 차조심</td><td></td><td>노래) 세발 자전거</td><td></td></tr>
<tr><td>게임</td><td></td><td>신호등을 보고 움직여요</td><td></td><td>자전거 달리기</td></tr>
<tr><td colspan="2">바깥놀이활동</td><td></td><td></td><td>모래로 도로 만들기</td><td></td></tr>
</table>

표 2-6 ● 4세 유아를 위한 주간교육계획안의 예

반 이름		○○반(만 4세)		시기	2011년 5월 3주	
주제		가족의 구조와 문화				
목표		• 가족 구성원을 알아보고 가족과 화목하게 지내는 방법에 대해 안다. • 우리 가족과 다른 가족의 다양한 생활 모습에 관심을 가진다.				
활동	날짜/요일	16(월)	17(화)	18(수)	19(목)	20(금)
자유선택활동	쌓기놀이 영역	우리집 만들기		여러 가족이 사는 집(아파트 만들기)		
	역할놀이 영역	가족이 되어 보아요			아기를 재워 보아요	
	언어 영역	가족 소개 책자 만들기		가족에게 사랑의 편지 쓰기		
	수·조작 영역	가족 수 그래프	가족 얼굴 패턴 놀이		가족 명화 퍼즐	
	과학 영역			가족 사진 관찰하기(생김새가 달라요)		
	컴퓨터 영역	우리반 친구들의 가족 앨범 감상하기				
	조형 영역			가족 손가락 인형 만들기		
	음률 영역		가족 노래 듣고 부르기	자장가 감상하기		
대·소집단활동	이야기 나누기	우리 가족을 소개합니다 I	우리 가족을 소개합니다 II	다양한 가족 형태	엄마, 아빠가 하시는 일	가족 구성원의 역할을 알아보아요
	동화·동시·동극	동화) 집 나가자 꿀꿀꿀				동시) 잠꾸러기 우리가족
	음률		노래) 우리 엄마 품에 안기면		감상) 자장가	
	신체					가족 역할 표현하기
	조형			가족 나무 만들기		
	게임		누구의 가족일까요?		엄마, 아빠처럼	
바깥놀이활동		모래성 만들기		숨바꼭질		

표 2-7 ● 5세 유아를 위한 주간교육계획안의 예

반 이름		○○반(만 5세)		시기	2011년 6월 3주	
주제		로봇				
목표		• 로봇의 유래와 로봇의 종류에 관심을 가진다. • 로봇이 우리에게 주는 편리함을 알고 우리 주변의 로봇을 바르게 이용하는 능력을 기른다. • 우리에게 필요한 미래의 로봇을 만들어 본다.				
활동 \ 날짜/요일		20(월)	21(화)	22(수)	23(목)	24(금)
자유선택활동	쌓기놀이 영역		로봇 공장		로봇 전시관 구성하기	
	역할놀이 영역					로봇 전시관에 초대하기
	언어 영역	로봇과 관련된 질문목록 만들기		동시 '로봇은 내친구' 재구성하기		
	수·조작 영역	플레이 타임 블록으로 로봇 만들기	로봇 패턴 놀이 / 로봇 메모리게임			
	과학 영역	아이로비 관찰하기	아이로비 반쪽그림 완성하기 / 로봇의 빠진 부분 찾기			
	컴퓨터 영역		질문목록 검색하기 / 다양한 로봇 검색하기			
	조형 영역	아이로비 가면 만들기	로봇 구조 점토로 구성하기 / 로봇 만들기			로봇 전시관 안내판 만들기
	음률 영역			새노래 '로보트 태권 브이'		
대·소집단활동	이야기 나누기	로봇을 소개합니다	로봇에 대해 궁금해요(유래와 종류)	로봇의 좋은 점과 로봇이 할 수 없는 일	미래의 로봇	내가 만든 로봇을 소개합니다
	동화·동시·동극		동시) 로봇은 내친구		동시) 재구성한 로봇은 내친구	
	음률			노래) 로보트 태권 브이		
	신체		로봇처럼 움직이기			
	조형			로봇 설계도 그리기		
	게임	로봇 완성하기				
바깥놀이활동			깃발 찾기			친구반의 로봇 전시관 방문하기

3) 일일교육계획

일일교육계획은 주간교육계획을 근거로 하루 동안 이루어지는 모든 활동의 순서를 조직하여 계획하는 것이다. 일일교육계획에는 생활주제, 교육목표, 활동목표, 소요 시간, 활동 방법, 준비물과 유의점 등이 포함된다. 또한 각 활동들이 주제를 중심으로 상호 관련성을 갖도록 구성하며, 유아의 홍미와 매일의 상황에 따라 융통성 있게 계획하고 운영하여야 한다. 일일교육계획안의 작성 및 운영 시 고려할 사항을 살펴보면 다음과 같다.

- 일일 교육을 계획할 때에는 주간교육계획을 토대로 일일 교육의 목표와 하루 동안 이루어질 각 활동들의 목표를 설정하고, 교육적인 효과를 고려하여 활동의 진행 방법과 교수자료 등을 선정한다.
- 일일교육계획을 위해서는 유아교육기관의 인적 자원과 물리적 환경, 활동 시간과 시기 등을 고려하여 집단의 크기, 소요 시간, 활동의 형태와 장소, 교재 · 교구의 종류와 양 등을 결정해야 한다.
- 일일교육계획에는 화장실 다녀오는 시간, 간식과 점심, 휴식 시간 등 유아의 신체적 · 생리적 욕구를 해결하기 위한 시간을 적절하게 배치하여야 한다. 유아는 놀이에 몰입하여 생리적 욕구를 적절히 조절하지 못하는 경우가 있다. 따라서 일일 활동 계획 시 이를 고려하여 시간을 배정하는 것이 좋다.
- 일과 운영은 일관성 있게 계획하고 전체적인 흐름과 활동 간 균형을 고려하여 각 활동들의 소요 시간을 배정한다. 즉, 전체적인 일과 운영에 일관성을 유지하여 유아가 안정감을 가지고 일과에 참여하도록 하며, 일과 안에 동적활동과 정적활동, 실내활동과 바깥놀이활동, 개별활동과 집단활동, 자유선택활동, 교사주도활동과 유아주도활동을 고루 배치한다.
- 일일교육계획은 주간교육계획을 기초로 하지만, 변화하는 유아의 홍미를 즉각적으로 반영하여 융통성 있게 운영되어야 한다. 교사가 미리 계획한 내용과 형

식이 아니더라도 유아의 흥미와 욕구, 우발적인 사건을 반영하여 계획하지 않았던 활동이나 내용을 첨가하여 교육계획을 수정할 수 있다. 즉, 유아가 지속적으로 흥미를 보이는 주제나 활동에는 추가적으로 시간을 배정하거나, 갑작스럽게 흥미를 보이는 사건이나 대상이 있다면 주제로 확장하여 활동을 계획할 수 있다.

〈표 2-8〉 〈표 2-9〉 그리고 〈표 2-10〉은 각각 3세, 4세 그리고 5세 유아를 위한 일일교육계획안의 예시를 보여 주고 있다.

표 2-8 ● 3세 유아를 위한 일일교육계획안의 예

<table>
<tr><td>학급명</td><td>○○반(만 3세)</td><td>일시</td><td colspan="2">2011년 9월 28일(수)</td><td>담임</td><td>○○○</td></tr>
<tr><td>생활주제</td><td colspan="2">교통기관</td><td>주제</td><td colspan="3">교통생활(신호등과 표지판)</td></tr>
<tr><td>목표</td><td colspan="6">• 신호등과 표지판의 의미를 안다.
• 교통질서를 지켜야 하는 중요성을 인식한다.</td></tr>
<tr><td rowspan="2">시간</td><td colspan="5">활동내용</td><td rowspan="2">자료 및
유의점</td></tr>
<tr><td colspan="3">I</td><td colspan="2">II</td></tr>
<tr><td>~09:00
등 원</td><td colspan="5">• 선생님, 친구들과 반갑게 인사를 나눈다.
• 개인 소지품을 정리하고 동화책을 본다.</td><td>- 유아의 기분과 건강 상태를 살피며 반갑게 맞이한다.
- 소지품을 바르게 정리하도록 지도한다.</td></tr>
<tr><td>09:00~09:20
놀이소개 및
놀이계획</td><td colspan="5">• 선생님, 친구들과 인사를 나눈다.
• 오늘의 날짜를 확인하고 날씨를 알아본다.
• 하루 일과의 순서를 알아보고 새로운 활동과 놀잇감을 살펴본다.
- 언어 영역: 표지판이 말해요
- 수 · 조작 영역: 신호등 짝 맞추기
- 탐색 영역: 전기 신호등 놀이
• 교실 각 영역을 탐색한 후 놀이를 계획한다.</td><td>- 이름 카드, 날짜 · 날씨판, 새 놀잇감</td></tr>
</table>

시간 및 활동	내용	비고
09:20~10:40 자유선택활동	• 유아들은 계획한 활동을 흥미영역에서 실행한다. - 언어 영역: 신호등 색깔의 의미를 알아요, 표지판이 말해요 - 쌓기 · 역할 놀이 영역: 횡단보도 건너기 - 수 · 조작 영역: 안전벨트를 해요(패턴), 신호등 짝 맞추기 - 탐색 영역: 전기 신호등 놀이	
10:40~11:00 정리정돈 및 화장실 가기	• 유아들은 자신이 가지고 놀던 놀잇감을 정리한다. • 유아가 스스로 정리할 수 있도록 격려한다. • 차례를 지켜 화장실을 이용한다.	- 정리시간 5분 전에 정리정돈 예고종을 울려 준다.
11:00~11:20 이야기 나누기	〈신호등과 표지판〉 • 빨간색, 초록색, 노란색의 동그란 원판을 보며 무엇이 생각나는지 이야기를 나눈다. • 신호등 색깔을 보며 어떤 의미인지 이야기를 해 보도록 한다. • 안전 표지판의 의미를 생각해 보고 지시대로 신체표현을 해 본다.	- 신호등과 표지판 ppt 자료
11:20~11:40 게임	〈신호등을 보고 움직여요〉 • 신호등 모형판과 표지판을 탐색한다. • 횡단보도를 바르게 건너는 방법을 이야기 해 본다. • 음악에 맞춰 자유롭게 움직이다가 교사가 제시하는 신호등과 표지판을 보고 움직임을 조절한다.	- 신호등과 표지판 모형, 걷기 음원
11:40~11:50 손 씻기	• 화장실에서 비누로 손을 깨끗이 씻는다.	- 질서를 잘 지키도록 지도한다.
11:50~12:50 점심식사 및 양치하기	• 바른 자세로 음식을 먹는다. • 점심 식사를 마친 유아는 교실로 이동하여 양치를 하고 휴식을 취한다.	- 음식을 골고루 먹도록 지도한다.
12:50~13:10 동시	〈신호등이 말해요〉 • 동시를 감상한다. • 어떤 내용인지 이야기 나누며 다시 감상한다. • 유아의 답변을 운율을 넣어 읽어 준다. • 유아의 답변을 연결하여 동시를 새롭게 창작한다. • 완성된 동시를 감상한다.	- 동시판, 보드마카펜 - 창의적인 표현을 유도한다.

13:10~13:30 일과 평가 및 귀가	• 하루 일과에 대해 이야기를 나누며 평가한다. - 신호등과 표지판의 의미를 이해하는가? - 교통질서를 지켜야 하는 이유를 인식하는가? • 귀가 준비(옷, 가방)를 마치면 선생님, 친구들과 인사를 나누고 귀가한다.	
투약	조○○(12:40)	
배변	정○○, 권○○, 김○○, 민○○	
평가	* 유아 일화기록 - 민○○: 양치를 하다가 바지에 설사를 많이 했다. "갑자기 나왔다."고 하며 울었다. 물로 깨끗이 씻기자 속옷과 웃옷, 바지를 스스로 갈아입었다. 겉옷이 잘 안 입어지자 "안 입어져."라며 울려고 했다. 괜찮다며 팔을 끼우는 것을 도와주자 마무리는 스스로 했다. * 일과 평가 - 교실에 직접 횡단보도 매트를 깔고 신호등과 표지판 모형을 이용하여 횡단보도를 건너는 활동을 해 봄으로써 유아들에게 직접적인 교육이 될 수 있어서 좋았다. - 오늘 민○○이 자유선택활동과 식사 후 스스로 해결하지 못하는 일이 생기자 말로 표현하지 못하고 울었다. 감기가 심하게 걸려 심신이 안정되지 않아 그랬을 수도 있지만 이번 주 들어 민○○와 최○○가 도와달라는 표현을 울음으로 대신하는 것 같다. 도움이 필요한 경우에 말로 표현할 수 있도록 지도해야겠다.	

표 2-9 ● 4세 유아를 위한 일일교육계획안의 예

학급명	○○반(만 4세)	일시	2011년 10월 7일(금)	담임	○○○
생활주제	가을	주제	가을의 날씨와 생활(가을에 수확하는 것)		
목표	• 가을에 수확하는 다양한 과일과 곡식의 종류를 안다. • 동시를 감상하고 창의적으로 신체표현을 한다.				

시간	활동 내용 I	활동 내용 II	자료 및 유의점
~09:10 등원 및 활동 계획	• 선생님, 친구들과 반갑게 인사를 나눈다. • 날짜와 날씨를 확인하고, 출석을 확인한다. • 일과 및 영역별 자유선택활동을 살펴보고 활동을 계획한다.		- 유아의 기분과 건강 상태를 살피며 반갑게 맞이한다. - 소지품을 바르게 정리하도록 지도 한다. - 활동 안내판, 자유선택계획표
09:10~10:30 자유선택활동	• 유아들은 계획한 활동을 흥미영역에서 실행한다. - 언어 영역: 무엇일까요? - 조작 영역: 열매 바구니를 찾아라 - 수 영역: 가을 열매 패턴 - 과학 영역: 가을 과일 관찰하기		- 이름표
10:30~10:45 정리정돈 및 화장실 가기	• 정리정돈 한 후 자유선택활동을 평가한다. • 차례를 지켜 화장실에 다녀온 후 손을 씻는다.		- 피아노
10:45~11:20 이야기 나누기	〈가을에 수확하는 것〉 • '빨개졌대요' 노래를 부르며 주의를 집중한다. • 가을에 볼 수 있는 과일과 곡식들에 대해 생각해 본다. • 가을철 과일과 곡식 자료를 감상한다. - 어떤 것들이 있었니? - ○○를 직접 본 적이 있니? - 어떤 맛이었니? - 모양은 어땠니?		- ppt 자료 - 차례를 지키며 바른 태도로 이야기 나누도록 지도한다.

시간/활동	내용	자료 및 유의점
	• 가을철에 볼 수 있는 과일과 곡식은 또 어떤 것들이 있는지 이야기 나눈다. • 가을 농작물을 수확하는 모습을 본 경험이 있는지 이야기 나눈다. • 만약 내가 농부 아저씨라면 어떤 것을 농사짓고 싶은지 이야기 나눈다.	
11:20~11:40 신체표현	〈코스모스〉 • 동시를 감상한다. • 동시의 내용을 함께 알아본다. • 동시를 함께 읽어 본다. • '내가 만약 코스모스 라면?'을 신체로 표현해 본다. • 동시의 느낌과 내가 코스모스가 되었을 때 어땠는지 이야기 나눈다.	- 동시 그림자료 - 동시에 묘사된 어휘의 느낌을 상상해 보도록 하여 창의적인 표현을 유도한다.
11:40~11:50 손 씻기	• 화장실에서 비누로 손을 깨끗이 씻는다.	- 질서를 잘 지키도록 지도한다.
11:50~12:40 점심식사 및 양치하기	• 적당한 양의 음식을 남기지 않고 먹는다. • 바른 자세로 음식을 먹는다. • 점심식사를 마친 유아는 교실로 이동하여 양치를 하고 조용한 활동을 한다.	- 음식을 골고루 먹도록 지도한다.
12:40~13:00 동화	〈단군신화〉 • '가을' 노래를 부르며 자리에 앉는다. • 동화책의 그림만 감상하며 이야기를 유추해 본다. • 동화를 감상한다. • 그림을 보며 이야기를 다시 만들어 본다. - 어떤 동물들이 나왔니? - 무엇을 먹었을까? - 왜 그렇게 되었을까?	- 동화책
13:00~13:20 바깥놀이	〈도토리 옮기기〉 • 가을에 볼 수 있는 도토리에 대해서 실물을 보며 이야기 나눈다. • 게임 방법에 대해 이야기 나누고 규칙을 정한다. - 어떤 놀이를 할 수 있을까?	- 도토리 2개, 국자 2개, 점수판, 도토리 모형(빨간색, 파란색)

	- 지켜야 할 약속은 무엇일까? - 도토리를 떨어뜨리면 어떻게 할까? • 편을 나누어 게임을 진행한다. • 게임을 평가한다. - 어떤 점이 즐거웠니? 혹시 힘든 점은 없었니? - 국자 외에 무엇으로 도토리를 옮길 수 있을까?	- 규칙을 지키며 게임에 참여할 수 있도록 지도한다.
13:20~13:30 일과 평가 및 귀가	• 하루 일과에 대해 이야기를 나누며 평가한다. • 귀가 준비(옷, 가방)를 마치면, 가정통신문을 전달한다. • 선생님, 친구들과 인사를 나누고 귀가한다.	- 통신문
평가	• 유아들이 '내가 만약 코스모스라면?' 신체활동에 흥미를 보이며 참여하였으나 동시 감상 후 코스모스가 흔들리는 영상자료를 준비하였다면 더욱 다양한 표현이 나타났을 것 같다. • 바깥놀이(도토리 옮기기)를 평가하면서 ○○가 국자 대신 바구니를 이용하여 도토리를 옮겨 보고 싶다고 하였다. 작은 바구니를 두 개 준비해야겠다.	

표 2-10 ● 5세 유아를 위한 일일교육계획안의 예

<table>
<tr><th>학급명</th><td>○○반(만 5세)</td><th>일시</th><td>2011년 6월 21일(화)</td><th>담임</th><td>○○○</td></tr>
<tr><th>생활주제</th><td colspan="2">로봇</td><th>주제</th><td colspan="2">로봇(로봇의 발달과 종류)</td></tr>
<tr><th>목표</th><td colspan="5">• 로봇의 유래와 다양한 종류에 관심을 가진다.
• 로봇의 특성과 기능을 탐색한다.
• 로봇이 우리에게 주는 편리함을 알고 우리주변의 로봇을 바르게 이용하는 능력을 기른다.</td></tr>
<tr><th rowspan="2">시간</th><th colspan="4">활동 내용</th><th rowspan="2">자료 및 유의점</th></tr>
<tr><th colspan="2">I</th><th colspan="2">II</th></tr>
<tr><td>~09:10
등원 및 활동계획</td><td colspan="4">• 선생님, 친구들과 반갑게 인사를 나눈다.
• 날짜를 확인하고, 출석을 확인한다.
• 일과 및 영역별 자유선택활동을 살펴보고 활동을 계획한다.</td><td>- 일과 운영표, 활동 안내판, 자유선택계획표
- 유아의 기분과 건강 상태를 살피며 반갑게 맞이한다.</td></tr>
<tr><td>09:10~10:30
자유선택활동</td><td colspan="4">• 계획한 활동을 흥미 영역에서 실행한다.
- 쌓기놀이 영역: 로봇 공
- 언어 영역: 로봇과 관련된 질문 목록 만들기
- 수 · 조작 영역: 플레이 타임 블록으로 로봇 만들기, 로봇 패턴 놀이
- 과학 영역: 아이로비 관찰하기, 아이로비 반쪽 그림 완성하기
- 컴퓨터 영역: 질문 목록 검색하기 / 다양한 로봇 검색하기
- 조형 영역: 아이로비 가면 만들기, 로봇 구조 점토로 구성하기</td><td>- 이름표
- 언어 · 컴퓨터 영역: 유아들의 유사한 질문 목록을 정리하여 검색하도록 지도한다.</td></tr>
<tr><td>10:30~10:50
정리정돈 및 화장실 가기</td><td colspan="4">• 정리 음악이 나오면 제자리에 돌아와 장난감을 정리한다.
• 화장실에 다녀오고 싶은 유아는 다녀온다.</td><td>- 5분 전에 정리정돈 시간을 알린다.
- 스스로 정리하는 습관을 기르도록 돕는다.</td></tr>
<tr><td>10:50~11:20
이야기 나누기</td><td colspan="4">〈로봇에 대해 궁금해요(유래와 종류)〉
• 손인형과 인사하며 주의를 집중한다.
• 자유선택활동을 평가하며 로봇을 조사한 친구들의 활동을 소개한다.
• 로봇에 대한 조사결과를 발표하고(듣고) 궁금한 것에 대하여 함께 이야기 나눈다.
- 로봇은 왜 만들어졌을까?</td><td>- ppt 자료, 유아들의 검색 자료
- 차례를 지키며 바른 태도로 이야기 나누도록 지도한다.</td></tr>
</table>

	- 우리가 사용하고 있는 로봇은 무엇이 있을까? - 로봇은 우리에게 어떤 도움을 줄까? - 너희가 알고 있는 로봇은 무엇이 있니? • 로봇에 대해 더 알고 싶은 것이 무엇인지 생각해 본다.	
11:20~11:50 신체표현	〈로봇처럼 움직이기〉 • 로봇 움직임에 관한 영상자료를 감상한다. - 로봇이 어떻게 움직이니? - 왜 그렇게 움직일까? • 음악에 맞춰 로봇이 되어 신체표현을 해 본다. - 로봇이 무거운 물건을 옮기고 있구나. - 로봇이 좁은 길을 아주 빠르게 지나가네. - 로봇이 구불구불한 길을 천천히 이동하는구나. • 로봇이 되어 본 느낌이 어땠는지 이야기 나누며 평가한다. - 로봇이 되어 보니 어떠니? 혹시 불편한 점은 없었니?	- 로봇 영상자료, 신체 표현 음원 - 로봇의 움직임을 창의적으로 표현할 수 있도록 음악적 요소의 변화에 적절한 상황을 언어적으로 안내한다.
11:50~12:00 손 씻기	• 화장실에서 비누로 손을 깨끗이 씻는다.	- 질서를 지키도록 지도한다.
12:00~12:40 점심식사 및 양치하기	• 적당한 양의 음식을 남기지 않고 먹는다. • 바른 자세로 음식을 먹는다. • 점심을 다 먹은 후 먹은 자리를 깨끗이 정리한다. • 점심 식사를 마친 유아는 교실로 이동하여 양치를 하고 조용한 활동을 한다.	- 바른 식습관을 지도한다.
12:40~13:00 동시	〈로봇은 내친구〉 • 로봇이 우리에게 주는 편리함에 대해 이야기 나눈다. • 동시를 감상한다. • 아이로비를 바르게 이용하는 방법에 대해 이야기 나눈다. • 동시를 함께 읽어 본다.	- 동시판, 화이트 보드, 보드마커
13:00~13:20 바깥놀이	〈깃발 찾기〉 • 가위, 바위, 보로 술래를 정하여 깃발을 숨기고 찾는 놀이를 한다. • 게임 방법과 규칙을 논의하여 수정하도록 한다.	- 색깔 깃발 - 안전에 유의하며 놀이하도록 지도한다.

13:20~13:30 일과 평가 및 귀가	• 하루 일과에 대해 이야기를 나누며 평가한다. • 유치원에 하루를 보낸 느낌을 이야기한다. • 귀가 준비를 마치면 선생님, 친구들과 인사를 나누고 귀가한다.	- 유아들이 단정한 모습으로 귀가할 수 있도록 지도한다.
평가	• 로봇 만들기에 참여하는 유아들의 경우에는 정리하는 데 시간이 많이 소요되므로 정리시간을 미리 알려야 겠다. • 로봇 만들기에 필요한 재료에 대해 이야기 나눠 봄으로써 유아들의 창의적인 표현을 유도하는 것이 좋겠다. ○○반 선생님과 논의하여 필요한 자원을 게시판 안내문을 올리는 것이 좋겠다.	

제3장

일과 운영의 의미와 유형

1 일과의 의미

친밀감을 기반으로 하는 가정과 달리, 유아교육기관은 교육을 지향하는 형식적인 사회화 기관이다. 가정과 유아교육기관의 환경은 그 차이가 적을수록 일관성 있는 교육이 가능해져 유아에게 유익하다고 여겼던 사회학적 관점부터 최근에는 가정과 유아교육기관이 완벽하게 동질일 경우, 오히려 유아가 다채로운 경험을 통해 성장할 기회를 놓칠 수 있다고 보는 생태학적 관점에 이르기까지 다양한 견해가 존재한다(유윤영, 2010; Melson, 1989). 하지만 어린 유아의 경우 이들의 안정을 위해 유아교육기관이 가정과 유사한 환경을 제공해야 한다고 보는 것이 일반적이다. 그러나 유아교육기관이 가정과 유사한 환경을 제공한다 할지라도 가정과 유아교육기관은 근본적으로 다르며, 이에 따라 교육기관에 거는 역할기대 또한 다르다. 가정은 온전히 개별 유아의 요구에 충실할 수 있다는 장점이 있지만, 결코 미룰 수 없는 집안일과 예측하지 못한 방문자 접대와 같은 가변적인 상황에 늘 노출되어 있다.

반면, 유아교육기관은 다른 무엇보다 유아의 교육과 보호를 최우선으로 여긴다는 점에서 가정과 차별화된다.

그렇기 때문에 유아교육기관의 일과 운영에는 많은 의미가 내포될 수밖에 없다. 유아들이 할 만한 수많은 경험 가운데 어떤 것을 선택하여 제공할까에 대한 고민은 교육기관의 하루 일과에 그대로 반영되어 있다. 그러한 것들은 때로는 명시적으로 때로는 암시적인 형태로 나타난다. 명시적이라 함은 그것을 아예 목표로 설정하는 것을 말한다. 예를 들면, 자신의 삶을 주도적으로 이끌 인재의 육성을 위해 유아교육기관은 유아가 놀이를 스스로 선택할 수 있도록 도우며, 스스로의 선택을 교육목표로 설정하는 경우를 말한다. 암시적이라 함은 그것이 목표로 명시화되어 있지는 않지만 그것이 잠재적으로 유아들의 삶에 영향을 미치는 것을 말한다. 예를 들면, 유아는 등원을 위해 아침 일찍 일어나야 하며, 일찍 일어나기 위해서는 일찍 잠을 자는 습관을 들이게 된다. 개인에 따라 이러한 일정에 적응하기를 어려워하는 유아도 있다. 그러나 사회가 이와 같은 아침형 주기로 구성되어 있으므로, 교육기관에 다니는 것만으로도 유아는 일찍 자고 일찍 일어나는 주기에 자연스럽게 적응하여 사회화된다. 이처럼 유아교육기관의 하루 일과는 유아의 성장과 발달을 위해 조직된다.

2 일과의 중요성

교육기관의 하루 일과는 각 교육기관이 지향하는 철학이나 목표와 함께 유아의 연령과 발달수준, 흥미를 고려해서 조직한다(이기숙, 2000). 철학에 따른 교육기관의 차이에 대한 연구에는 미국과 이탈리아의 교육에 대한 비교가 있다. 미국의 유아교육기관은 효율성을 극대화하는 분업화를 중시하는 산업화 모형을 유아교육기관의 운영에 적용했다면, 이탈리아의 레지오 에밀리아(Reggio Emilia)는 확대 가족 모형을 지향하고 있다(Edwards, Gandini, & Forman, 1996). 확대 가족 모형이란 유아, 교사 및 교직원, 가족이 책임을 공유하고, 이들 구성원 간의 관계가 친근하며, 관계와 참여가 비형식적인 특성을 갖는 것을 말한다. 그렇기 때문에 레지오 에밀리아를 방문한 사람들은 큰 집과 같은 분위기를 느낀다고 한다. 반드시 그렇지는 않지만, 많은 레지오 에밀리아 유치원이 가정 같은 분위기를 제공하고자 단일 연령 학급보다 혼합연령의 학급을 운영하는 것도 같은 맥락에서다. 일과에 대한 이들의 견해는 다음과 같다.

> 레지오 에밀리아의 하루 일과는 유아 자신이 느끼는 시간 감각에 기초하여 계획되고 실행된다. 시간은 유아들의 개별적인 리듬에 따라 '여유 있게' 흘러간다. 이곳의 유아들은 평균 8시간 정도를 유치원에서 생활하지만, 일반 유아교육기관의 유아들처럼 20~30분 정도의 짧은 시간 단위로 분절된 많은 활동을 하지는 않는다. 유아들은 여유를 가지고 한 가지 활동에 몰두할 수 있는 시간이 허용되며 자신에게 흥미 있는 주제를 다양한 방법으로 표상하고 탐색하며 장기간에 걸쳐 발전시킬 수 있다. 레지오 에밀리아에서의 시간은 긴 호흡으로 이루어진다(박은혜, 김희진, 이지현, 2002).

한편, 읽고 쓰고 셈하기의 3Rs를 강조하는 학문중심 교육과정을 실행하는 교육기관은 교사주도식의 수업이 주류를 이룬다. 그러나 구성주의를 표명하는 최근의 교육동향을 따르는 교육기관은 유아들이 주도적으로 참여하는 자유놀이 시간을 중시한다. 학습자가 곧 학습의 주체이므로 놀이를 통한 자발적인 학습이 효과적이라는 이유에서다. 이 자유놀이시간 동안 유아는 스스로 하고 싶은 놀이나 활동을 계획하고 실행해 보고 평가하는 과정을 체험한다. 일과 역시 계획-활동-평가의 주기로 구성되어 있는데, 이러한 흐름도 유아가 자신의 학습에 책임감을 갖도록 하기 위한 취지에서 실행된다. 이에 따라 가령 늘 과도한 계획을 세워 제대로 실행하지 못하는 유아가 있다면, 자신이 세운 계획과 실행을 돌아보는 평가를 통해 적절한 계획의 중요성을 암암리에 인식시킬 수 있으며, 계획의 의미를 미처 알지 못하는 유아에게는 계획의 의미와 필요성을 인식시킬 수 있다. 계획을 자신에게 맞게 세우고 실행함으로써 성취감을 느낄 수 있기 때문에 일과 구성에서 이러한 주기를 고려할 이유가 된다.

또한 구성주의를 표명하는 교육기관은 하루 일과 중 유아들 간의 상호작용을 할 수 있는 시간을 반드시 포함하도록 시간을 계획한다(DeVries & Zan, 1997). 지식을 구성하는 데에는 집단형태의 토의가 절대적으로 필요하기 때문이다. 교육기관에서 유아의 생활은 공동체 생활을 의미한다. 다른 사람과의 관계를 충분히 고려하기 어려운 유아기에 공동체 생활은 쉬울 수 없다. 구성원으로서 지켜야 할 규칙이 있을 수밖에 없기 때문이다. 안타깝게도 아직 현장에서는 그러한 규칙들이 교사에 의해 일방적으로 전달되는 경향이 있다. 그러나 그러한 규칙을 유아가 참여하여 만들어 간다면 규칙 준수의 측면에서도 실효를 거둘 수 있어 바람직할 것이다.

예를 들어, 간식시간을 따로 정해서 지도하는 경우와 간식시간을 따로 정하지 않고 먹고 싶을 때 먹을 수 있도록 간식 영역을 독립해서 마련해 놓는 경우, 등원하자마자 아침을 먹고 오지 않은 유아들을 위해 간식을 마련해 놓는 것은 교육기관의 유형과 이에 따른 설립 철학과 취지에 따라 달라질 수 있다. 간식시간에 유아가 가정과 같은 분위기에서 올바른 식습관을 들이기 위한 목적으로 운영하는 교육기관에서는 간식시간을 따로 정해 간식을 제공하지만, 그보다 유아가 원하는 때 간식을 하는 것이 유아에게 더 유익하다고 생각하는 유아교육기관에서는 정해진 간식시간에 구애받지 않고 유아가 자유롭게 필요에 따라 간식을 먹게 된다.

이와 같이 교육기관에서의 하루 일과의 구성과 운영은 교육기관의 철학, 아동관과 유아의 발달 수준, 흥미 등의 여러 요인들을 고려한 결과인 것이다.

3 일과 운영의 원리

유아교육기관의 일과는 유아의 기본적인 생활의 욕구를 충족시켜 주면서 그들이 신체적으로 건강하고 안전하게 생활하는 가운데 전인발달이 이루어질 수 있도록 운영되어야 한다. 뿐만 아니라 유아의 흥미와 기후 등의 상황을 고려하여 융통성 있게 운영되는 것이 바람직하다.

일과 운영의 구체적인 원리는 다음과 같다.

- 유아교육기관의 일과 운영은 관련된 제반 사항들을 고려하여 운영되어야 한다. 인적 자원과 물리적 환경, 일과 운영의 유형, 시기와 계절 등에 따라 집단의 크기, 활동 소요 시간, 활동 장소, 교재 · 교구 및 자료의 종류와 양 등이 달라질 수 있으므로 이러한 제반 사항과 여건을 고려하여 운영한다.
- 일과 운영은 일관성 있게 진행한다. 유아교육기관의 일과가 예측 가능한 일관성을 가지고 운영될 때 유아가 보다 안정감을 가지고 자신의 행동과 욕구를 조절하며 능동적으로 활동에 참여할 수 있다.
- 일과 운영은 간식과 식사, 배변과 휴식 등 유아의 신체적 욕구를 배려하여 운영되어야 한다. 영아는 자신의 신체적인 욕구를 스스로 조절하지 못하며, 이에 대한 도움을 요청하는 데 한계가 있다. 뿐만 아니라 유아의 경우에도 놀이에 열중하게 되면 자신의 신체적 욕구를 적절히 조절하지 못하기도 한다. 따라서 유아의 신체적 욕구를 고려하여 일과 가운데 신체적 욕구를 해결하는 시간을 적절하게 배치해야 한다.
- 일과 운영은 유아의 흥미와 욕구를 반영하여 운영한다. 일과에 유아의 흥미와 욕구를 반영할 수 있는 기회를 포함하여 보다 능동적인 참여자가 되도록 해야 한다. 따라서 교사는 일과 중에 다양한 경험을 제공하되 유아 스스로 자신의 활동을 선택하고 자신의 생각과 느낌을 표현할 수 있는 기회를 주어야 한다.
- 일과 운영 시 각 활동이 서로 균형을 이룰 수 있도록 순서를 적절히 안배한다. 일과 가운데 경험되는 많은 활동이 특정 유형에 집중되지 않도록 동적활동과 정적활동, 개별활동과 집단활동, 실내활동과 실외활동, 교사주도활동과 유아주도활동을 고르게 배치한다. 즉, 자리에 앉아 활동하는 이야기 나누기가 이루어진 후 바깥놀이를 하거나 신체표현활동 후 동화 감상을 하는 등 유아가 신체

적 · 심리적으로 긴장과 휴식을 순차적으로 경험할 수 있도록 균형 있게 배치하는 것이 바람직하다.

- 일과 중 다양한 유형의 상호작용을 경험할 수 있도록 운영한다. 유아는 다양한 유형의 상호작용을 통하여 지식을 구성하고 사고를 확장시키며, 사회적 능력을 발달시킬 수 있다. 즉, 교사와 유아, 유아와 유아, 유아와 교구 간에 상호작용이 고르게 경험될 수 있도록 운영하는 것이 바람직하다.
- 일과는 융통성 있게 운영되어야 한다. 교사는 하루 일과를 미리 계획하고 이를 바탕으로 운영하게 된다. 그러나 유아의 흥미나 욕구, 우발적인 사건과 기후의 변화 등을 고려하여 활동의 시간을 조절하거나 활동을 첨삭하여 운영할 필요가 있다. 교사는 일과 운영 가운데 유아가 흥미를 보이지 않는 활동이 있다면 이를 다른 활동으로 대체하고, 지속적으로 흥미를 보이는 활동이라면 시간을 더 배정할 수 있다. 비가 내려 실외활동이 불가능한 경우에도 이를 대체한 실내활동을 진행할 수 있으며, 유아가 바깥놀이 중 발견한 곤충에 흥미를 보인다면 곤충에 대한 자료를 찾아보고 이야기 나누는 시간을 가질 수도 있다. 따라서 교사는 유아의 흥미나 욕구, 특별한 상황을 민감하게 인식하고 이를 반영해야 한다.
- 일과 운영의 계획과 실행에 대한 평가가 이루어져야 한다. 교사는 일과 중 이루어진 활동의 목표가 어느 정도 성취되었는지, 계획대로 실행되었는지, 문제점이 있었다면 무엇 때문인지, 수정하고 보완하여야 할 점은 무엇인지에 대하여 평가하고, 이를 반드시 기록에 남겨 후속 활동의 계획에 반영해야 한다.

4 일과 운영의 유형

유아교육기관 중 유치원의 일과 운영은 「유아교육법」 제2조 4항에 따라 반일제, 시간 연장제, 종일제로 구분되며, 보육시설의 경우 일반적으로 12시간 운영을 원칙으로 하고, 보호자의 근로시간 등을 참작하여 탄력적으로 운영할 수 있도록 하였다. 유치원의 경우 일과 운영 유형이 운영 시간을 중심으로 구분될 수 있으나, 보육시설의 경우에는 운영 시간뿐만 아니라 시기에 따라서도 세분화될 수 있다.

1) 유치원 일과 운영 유형

- **반일제** 하루 3시간 이상 5시간 미만 운영되는 유치원 운영 유형을 의미하는 것으로, 유아가 부모와 함께 보낼 수 있는 시간을 충분히 갖고 교육의 기능에 중점을 둔 프로그램을 제공한다는 데 큰 특징이 있다. 하루 일과는 등원, 자유 선택 활동, 정리정돈, 대 · 소집단활동, 간식 및 휴식, 바깥놀이활동, 평가 및 귀가 등으로 구성된다.
- **시간 연장제** 유치원에서 의미하는 시간 연장제는 반일제의 시간을 연장하여 하루 5시간 이상~8시간 미만으로 운영되는 유형을 의미한다.
- **종일제** 지역의 특수성과 유치원의 실정 및 유아의 실태를 고려하여 전인적 발달을 목적으로 하루 8시간 이상 교육과 보호를 통합한 포괄적 프로그램을 대상 연령과 운영 형태에 따라 다양하게 편성 · 운영하는 유치원 운영 유형(교육과학기술부, 2008a)을 의미한다. 종일제는 반일제 이후 점심, 휴식 및 낮잠, 자유 선택 활동, 바깥놀이, 하원 등의 순서로 이루어지는 것이 일반적이다. 종일제는 세부적으로 오전에는 반일반 학급에서 지내다가 오후에 종일반을 원하는 유아들로 학급을 재편성하여 총 8시간 이상 운영하는 오후 재편성 종일반과 종일반 학급을 별도로 구성하여 오전부터 오후까지 동일한 유아들을 대상으로 8시간 이상 운영하는 독립 종일반으로 구분될 수 있다.

2) 보육시설의 일과 운영 유형

- **종일제 보육** 보육시설은 공휴일을 제외하고 연중 오전 7시 30분부터 저녁

7시 30분까지 12시간 운영되는 것을 기본 원칙으로 하며, 지역 및 시설 여건에 따라 보호자와 시설장의 협의에 의하여 기준 시간 초과 보육 및 휴일 보육을 운영하도록 규정하고 있다. 따라서 보육시설의 일반적인 일과 운영 유형을 보호와 교육적 기능을 포함한 12시간 종일제로 볼 수 있다.

- **시간 연장형(야간, 24시간)** 보육시설에서 운영되는 시간 연장 보육은 부모의 여건과 요구를 반영하여 오전 7시 30분부터 저녁 7시 30분까지 운영되는 12시간 보육을 초과한 운영 형태를 의미한다. 보호적 기능이 강화되어 최소 저녁 9시 이후 부터 12시 30분까지 시간을 연장하여 운영하는 유형을 의미한다.

한편, 종일제 보육에 포함되지 않은 저녁 7시 30분부터 익일 오전 7시 30분까지 잠자리와 식사가 제공되며 가정의 기본 생활이 포함되는 야간 보육이 있으며, 24시간 동안 운영되는 24시간 보육이 있다.

- **휴일 보육** 양육자의 근로 형태가 다양해짐에 따라 공휴일에도 보육시설을 이용하는 영유아의 수가 늘고 있다. 휴일 보육은 종일제 보육에서 제외된 일요일과 공휴일에 운영되는 보육 유형을 의미한다.
- **시간제 보육** 시간제 보육은 부모의 요구에 따라 하루 중 일부 또는 필요한 시간에 한정적으로 운영되는 유형을 의미한다.

제4장

일과의 구성

우리나라 유아교육과정은 유아의 생활경험과 밀접한 주제를 중심으로 한 통합교육과정의 성격을 가진다. 유아를 위한 교육과정을 운영할 때 교사는 교육목적과 목표에 따라 교육경험을 조직하고 이를 일과로 구성하여야 한다.

일과 구성을 하기 전에 교육경험 조직에 대한 관점을 살펴볼 필요가 있다. 일찍이 구조주의 교육학자인 타일러(Tyler, 1990)는 교육과정에서 교육목표 설정, 학습경험의 조직, 교육과정과 교육평가를 강조하였고, 그의 관점은 교육학 분야에서 중요한 기초가 되어 왔다. 그는 특히 교육경험의 조직에서 교과의 단원별로 위계적 조직과 학습이 일어나는 단계적 과정을 구체적으로 살펴보았다. 타일러에 의하면 교육경험은 단기적으로 효과를 볼 수 있는 것이 아니라 경험이 축적되어 상승효과를 나타낼 수 있도록 조직되어야 한다. 경험의 조직이란 교육 효과를 높여 주고 학생들에게 커다란 변화를 일으킬 수 있게 한다(Tyler, 1990). 교육경험의 조직에서 시간적 관계(수직적 관계)와 공간적 관계(수평적 관계)를 고려해야 하며, 교육경험을 효과적으로 조직하는 기준은 계속성(반복성, continuity), 연계성(sequence) 그리고 통합성(integration)이다(Tyler, 1990).

- **계속성** 중요한 교육과정 요소를 수직적으로 강조하는 것이다. 즉, 교육과정 내용에서 핵심이 되는 내용이 시간적으로 계속하여 반복되는 것이다. 수학교육에서의 주요 내용인 수, 공간과 도형, 측정, 규칙성과 자료의 이해가 교육과정에서 계속적으로 반복하여 다루어져야 한다. 이것은 특정 시기에만 다루는 것이 아니라 연간교육과정에서 전체적으로 다루어야 한다.
- **연계성** 계속성과 관련이 있지만 단순한 반복 이상의 것을 말한다. 예를 들면, 연계성은 활동 수준이 위계적으로 연결되거나 관련 내용 또는 개념으로 연결되면서 확장되어 전개되는 것이다.
- **통합성** 교육과정의 내용을 수평적으로 연관시키는 것이다. 예를 들면, 교과 내 통합이나 교과 간 통합활동으로 다루어지는 것이다.

타일러의 관점은 교육경험을 지나치게 위계적 · 단계적인 체계로 조직하는 것을 강조하여 학생의 수준, 흥미와 요구에 따라 유기적이고 융통성 있게 조직할 수 있는 측면을 소홀히 다룬 것에 대한 비판을 받기도 하였다. 그러나 계속성, 연계성과 통합성의 경험 조직 기준은 최근까지도 교육경험 조직의 중요한 기준으로 여겨지고 있다.

이러한 교육경험의 조직 기준에 따라 교육경험을 전체적으로 조직하고, 매일 전개되는 일과를 구성하게 된다. 구성주의에 기초한 유아교육과정이나 주제중심 통합교육과정에서 일과 운영은 매우 중요한 부분이다(Helm & Katz, 2001). 선행연구자들은 교사가 일과 운영을 계획할 때 일관성, 유아의 요구, 계획-활동-평가의 주기, 다양한 상호작용의 원리를 기본으로 하여 계획할 것을 제시하고 있다(Weikart, Epstein, Schweinhart, & Bond, 1978).

일과 운영 계획 시 고려해야 할 사항은 다음과 같다.

- 일과는 일관성 있게 계획되어야 한다. 일관성 있는 일과는 유아들에게 방향성을 제공하고 내적 통제력 발달을 돕는다.

- 일과는 가장 먼저 유아의 요구에 초점을 맞추어 구성하도록 한다. 이는 유아의 능동적 참여와 의사결정을 돕는다. 그리고 교수를 위한 정돈된 환경을 위하여 교사의 요구에 초점을 두어 일과를 구성한다.
- 일과는 계획-활동-평가의 주기로 계획되어, 유아가 일과를 예측하고 자신의 학습에 책임감을 갖도록 돕는다.
- 일과는 유아와 성인 간의 상호작용을 다양하게 제공하도록 구성한다. 시간은 유아가 개별적으로 활동하고, 교사와 일대일로 활동하고, 소집단 또는 대집단으로 활동하거나 다른 유아들과 활동할 수 있도록 다양하게 구성한다.

프로젝트 접근의 주제중심 통합교육과정에서는 일과에 45~60분 정도의 탐구와 발견을 위한 시간을 제공하는 것이 중요하다고 본다(Helm & Katz, 2001). 여기에서 제시하는 전형적인 시간은 등원시간, 대집단활동 시간, 자유선택활동 시간, 평가(review) 시간, 실외활동 시간, 소집단활동 시간, 이야기 또는 책 읽기 시간, 음악활동 시간이다. 일과에서 전형적인 기본활동 시간이 제공되면서 프로젝트는 일과 시간 구성의 변화 없이 일과에 통합되어 진행된다. 프로젝트는 활동시간에서 융통적으로 이루어질 수 있다.

구성주의 접근을 취하는 교육과정의 관점들을 종합하여 일과 구성 방법을 시간, 공간 및 활동 측면에서 살펴보면 다음과 같다.

1 시간구성

일과의 시간구성은 실제적으로 교육활동이 원활히 잘 이루어지는가를 결정짓기 때문에 매우 중요하다. 일과 시간을 구성을 할 때 고려하여야 할 기준은 유아의 발달수준과 특성, 계획-활동-평가의 주기, 교육활동의 주기 및 특성, 연계성과 일관성 등이다.

유아의 발달 수준, 요구, 특성과 개인차에 따라 시간 계획

일과의 시간은 유아의 발달수준, 특성과 개인차에 따라 유아의 발달적 요구 및 기본적 요구를 위한 시간, 주의집중 시간 등이 고려되어야 한다. 유아의 발달적 요구에 따라 교육적 자극을 제공하는 시간, 휴식시간, 손 씻기와 화장실 다녀오기, 간식과 식사시간, 낮잠시간, 대근육 발달을 위한 시간을 운영하고 시간의 길이도 고려하여야 한다.

일과에서 중요한 부분은 유아를 위한 교육활동이므로, 유아의 다양한 발달 요구에 적합한 교육활동이 안배되어야 한다. 유아의 수준과 발달적 필요에 따라 교육활동과 기본적 요구의 시간 안배가 적절히 이루어지는 것은 중요하다. 교육활동의 시간은 인식-탐색-탐구-적용의 학습주기, 계획-활동-평가의 주기, 다양한 발달적 요구, 교육목적 및 목표, 활동성(정적활동/동적활동)을 고려하여 이루어져야 한다. 이러한 요소에 따라 등원, 실내 · 외 자유선택활동, 정리정돈, 평가, 대 · 소집단활동, 이야기나 책 읽기, 음악 및 신체활동, 간식과 점심, 낮잠, 화장실 가기 등의 시간을 구성할 수 있다. 유아의 개인적 성향과 개인차에 따라 시간을 융통적으로 운영하여야 한다.

계획, 활동, 평가의 주기에 따른 시간 계획

하루의 일과에서 중요한 부분은 계획, 활동과 평가(및 표상)로 볼 수 있다(Weikart, Epstein, Schweinhart, & Bond, 1978). 일과를 계획-활동-평가의 주기로 계획하게 되면, 유아는 전체 일과에 대해 예측할 수 있어 자신의 활동을 주도적으로 미리 계획하고 행동하고, 보다 책임감을 가지고 활동할 수 있다. 인지중심 접근(Weikart, Epstein, Schweinhart, & Bond, 1978)에서 제시하고 있는 각 부분에 대한 하루의 시간 비율은 [그림 4-1]과 같다.

- **계획** 계획하는 시간을 통해 제공된 활동과 유아가 경험할 수 있는 활동을

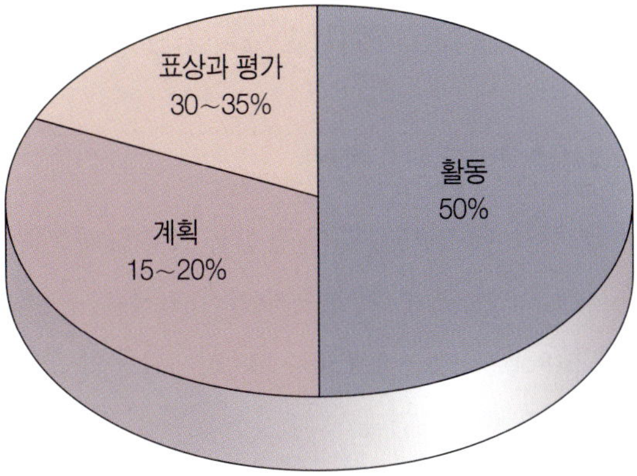

그림 4-1 계획-활동-평가의 시간 비율

시간에 따라 미리 계획해 볼 수 있다. 어린 유아의 경우 교실 내에 준비된 활동을 미리 둘러보는 것만으로 계획할 수 있고, 4세 이상의 연령이 높은 유아들은 계획한 것을 언어적으로 말하거나 계획평가지에 기록할 수 있다.

- **활동** 실제적으로 교육활동이 이루어지는 시간으로 하루에서 중요한 부분을 차지하며, 유아의 다양한 발달을 자극하는 핵심적인 시간이다.
- **평가** 평가는 유아의 활동을 재정리하고 반성적으로 생각해 보는 기회를 제공하며, 다음의 활동 계획에 영향을 미친다. 교사는 유아의 발달수준을 파악하는 좋은 기회가 되기도 한다. 평가는 따로 마련하여 계획된 시간에 할 수도 있지만, 활동을 하는 동안에 이루어지기도 한다.

일과를 계획-활동-평가로 구성할 때 두 가지 측면으로 고려할 수 있다. 첫째, 하루의 전체 일과를 계획-활동-평가로 구성하는 것이다. 유아가 아침에 등원한 후 교사와 함께 모두 모여 일과의 계획을 살펴보면서 일과를 예측하고 계획하며, 일과활동이 진행된 후 귀가시간에 모두 함께 일과를 돌아보며 평가한다. 둘째, 각 일과활동 하나하나마다 계획-활동-평가의 주기로 구성하는 것이다. 각 활동마다 도입부에서는 활동 전체를 예측할 수 있도록 활동의 계획을 다루어 주고, 활동이 모두 이루어진 후에는 전체 활동을 평가하는 시간을 갖도록 구성한다.

연계성과 일관성을 고려한 시간 계획

일과활동의 순서를 정할 때 연계성과 일관성을 고려하여 시간구성을 하여야 한다. 이때 발달적 순서, 내용의 순서, 학습주기(인식-탐색-탐구-적용) 등이 고려될 수 있다. 로비슨과 슈와츠(Robison & Schwartz, 1982)는 활동의 순서를 지을 때 다음의 사항이 고려되어야 한다고 제시하였다.

- 학습의 과정은 구체적인 것에서 추상적인 것으로 진행되도록 한다.
- 학습의 과정이 단순한 것에서 복잡한 것으로 진행되도록 한다. 점차 아이템, 변인들이나 사건의 수가 증가하도록 한다.
- 학습이 사실에서 개념으로 진전되도록 한다. 유아가 개념을 재구성하도록 도전하는 경험을 제공한다.
- 학습이 알고 있는 것에서 알고 있지 않은 것으로 진전되도록 한다.

2 공간구성

유아를 위한 교육이 이루어지는 장으로서 공간은 교육과정의 필수요소이며, 공간구성은 일과를 효율적으로 운영하는 데 매우 중요한 요소다. 유아교육환경의 공간은 다양한 방식으로 유아의 발달과 학습을 강화시켜 주는 하나의 요소다. 환경의 공간구성을 통해 교육과정을 풍부하게 해 주고 지원해 주기 위해, 세심하게 고안된 구조 속에서 유아가 활동과 공간을 선택할 수 있도록 해야 하고, 교육을 위한 공간과 보육공간을 제공하여야 한다.

다양한 발달을 위한 공간

교육공간은 유아의 언어, 사회정서, 인지, 신체, 창의성 등 다양한 발달과 교육목표를 이끌 수 있어야 한다. 실내공간은 언어, 수학, 과학, 조작, 조형, 쌓기, 역할, 음률, 컴퓨터, 대근육활동, 휴식 등의 흥미 영역으로 구성되어 유아의 다양한 발달을 이끌 수 있는 공간이어야 한다.

또한 실외에서도 언어, 조형과 같은 활동을 할 수 있는 조용한 영역, 사회성 발달을 위한 놀이집 등이 구성된 역할놀이 영역, 다양한 수 · 과학 및 조형적 탐색이 가능하고 역할놀이로 연결이 가능한 물 · 모래 놀이 영역, 고정 또는 이동식 놀이시설, 공차기, 달리기 등 대근육 활동을 위한 넓은 영역, 자전거와 같은 탈 것 영역, 동식물 기르기 등을 할 수 있는 자연관찰 영역, 산책 영역 등이 구성될 수 있다.

다양한 활동성을 만족시키는 공간(정적활동 공간/동적활동 공간)

유아기는 신체적 움직임의 욕구가 활발한 시기이므로 유아의 움직이고자 하는 욕구를 충족시키는 활동을 제공하여야 한다. 유아는 자신의 오감각과 다른 신체부분을 활용하여 주변 세계를 인식한다. 또한 유아기는 대근육과 소근육 발달이 활발히 이루어지는 시기이므로 정적활동뿐 아니라 다양한 동적활동을 제공하여야 한다.

유아의 요구와 필요를 만족시키는 공간

유아를 위한 공간은 기본적인 요구를 충족시켜야 한다. 이 중 가장 유념할 점은 유아 개개인에게 일관성 있고, 친밀하고, 예측 가능하도록 설계하는 일이다(Olds, 2009). 올즈(Olds, 2009)는 유아교육환경에서 고려하여야 할 기본적 요구를 반영한 환경으로 움직임을 촉진하는 환경, 안락함을 지원하는 환경, 유능감을 지원하는 환경, 그리고 조절감을 기를 수 있는 환경을 제시하고 있다.

- **움직임을 촉진하는 환경** 유아가 실내외 어디에서나 대근육활동을 할 수 있도록 하여야 한다. 유아가 자유로운 공간에서 위치를 정하고 자신의 경계를 만들며, 다양한 영역에 접근하고 자신의 능력을 탐색하게 하고 움직임을 통해 인지발달의 기초를 형성하도록 촉진하여야 한다.
- **안락함을 지원하는 환경** 물리적 환경에서 안락함을 느낄 때 유아는 주변에서 일어나는 일이나 사물에 관심을 가지게 된다. 유아가 피로감을 느끼거나 휴식이 필요할 때 조용하게 휴식을 취할 수 있는 코지 영역(cozy area)을 제공할 수 있다. 또한 유아는 모든 감각을 적절하고 다양하게 자극해 주었을 때 안락함을 느낀다. 또한 동질성 가운데 변화를 제공해 주는 것도 필요하다. 한 예로, 바닥의 높이나 재질에 변화를 줄 수도 있다.
- **유능감을 지원하는 환경** 유아의 수준에 맞는 유능감을 느낄 수 있는 환경으로 인해 유아는 욕구를 충족시키고 과업을 쉽게 수행하고, 스스로 도구와 재료를 다루며, 자유롭게 움직임을 조절하며 이동할 수 있다. 이를 위해서는 유아가 할 수 있는 일을 다양하게 해 주고, 장소를 다양하게 제공하며, 물건과 장소를 잘 배치하여 접근성을 좋게 하는 것이 필요하다.
- **조절감을 기를 수 있는 환경** 유아를 위한 사적인 공간을 제공하고, 일관성이 있어 예측할 수 있으며, 공간 안에서 신체를 적절히 조절하고 통제할 수 있게 하는 것이 좋다.

그 밖에 각 활동의 유형에 따른 공간은 교육공간, 휴식공간(안락한 공간), 기본적 요구를 만족시키는 공간(화장실, 식당, 낮잠실, 양호실), 부모와의 상호작용 공간(현관, 상담실, 복도에 마련된 부모를 위한 영역, 마당), 전이 공간(복도, 현관 등), 교사 및 교직원을 위한 공간(교사실, 원장실, 원감실) 등으로 마련되어야 한다.

감각적 경험이 가능한 공간

유아는 상징의 의미를 이해하기 이전에 실물을 가지고 조작하고 만지고 분류하고 놓아 보는 등 다양하게 상호작용하는 경험을 많이 가져야 한다. 그러므로 유아를 위한 공간은 감각적 경험을 통해서 다양한 탐색과 탐구를 하고 인식을 확장시킬 수 있는 공간으로 구성되어야 한다(Gullo, 2000).

유아의 생활과 밀접한 공간

유아는 자신의 사전 경험에 따라 지식을 구성하고 인식을 확장시키는 데 도움을 받으며, 일상의 전체적인 경험을 통해 정보를 받아들이는 것이 필요하다. 그러므로 유아를 위한 공간은 유아 자신의 생활과 밀접한 공간이어야 한다(Gullo, 2000). 유아의 생활과 밀접한 공간은 친숙함을 제공하고 유아들이 안정감을 가지고 활동할 수 있게 돕는다.

집단활동이 가능한 공간

유아를 위한 교육공간은 유아 개인, 유아와 유아, 유아와 교사, 소그룹의 유아와 교사, 그리고 대집단활동이 가능한 공간으로 구성되어야 한다. 유아는 집단활동에서 주변 환경, 다른 유아나 성인과의 상호작용을 통해 자신의 아이디어를 더욱 확장시키고 인식을 넓혀 나간다. 교사의 질적인 상호작용과 다른 유아와의 협력학습을 통해, 유아는 사전지식을 바탕으로 대상이나 현상에 대해 여러 가지 속성을 발견하고 탐색하며 아이디어들을 서로 연결시켜 문제를 해결해 나간다.

교실은 유아가 다양한 집단활동에 참여할 수 있도록 개방적이면서도 활동에 몰입하여 탐색하고 탐구할 수 있는 분위기를 보장하여야 한다.

3 활동구성

일과는 교육활동의 시간적 배열로서 구성된다. 일과활동은 유아가 유아교육기관에서의 모든 경험이므로, 유아의 기본적 요구와 교육적 요구를 모두 반영하여야 한다. 활동구성은 다음의 요소를 고려하여 이루어지는 것이 바람직하다.

전인적 발달을 위한 활동

유아를 위한 일과활동은 다양한 발달을 이끄는 활동이어야 한다. 유아의 언어적 발달을 위하여 듣기 · 말하기 · 읽기 · 쓰기 활동을 자유선택활동시간에 제공하고, 동화 · 동시 · 동극과 같은 언어적 경험을 개별 및 대 · 소집단활동으로 충분히 제공하여야 한다. 유아기에는 사회정서발달이 매우 급격히 이루어지는 시기이므로, 유아가 다양한 정서를 경험하고 이해하며 소통할 수 있는 교육활동과 사회성 발달을 위한 집단활동을 제공한다. 유아의 사고를 확장시키기 위해서는 수학과 과학, 여러 가지 인지적 경험을 제공할 수 있다. 사물을 관찰하거나 실험하고, 블록을 구성하거나 분류하고 측정해 보며, 다양한 사물과 현상들을 탐색, 탐구하는 경험을 구성하여야 한다. 음악, 동작, 조형, 문학과 같은 다양한 예술활동은 유아가 심미감과 창의성을 발달시키고 사고를 확장시키도록 돕는다. 또한 유아의 신체발달을 위하여 실내와 실외에서 다양한 대소근육활동을 할 수 있도록 구성하도록 한다.

동적 · 정적 활동

유아의 움직임의 욕구를 충족시키기 위하여 정적활동과 동적활동을 적절히 안배하여 일과를 구성하여야 한다. 유아는 주의집중시간이 짧고 연령에 따라서도 그 차이가 나타나므로 유아의 연령과 주의집중시간을 고려하여 활동을 안배하는 것이 좋다. 지나치게 정적활동을 위주로 구성하는 것은 유아의 주의집중이나 흥미를 떨어뜨리게 되며, 반대로 동적활동 위주로 구성하는 것은 유아에게 신체적 무리를 줄 수 있으므로 적절히 안배하도록 한다.

다양한 상호작용의 활동

상호작용을 통해 유아의 학습을 지원하기 위하여 다양한 집단 크기의 활동을 제공한다. 유아와 교구, 환경과의 상호작용이 이루어지는 개별 활동, 유아와 유아 간의 소집단활동, 교사와 유아의 일대일 활동, 교사와 유아들의 소집단 및 대집단활동 등을 적절하게 안배한다.

교사가 계획하는 활동과 유아가 계획하는 활동

일반적으로 일과를 계획할 때 교사는 관찰을 통해 현재의 유아 발달수준을 인식하고 이를 고려하여 유아에게 교육적으로 적절한 미리 계획된 활동, 다양한 발달을 이끄는 목표의 활동을 계획하여 제공하여야 한다. 유아가 우연한 사건에 의해 즉각적인 흥미와 관심을 나타내게 되면, 교사가 계획한 활동은 병행적으로 운영되거나 일부 수정되어 진행될 수 있다. 교사는 유아의 즉각적인 관심과 흥미를 존중하고 융통성을 발휘하여 유아의 흥미에 의해 계획된 활동에 유아가 참여할 수 있도록 배려하는 것이 바람직하다.

이러한 원리들을 준거로 하여 반일제 일과(〈표 4-1〉), 시간연장제 일과(〈표 4-2〉) 그리고 종일제 일과(〈표 4-3〉)를 표로 제시하면 다음과 같다.

표 4-1 ● 반일제의 일과 구성

시간	내용
8:30~9:00	도착
9:00~10:25	자유선택활동
10:25~10:45	정리정돈, 토의 및 평가
10:45~11:00	간식
11:00~11:30	소집단활동 및 음률활동
11:30~12:35	실외활동 및 정리정돈, 화장실 다녀오기
12:35~12:50	대집단활동(이야기 들려주기, 동화, 이야기 나누기 등)
12:50~13:00	귀가 지도

표 4-2 ● 시간연장제의 일과 구성

시간	내용
8:30~9:00	도착
9:00~10:30	자유선택활동
10:30~10:45	정리정돈, 토의 및 평가
10:45~11:00	간식
11:00~11:15	대집단활동(이야기 들려주기, 동화, 이야기 나누기 등)
11:15~12:10	실외활동 및 정리정돈, 화장실 다녀오기
12:10~13:00	점심식사 지도
13:00~13:20	조용한 활동
13:20~14:50	소집단활동 및 음률활동
14:50~15:00	귀가 지도

표 4-3 ● 종일제의 일과 구성

시간	내용
8:30~9:00	도착
9:00~10:25	자유선택활동
10:25~10:40	정리정돈, 토의 및 평가
10:40~10:55	간식
10:55~11:10	소집단활동
11:10~12:10	실외활동 및 정리정돈
12:10~12:40	점심
12:40~13:00	조용한 활동
13:00~15:00	낮잠 및 휴식(90~120분)
15:00~15:20	음악 · 신체표현활동 또는 소집단활동
15:20~15:35	간식
15:35~16:30	실외활동
16:30~16:50	대집단활동(이야기 들려주기, 인형극 등)
16:50~17:50	자유선택활동 및 정리정돈
17:50~18:00	귀가 지도

제5장

일과 운영을 위한 교수-학습원리

1 일과 운영과 교수-학습의 개념

교수-학습은 교육의 목적, 목표를 달성하기 위해 선정된 내용을 교사가 가르치고 학생이 배우는 상호과정이다. 먼저, 교수(teaching)란 교사가 유아에게 지식과 기술을 가르쳐 주는 것으로, 넓은 의미에서 살펴보면 교사가 의도적으로 계획하고 실천하는 교육적 활동 모두를 의미한다. 즉, 학교교육에서 교수란 유아가 정신능력과 특수한 기술을 습득하도록 하며 지식에 대한 흥미와 자발적 노력의 정신을 고무함으로써 교육목적을 달성하도록 하는 수단이다(서울대학교 교육연구서 편, 1994). 이러한 교수과정은 교육목표, 교수자, 교육내용, 학습자, 교수방법 그리고 환경이라는 여섯 가지 요소의 관계 속에서 이루어진다(한국유아교육학회 편, 2006).

다음으로, 학습(learning)이란 학습자(유아)가 새로운 지식과 기술을 배우는 것이라고 할 수 있다. 학습은 새로운 지식과 기술을 경험함으로써 어떤 개인의 지식, 행동 또는 태도가 지속적으로 변화되는 것이다(Hilgard & Bower, 1981; Mayer, 1982).

이러한 변화는 장기적이고 지속적이어야 하며, 인지적 변화뿐 아니라 행동의 변화를 포함하는 것이어야 한다. 즉, 학습자는 자신을 둘러싼 환경으로부터 오는 자극을 처리하는 과정에서 인지구조의 변화를 일으키고, 이러한 변화가 유아의 행동을 변화시킨다. 이는 교사의 경험 제공이라는 외적 조건과 인지과정의 변화라는 학습자의 내적 조건이 서로 상호작용한 결과로 볼 수 있다.

이와 같이 교수와 학습은 서로 다른 개념이지만, 교육에서는 이를 별개의 개념으로 분리해서 볼 수 없다. 왜냐하면 20세기 이후 진보주의의 영향으로 교수-학습을 분리된 개념이 아니라 연결적 개념으로 파악하기 시작하였기 때문이다. 다시 말하면, 진보주의에 의해 교육은 교사와 학습자 간에 통합적 교수방법의 형태를 띠게 되었는데, 이것은 교육이 교사에 의해 일방적으로 이루어지는 과정이 아니라는 인식에서 비롯된 것이다. 교육을 교수로 인식함으로써 교사에게 집중되었던 관심은 이제 유아-교사, 유아-유아 간의 상호작용으로 전환되었다. 또한 유아-교사와의 상호작용도 일방적이지 않으며, 교사의 개입 정도, 개입 방법, 교사의 질문 방법, 유아의 질문에 대한 교사의 반응, 질문의 빈도와 범위, 적절한 자료 제시와 안내, 교사의 언어 형태 등의 다양한 요인이 영향을 미친다는 점들이 인식되면서 이에 대한 연구가 시작되었다(한국유아교육학회 편, 2006).

유아는 가정, 학교, 사회, 국가, 세계와 같이 다양한 환경에 둘러싸여 있고, 그것으로부터 새로운 경험을 하게 된다. 유아는 새로운 경험을 통해 지식을 습득하고 행동을 변화시킨다. 유아의 학습은 정규적인 학교교육뿐 아니라 일상의 다양한 환경 속에서도 이루어진다. 그러나 여기서는 유아교육기관에서 이루어지는 지식의 습득과 행동 변화의 측면에 중점을 두어 교수-학습을 제시하고자 한다.

유아교육기관의 하루 일과는 교육을 실현하는 장인 기관에 등원해서 귀가할 때까지 교사, 다른 유아들과 생활하면서 언어, 수, 과학, 역할, 음악, 미술, 블록, 신체활동 등에 참여하며 일상생활에 필요한 기술 습득하기, 다양한 규칙과 질서 지키기와 같은 경험을 하는 것이다. 따라서 교사는 유아들이 하루 일과를 통해 성장・발달할 수 있도록 경험을 제공하고, 각 상황에 적절한 상호작용을 할 수 있어야 한다.

유아교육기관에서 이루어지는 교사의 교육적 활동과 상호작용을 포함한 하루 일과는 교사의 신념이나 철학, 유아 발달에 대한 이해, 유아의 사회문화적 배경에 대한 이해를 바탕으로 구성된다. 교사는 이러한 철학적 · 심리적 · 사회적 배경을 바탕으로 교육목표를 설정하여야 하며, 또한 목표에 적합한 교육내용을 선정하고 선정한 내용을 어떻게 가르쳐야 유아의 학습이 적절한 방법으로 이루어지는가에 대해 고민해야 한다. 교수-학습 방법 또한 교사의 철학, 신념과 유아의 성장, 발달, 학습에 대한 이해, 유아가 속한 사회의 가치, 변화, 문제, 상태 등에 대한 이해를 바탕으로 결정된다. 즉, 교수-학습 방법은 단순히 가르치는 기술이나 단편적인 전략이 아니라 교사의 교육신념에 연결된 교육의 과정이다.

미국유아교육협회(NAEYC, 1991)는 피아제, 비고츠키 등의 이론을 중심으로 유아의 교수-학습에 관한 몇 가지 기본 가정을 제시하였다. 이는 유아교사가 교수-학습 과정을 운영하는 데에 기본적으로 고려해야 할 사항이다. 이를 살펴보면 다음과 같다.

유아는 신체적 욕구가 충족되고 심리적으로 안전하다고 느꼈을 때 가장 잘 학습한다.

발달에 적합한 교육과정을 운영하기 위해서는 유아의 신체적 욕구를 존중해야 한다. 예를 들어, 바람직한 프로그램은 대부분의 시간을 유아가 앉은 상태로 일방적으로 성인의 강의를 듣거나 정해진 방법에 따르는 학습지를 하도록 요구하지 않는데, 그 이유는 그러한 활동은 유아의 신체적 욕구에 적합하지 않기 때문이다.

유아는 스스로 지식을 구성한다.

유아는 사람과 사물과의 능동적 상호작용의 경험을 통해 스스로 지식을 구성해 나간다. 유아의 능동적인 실험에서 중심이 되는 것은 많은 실수를 범하는 것이다. 성인이 보기에 틀렸다고 생각하는 유아의 행동들은 관계를 이해하고 자신의 경험에 기초하여 개념을 형성하고자 하는 유아의 시도를 보여 주는 것이다.

유아는 성인 및 다른 유아와의 사회적 상호작용을 통해 학습한다.

유아의 건강한 발달은 타인과의 관계 속에서 시작된다. 부모-자녀 관계는 매우 어릴 때부터 유아가 발달하고 학습해 가는 사회적 상호작용의 기초적인 예다. 유아는 먼저 도움을 받을 수 있는 상황에서 어떤 것을 할 수 있으며, 그 후에 독립적으로 여러 상황에서 스스로 할 수 있게 된다. 성인과 또래의 지원은 유아로 하여금 독립적인 기능의 수준으로 발전해 갈 수 있도록 하는 필수적인 도움이다. 교사의 역할은 발달과 학습을 지지하고 안내하고 촉진하는 것이다. 사회적 상호작용은 지적 발달을 위해서뿐만 아니라 사회적 능력과 자존감의 발달을 위해서 필요하다.

유아의 학습과정은 인식에서 시작하여 탐색, 조사로 진전되며, 활용으로 옮겨 가는 순환적 주기를 따른다.

무언가를 처음 배우기 위해서는 먼저 그 현상을 인식해야 한다. 학습의 단계는 탐색이다. 탐색이란 가능한 수단을 동원하여 학습하고자 하는 것의 구성 요소를 이해하는 과정이다. 조사란 유아가 자신의 생각이나 개념을 사회에서 관찰한 것과 비교하고 분석해 가는 과정이다. 학습의 마지막 측면인 활용은 유아로 하여금 자신이 배운 것을 여러 가지 목적으로 사용할 수 있고 새로운 상황에 적용할 수 있게 한다. 이러한 주기는 순서적으로 일어나는 것이 아니라 동시에 일어날 수 있다.

유아는 놀이를 통해서 배운다.

유아의 자발적 놀이는 지식 구성에 필수적인 탐색, 실험 및 조작을 위한 기회를 제공한다. 놀이를 하는 동안 유아는 감정을 조절하는 것, 타인과 상호작용하는 것, 갈등을 해결하는 것 등을 배운다. 무엇보다 중요한 것은 놀이를 통해 상상력과 창의력을 발달시킬 수 있다는 것이다. 또한 유아의 놀이는 새로 습득한 기술이나 지식을 여러 상황에서 자발적으로 연습할 수 있는 기회를 제공한다.

유아의 흥미와 '알고자 하는 욕구'는 학습을 자극한다.

유아는 자신의 능력을 연습하고 자신이 경험한 것을 이해하고자 하는 타고난 욕구를 가지고 있다. 교사가 유아의 흥미를 자아내고 유아의 흥미에 기초한 활동을 제공하는 것은 유아의 학습에 대한 내적 동기를 심어 주는 것이다. 유아의 흥미, 그리고 알고자 하는 내적 동기에 기초한 교육과정은 창의성, 호기심, 주의력, 근면성, 능률성과 같은 바람직한 성향과 느낌의 발달을 촉진한다.

인간의 발달과 학습은 개개인에 따라 다양하다.

이제까지 유아라는 용어를 사용하면서 서술한 학습에 대한 가정은 마치 모든 유아에게 똑같이 적용되는 일반화 이론처럼 보인다. 그러나 분명한 것은 어떠한 발달과 학습도 개인의 다양성의 원리를 벗어날 수는 없다는 것이다. 각 개인은 개인적인 학습 형태뿐만 아니라 성장과 발달에서도 개별적인 형태와 시간, 속도를 갖는다. 개개인의 가족 경험과 문화적 배경 역시 다양하다. 이와 같은 개인적 다양성에 대한 인식은 교육과정을 결정하는 데에서도 되도록 개별화될 것을 요구한다.

2 교수-학습의 원리

유아에게 적합한 교수-학습 방법은 교사, 유아, 환경적 조건에 대한 관점에 따라 다르게 구성된다. 발달과 학습에 관한 교사의 관점은 서로 다를 수 있으나 교사가 어떤 관점을 가지더라도 공통적으로 합의되고 따를 수 있는 교수-학습의 원리들은 일반적이다.

미국유아교육협회(NAEYC, 2009)는 '발달에 적합한 실제(DAP)'에서 유아의 발달과 학습의 원리를 제시하였다. 이는 유아를 위한 교수-학습 방법을 구성하고 조직하기 위해 기초적으로 고려해야 할 사항이다.

- 유아의 모든 발달과 학습의 영역(신체 · 사회 · 정서 · 인지)은 중요하며, 이러한 것들은 상호 연결되어 있다. 한 영역에서의 유아의 발달과 학습은 다른 영역에 영향을 미치고 영향을 받는다.
- 유아의 발달과 학습은 이미 획득된 것을 기초로 하여 능력, 기술, 지식이 계열적 · 순차적으로 구성된다. 따라서 교사는 유아의 발달과 학습의 계열성을 아는 것이 중요하다. 유아는 이전의 발달과 학습에 기초하여 특별한 개념, 기술, 능력을 획득하기 때문이다. 예를 들어, 수학에서 유아의 수 세기 학습은 숫자 이해의 기초가 된다. 학습 계열성에 대한 이해는 교육과정 발달과 교수 실제에 중요하다.
- 발달과 학습은 일반적인 순서를 가지지만, 유아마다 다르게 진행된다. 개인차는 발달의 규범적인 과정, 즉 불가피한 가변성과 개별 아동의 독특성이라는 두 가지 측면을 포함한다. 유아의 발달은 각 개인에 따라 다른 패턴과 시간을 가진다. 가족과 사회문화적 환경의 맥락 안에서 각기 다른 경험을 함에 따라 유아 개인의 기질, 성격, 태도가 다양하게 형성된다. 이 과정에서 모든 유아는 자신만의 강점과 욕구, 관심을 가진다. 같은 연령대라도 유아들 사이의 개인차는 크다. 따라서 교사는 개별화된 교육과정 및 교수, 유아와의 상호작용을 다르게 제공하는 것이 적절하다.
- 발달과 학습은 생물학적인 성숙과 경험의 역동적이고 지속적인 상호작용의 결과다. 발달은 유아의 사회적 · 물리적 세계에서의 경험과 생물학적 성장 사이의 상호작용의 결과다. 건강한 부모로부터 물려받은 유아의 유전적 구조는 건강한 성장을 예견하지만, 생애 초기의 불충분한 영양은 건강한 성장의 잠재력에 해를 끼치게 될 것이다. 유아의 발달과 학습의 상호 유기적 관계의 효과는 체계적이고 개별화된 개입을 통해 유아의 발달을 적극적으로 도울 수 있다. 외향성이나 소극성은 타고난 성향이지만, 유아가 다른 사람과 어떻게 상호작용하는가에 따라 달리 형성되기도 한다. 이처럼 생득적인 요인과 유아의 경험은 상호작용을 통하여 새로운 결과를 만들어 내므로 유아교육자는 유아마다의 적

절한 기대를 가지고 모든 유아가 바르게 성장하도록 도움을 주어야 한다.

- 초기 경험은 유아의 발달과 학습에 큰 영향을 미치며, 발달과 학습에는 적절한 시기가 있다. 더 어린 시기에 다른 유아와 맺은 사회적 경험을 통해 형성한 자신감과 사회적 기술은 이후 다른 유아와 사회적 경험을 해 나가는 데 긍정적인 역할을 하면서 유아의 발달에 지속적으로 영향을 미친다. 이러한 경험은 유아의 사회적 능숙함과 학문적 성취를 더 향상시킨다. 반대로 유아기에 사회적 기술의 부족으로 또래로부터 거부당하거나 무시당하는 것은 그것이 한때의 경험일지라도 이후에 정신건강 문제와 학교 공부의 실패와 같은 결과를 초래할 수 있다. 따라서 이에 관련하여 교사의 적극적인 개입과 지지가 필요하다. 일이 벌어진 후에 치료하기보다 조기에 개입하는 것이 효과와 비용 면에서 더 효과적이다.
- 발달은 단순한 것에서 복잡한 것으로, 구체적인 것에서 상징적 또는 표상적 능력으로 나아간다. 발달의 일반적인 특징은 언어, 사회적 상호작용, 신체운동능력, 문제해결 등 다른 모든 영역에서 아동의 기능이 점차적으로 복잡해지는 것이다. 뇌 발달에 의한 조직화와 기억능력의 향상은 유아의 단순한 일상적 행동을 더 복잡한 상황에 결합하는 것을 가능하게 한다. 예를 들어, 유아는 더하기가 항상 더 많게 만든다는 것과 빼기는 항상 더 적게 만든다는 원리를 알게 되고, 일대일 원칙과 같이 사물을 세는 추상적 사고를 할 수 있다.
- 유아는 안전하고 반응적인 성인과 안정적인 관계를 가지고 또래와 긍정적인 관계를 가질 때 가장 잘 발달한다. 생애 초기에 반응적인 성인과 가지는 따뜻한 양육관계는 공감, 협력, 자기조절, 문화적 사회화, 언어와 의사소통, 또래관계, 자아 정체감과 같은 발달의 많은 중요한 영역에 꼭 필요하다. 성인과의 긍정적인 양육관계는 사회적 능숙함과 정서적 발달만큼 유아의 학습과 성취를 촉진한다.
- 발달과 학습은 다양한 사회문화적 맥락 내에서 발생하고 영향을 받는다. 유아의 발달은 유아의 가족, 교육 정도, 더 넓은 사회와 같은 공동체 등의 사회문화

적 맥락 안에서 파악해야 한다. 이러한 다양한 맥락은 상호 관련되어 있어 유아에게 강력하게 영향을 미친다. 예를 들어, 강력하고 건강한 공동체 안에서 사랑하고 지지하는 가족과 함께 살아가는 유아조차도 인종, 성과 같은 더 큰 사회의 편견에 의해 영향을 받고 그것의 부정적인 고정관념과 편견에 영향을 받는다. 따라서 유아교사는 사회문화적 맥락과 학습에 대한 가족 내 상황, 유아의 발달 능력을 이해하고 유아의 발달 성취를 제시할 친숙하고 다양한 방법을 알아야 한다. 또한 교사는 문화적 경험이 어떻게 그들의 관점에 영향을 미치는지 민감하게 반응해야 하며, 다양한 관점을 이해하고 유아의 발달과 학습에 관한 의사결정을 할 때에 문화적 맥락을 반드시 고려해야 한다.

- 유아는 자신을 둘러싼 세상을 다양한 방법으로 학습한다. 유아는 교사, 가족 구성원, 또래, 더 나이가 많은 유아, 책과 그 밖의 대중매체를 통해 스스로 경험함으로써 세상을 이해하고 자신의 지식을 구성한다. 유아는 주로 구체물을 통해 학습하지만 추상적 아이디어에도 관심을 가진다. 유아는 모든 것을 받아들이고 세상에 관해 자신만의 사고 방법으로 이해하고 가설을 세운다. 이때 유아는 성인, 다른 또래와의 상호작용과 물리적 조작, 놀이, 관찰을 통해 스스로 발견한 내용을 반성하고, 질문하고 답을 찾는 등 자신만의 사고 체계를 통해 세상에 대한 지식 구성을 시도한다. 이렇듯 유아가 자신만의 방법으로 지식을 구성할 때 유아의 이해는 더 깊어지고 이를 전환해서 새로운 맥락에 더 잘 적용할 수 있다. 따라서 교사는 다양한 교수전략을 사용하는 것이 중요하다. 즉, 교사는 유아의 다양성을 인정하여 폭넓은 시각으로 적합한 교수전략을 세워 유아를 도와야 한다.
- 놀이는 언어, 인지능력 및 사회적 능력을 증진시키는 것만큼 자기조절 능력을 기르는데 중요한 수단이다. 유아는 놀이를 사랑한다. 놀이는 신체적 유능함과 실외에서의 즐거움, 세상에 대한 이해, 다른 사람과의 상호작용, 정서 표현과 조절, 상징과 문제해결 능력의 발달, 필요한 기술을 발달시킬 수 있는 기회를 제공한다. 또한 놀이는 기억, 자기 조절, 구어 능력, 사회적 기술과 학교에서의

성공과 관련된다. 유아의 놀이에는 신체놀이, 사물놀이, 가장 또는 극화놀이, 구성놀이 그리고 규칙 있는 게임이 있다. 이러한 놀이는 유아의 인지, 언어, 자기조절, 사회정서적 발달에 영향을 미친다. 그러나 유아가 이러한 놀이보다 교사의 지시적인 활동과 대중매체를 이용한 놀이를 하게 됨으로써 사회적 상호작용이 풍부하게 일어나는 놀이가 현저히 줄어들고 있는 실정이다. 따라서 교사는 유아가 다양한 놀이에 참여할 수 있도록 환경을 구성하고 안내해야 한다.

- 유아의 발달과 학습은 유아가 현재 할 수 있는 것 이상의 것에 도전할 때, 그리고 새로운 기술을 익혀 실천해 볼 수 있는 기회를 제공받았을 때 진보한다. 인간, 특히 유아는 자신이 현재 이해하고 숙련된 것을 넘어 무엇인가를 하고 이해하기 위한 동기를 가진다. 유능한 교사는 그러한 동기를 활성화시킬 수 있는 풍부한 학습환경을 만들고, 유아로 하여금 새로운 것에 도전하고 숙달할 수 있도록 지원하고, 점차 진전된 도전을 할 수 있도록 교수전략을 사용한다. 이러한 지원은 종종 비계설정(scaffolding)이라고 불리는데, 이는 효과적인 교수의 중요한 특징이다.
- 유아의 경험은 학습에 대한 동기와 접근에 영향을 미친다. 학습에의 지속성, 주도성 및 융통성은 발달과 학습에 영향을 준다. 무엇을 학습하는가보다 어떻게 학습하는가에 더 초점을 맞춘 학습에 대한 접근은 유아의 학습에 관한 느낌(학습에 대한 흥미, 기쁨, 동기)과 학습할 때 유아의 행동(주의 집중, 지속성, 융통성과 자기 조절) 모두를 포함한다. 아주 어린 유아도 학습에 대한 접근 방법이 각기 다르다. 이러한 차이는 학습 준비도와 학교에서의 성공에 영향을 미친다. 학습에 긍정적인 유아나 부정적인 유아는 모두 가족 내에서의 경험과 초기 교육 프로그램의 영향을 받는다. 유아교육 프로그램은 학습에 긍정적인 접근을 증진시킬 수 있는 전략을 적용할 수 있어야 한다. 이러한 전략은 유아와의 관계, 가족과 함께하는 작업, 효과적인 교육과정 운영, 교수방법과 평가를 강화시키는 것을 포함한다.

제6장

효율적 일과 운영을 위한 교수-학습방법

유아들이 경험하는 교수-학습방법은 교육철학, 교사, 유아 및 환경에 대한 관점에 따라 달라질 수 있다. 그러나 현대의 발달관 및 현대 사회에서 요구하는 교육의 방향이나 이를 반영한 국가수준의 교육과정이 제시한 방침에 따라 유아기에 제공되어야 할 교육경험에 적합한 교수-학습 원리들의 공통점을 찾을 수 있다. 이 장에서는 일반적이면서도 현대 교육에서 이슈가 되고 있는 교수-학습방법에 대해 알아본다.

1 다상징적 표상

표상(representation)이란 대상이나 상황에 관한 정보가 저장되거나 표현되는 방식을 의미한다. 피아제(piaget, 1972)는 표상을 구체적인 실체와 연관된 추상적인 개념이자 지식이 조직되는 방식으로 규정하였다. 만약 유아가 소꿉놀이에서 '엄마 아빠 놀이' 를 한다면, 그것은 그 유아의 가정의 모습을 있는 그대로 재현한 것이 아니라 유아가 이해한 것을 표상한 것이 된다. 즉, 유아가 형성한 이미지는 실체에 대한 단순한 복사가 아니라 유아의 의식 속에서 일어나는 적극적인 분석의 결과이며, 그러므로 표상은 이미지의 주관적이고 전환적인 측면이 반영된 상징(symbol)이라고 할 수 있다.

한때 교사가 가르쳐 준 것을 스펀지처럼 있는 그대로를 흡수하듯이 빨아들이는 것을 학습이라고 여겼던 적도 있었지만, 실제로는 학습자가 스스로 지식을 구성해 간다. 같은 수업을 듣고도 자신의 경험이나 해석에 따라 학습자마다 이해가 다른 것도 여기에 해당한다.

그런데 유아는 자신이 경험한 것을 언어, 행위, 상상 등의 표현 매체로 표현한다. 이 과정에서 유아는 한 가지 주제의 개념을 이해하기 위해 중요한 경험을 반복하게 되고, 이를 표상하고, 재표상해 봄으로써 지식을 더 잘 구성하게 된다. 이 점을 반영하여 최근 유아교육 현장에서는 일정한 '주제'를 경험하게 한 후 다양한 표상을 하도록 유아를 안내한다. 예를 들어, 주제가 '나'에 관한 것이라면 다양한 관련 활동을 한 다음 '나'를 그린다. 유아는 그림을 그리면서 '나'에 대해 잘 알지 못했던 것들을 깨닫고, 자신을 더 분명히 알고 싶어 하게 된다. 이를 통해 유아는 자신이 원하는 '나'에 대한 심화 활동을 경험하고, 다시 '나'를 그리는 '2차 표상'을 한다. 물론 이 과정에서 표상은 유아가 하고 싶어 하는 마음이 전제되어야 한다. 가령 재표상이 강요된다면 표상활동이 갖는 본래 의미를 상실하기 때문이다. 아무튼 처음에 크레파스로 '나'를 그렸다면, '나'에 대한 '2차 표상'은 크레파스가 아닌 다른 매체로 표상하게 하는 것이 효과적이다.

다른 매체의 표상에 대해 포먼(Forman, 1996)은 한 매체만으로 반복해서 표현하기보다 다양한 매체를 사용하여 표상하는 것이 학습을 심화시키는 데 유익하다고 설명하였다. 매체는 저마다의 독특한 표상적 잠재력에 의해 표상과정에서 서로 다른 인지적 기능을 불러일으킨다(Gardner, 1979). 특정 대상이나 주제에 대해 유아가 떠올리는 생각을 두 가지 이상의 매체를 활용하여 중복적으로 표상함으로써 표현 매체의 서로 다른 인지적 · 조직적 특성을 통합 · 축적하여 표현하는 것이 바람직하다(Edwards, Gandini, & Forman, 1998; Hendrick, 1997). 이처럼 다양한 매체를 사용한 유아의 표상을 학습에 활용하는 교수-학습방법을 다상징적(multi-symbolic) 접근이라 한다(Forman, 1994).

레지오 에밀리아에서는 다양한 상징체계를 활용한 표상의 교육적 가치를 인식하여 다상징적 접근법을 사용하는 독특한 교육과정을 발달시켜 왔다. 이는 한 가지 상징체계로만 표상할 때 흔히 발견되지 않는 개념들을 다양한 매체를 사용하여 다각도로 표상함으로써 보다 효율적으로 탐색해 낼 수 있으며 유아의 반성적 사고에도 영향을 줄 수 있다고 보았기 때문이다. 예를 들어, '우리 동네' 라는 주제를 전개하면서 유아는 동네를 돌아보고, 돌아본 경험을 그림으로 그린다. 이것은 2차원적 평면표상으로 표현되는 1차 표상이다. 이후 동네에 대해 더 궁금한 것을 알기 위해 동네를 다시 돌아보거나 동네에 관한 팸플릿이나 책 따위를 참고하여 경험을 심화한다. 그러고 나서 유아는 다시 동네를 표상한다. 이때의 표상은 도화지에 그렸던 1차 표상과 달리, 점토 등을 이용한 3차원적 입체 표상이 되는 것과 같다. 그 과정을 간략히 정리하면 〈표 6-1〉과 같다.

이와 같이 다상징적 접근에서의 학습은 일련의 나선형적인 '상징화 주기(cycles of symbolization)' 를 거치면서 순환적으로 전개되도록 상징화 주기 전략을 활용한다. 상징화 주기를 자세히 살펴보면 〈표 6-2〉와 같다.

표 6-1 ● 표상의 과정

주제	활동	사전경험의 예	1차 표상의 예
거북이	'거북이' 그리기	'거북이'에 대한 다양한 탐색	'거북이'를 크레파스로 그리기

활동의 심화	2차 표상	활동의 심화	3차 표상
'거북이'를 분명히 파악할 수 있는 심화활동 경험	'거북이'를 색연필로 그린 후 종이를 오려 세워 보기	'거북이'를 보다 분명히 파악할 수 있는 심화활동 경험	'거북이'를 점토로 만들어 보기

표 6-1 ● 계속

주제	활동	사전경험의 예	1차 표상의 예
우리 동네	'우리 동네' 그리기	'우리 동네' 돌아보기	'우리 동네'를 크레파스로 그리기

활동의 심화	2차 표상	활동의 심화	3차 표상
'우리 동네'에 대한 이해를 도울 심화활동 경험	'우리 동네'를 색연필과 물감으로 그린 후 종이를 오려서 세워 보기	'우리 동네'에 대한 확장된 이해를 도울 심화활동 경험	'우리 동네'를 점토로 꾸며 보기

표 6-2 ● 상징화 주기

주기	유치원 교육과정
1	아는 것을 말로 표현하기(verbal outpouring): 각자의 생각이나 느낌이나 경험한 것을 말로 표현하는 단계.
2	첫 그림과 토론(initial drawing and discussion): 전 단계에서 유아들이 말로 표현한 것을 떠올리면서 그림으로 표현하는 단계. 이를 통해 유아의 사고를 알 수 있다.
3	가상해 보기(simulation): 앞의 표상 단계에서 시행한 내용이 실제 상황에 접근한 것인지 가상적 모의상황을 통해 예측해 보는 단계. 가능하면 실물이나 실제적인 직접 경험을 통해 경험하는 좋다.
4	그림을 통한 개념 정의(using the drawing as referent): 앞 단계에서 경험한 것을 다른 매체로 표현하는 단계. 이를 통해 새로운 가설과 문제를 갖게 된다.
5	실제 경험(the experience): 견학과 같은 실제 경험을 하는 단계.
6	경험 후 그리기(postexperience drawing): 재표상이라고도 하며, 실제 경험을 한 다음 주제에 관해 그림을 다시 그려 보는 단계. 자신이 이미 알고 있었던 것을 표현하게 도울 수 있다.
7	확장하기(broadening): 빗방울을 소리로 표현하는 것처럼, 실제 경험으로 관찰할 수 없는 비시각적인 경험을 시각적으로 표현하게 하는 단계.
8	확장 및 심화하기(deepening): 처음에는 하나의 주제에 불과했지만 상징화 주기를 경험하는 동안 주제와 관련 있는 여러 내용이 첨가되어 지식의 범위가 넓어지고 깊어지는 나선형적 접근을 하는 단계. 유아의 관심이 지속된다면 끝없이 계속될 수 있다.

프로젝트를 시작하면, 유아는 한 가지 상황이나 개념을 언어로 토의하고, 그 토의 내용을 그림으로 그리고 탐색한다. 또 이를 바탕으로 다시 그리고 대상물을 복사하여 가상의 모형을 만드는 과정을 통해 자신의 초기 가설과 아이디어를 표상하며, 일차적으로 표상된 것을 실제 장면에 방문하여 재표상한다. 이처럼 거듭되는 표상 과정을 상징화 주기라고 한다.

이처럼 상징화 주기는 유아가 한 가지 주제에 대해 다각도로 탐색하고 조사하도록 돕는 것을 뜻한다(Forman, Lee, Wrisley, & Langley, 1993). 참여자들의 합의에 의해 생각을 말 혹은 그림으로 표현하거나, 움직임이나 극으로 표상하는 등의 각기 다른 성향의 표상들은 재순환 단계에서 후속 매체에 의해 다른 관점에서 생각해 봄으로써 다양화될 수 있다(Foman, 1996). 이러한 것은 유아의 반성적 사고 능력을 향상시킬 수 있는 교수 전략이 된다. 즉, 다상징적 접근의 일련의 과정에서 유아는 다양한 표현 매체를 활용하여 주제를 탐색하는 상징화 주기를 거치면서 표상, 재표상을 하는 가운데 토의하고 상징을 발명하며 표기를 창안하여 의미를 구축 · 재구축하고, 의사소통해 나간다. 이러한 과정에서 유아는 표현적 · 의사소통적 · 인지적인 언어를 통합하여 스스로 사고하는 힘을 구축하게 되며(Edwards et al., 1998), 이는 반성적 추상작용과 상위인지능력을 발달시키는 효과가 있다(김은희, 1996; 김영호, 1999). 포먼(1994)은 다양한 매체를 활용하는 다상징적 접근이 유아의 인지적 갈등을 유발하며, 언어적 · 사회적 상호작용과 사고를 자연스럽게 변화시켜 인지발달을 이루게 된다고 보았다. 포먼이 제시한 다양한 매체 활용에 따른 유아의 사고변화에 대한 학습 원리는 다음과 같다.

- 각 매체는 각자만의 독특한 가용성(affordances)을 갖는다. 가용성이란 특정 매체를 쉽게 변형(transformation)할 수 있는 속성을 의미한다. 예를 들어, 블록은 쌓기와 균형을 맞출 수 있는 속성이 있다. 점토는 쉽게 조형이 가능하며 형태를 만들 수 있다는 속성이 있다.

  유아는 각 매체가 변형될 수 있는 가용성을 탐색하여 그 속성을 파악하고 나서야 자신이 표현하고자 하는 참조 개념이나 대상물의 메시지를 정의하고 이에 대한 상징을 산출해 낼 수 있다. 가령 유아가 '우리 동네' 를 점토로 입체작품으로 만들려고 할 경우, 유아는 점토가 갖는 독특한 가용성을 이해하고 있어야만 '우리 동네' 를 의미 있게 꾸밀 수 있게 된다.

  → 그러나 현장에서는 매체가 갖는 가용성을 탐색하고 실험할 시간을 제공하는 대신 결과물을 빨리 잘 만들도록 유아들을 재촉하는 경향이 없지 않다. 하지만 재료 혹은 매체가 갖는 가용성을 탐색하기 위해 충분한 시간을 제공하는 것이 훌륭한 결과물을 얻는 첫걸음임을 잊어서는 안 될 것이다.

- 여러 매체 가운데 어떠한 매체를 먼저 경험하는 것이 좋은가에 대한 제시 순서는 학습에 영향을 미친다. 즉, 서로 다른 매체의 가용성과 매체의 속성을 사려 깊게 분석하여 각 학습 상황에 따라 우수한 효과를 가져올 수 있는 순서를 결정할 필요가 있다.

  → 일반적으로 유아에게 친숙한 매체를 먼저 경험하도록 하는 것이 효과적이다.

- 이전에 했던 표상을 하나가 아닌 다양한 매체를 활용하여 수정할 수 있다. 하나의 매체에서 다른 매체로 표상을 전이하면서 유아는 표상하고자 했던 대상이나 개념에 대해 좀 더 기능적이 될 뿐 아니라 보다 전문적인 관점을 갖게 된다. 이를 경험하면서 유아는 이전에 자신이 했던 활동의 부족한 부분을 발견하고 표상을 수정해 감으로써 보다 심화된 개념을 습득하게 된다.

  → 하나의 표상에서 또 다른 표상으로 옮겨 가는 경험이 반복되는 지겨운 활동이 아니라 유아의 반성적 사고를 촉진하여 전문적인 관점을 형성하게 하는 활동이 되기 위해서는 주의해야 할 점이 있다. 예를 들면, 동네 견학을 마치고 도화지에 '우리 동네' 를 그린 후에 바로 점토나 다른 매체로 '우리 동네' 를 재표상하게 하는 것은 피해야 한다. 1차 표상에서 미흡했거나 보강해야 할 부분들에 대한 경험(예: 견학)이 이루어진 다음 다른 매체를 활용한 2, 3차 표상으로 이어져야 효과적이다.

2 기록작업과 가시화

교육현장에서 기록작업(documentation)의 역사는 길다. 학창 시절, 교실 뒤에 있는 게시판에는 학생들의 작품이 전시되어 있었다. 게시판을 보면 이 학급에서는 어떠한 활동을 했는지와 누구의 솜씨가 뛰어난지 등에 대한 정보를 얻을 수 있었다. 학생들은 게시된 작품을 관찰하면서 자신의 작품과 비교해 보거나 피드백을 받을 수 있었다. 이처럼 게시판을 통한 기록작업은 개인과 집단학습 간의 역학적인 관계를 가시화하여 인식하고 모니터할 수 있게 한다. 또한 이는 학급이라는 집단 내에서의 개인의 학습과 집단 전체의 학습을 촉진시키는 도구라고 할 수 있다. 즉, 기록작업은 개인과 집단 학습이라는 두 가지의 고유한 특성을 유지하면서도 상호 의존적이고 밀접한 상관성을 갖게 한다.

이와 같이 오랫동안 지속되어 온 기록작업은 최근 들어 재조명되고 있다. 레지오 에밀리아를 중심으로 기록작업에 대한 새로운 접근이 이루어지고 있기 때문이다. 크레체프스키와 마델(Krechevsky & Mardell, 2005)은 기존의 기록작업이 활동의 마지막에 이루어졌다는 점에서 새로운 기록작업과 다르다고 보았다. 기존의 게시판에 전시된 작품들은 그 주제나 단원을 마무리하면서 최종 작품을 전시하는 것이 일반적이다. 또한 다상징적 표상을 강조하지 않은 학급이라면 하나의 주제에 해당하는 작품은 다양한 표현이 장려되지 않고 단 하나인 경우가 많았다. 이러한 작품의 전시는 유아에게 그 주제에 대한 학습 동기를 유발하기에는 현실적으로 한계가 있을 수밖에 없었다. 설사 친구들의 작품을 보며 다시 하고 싶다는 의욕이 살아난다 하여도 뒤늦은 후회가 될 뿐 다시 해 볼 기회가 주어지지 않기 때문이다. 새로운 주제가 시작되었기 때문이다.

반면, 레지오 에밀리아에서 주장하는 새로운 기록작업은 과정 중에 일어나기 때문에 이를 보는 유아는 자신이 아닌 다른 사람의 표상에 영향을 받으며, 자신의 작품에 이를 반영할 기회를 얻게 된다. 예를 들어, 산타클로스 모양으로 오려진 종이에 크리스마스 카드를 만들던 유아들은 네모난 종이에 크리스마스 카드를 꾸민 친구의 작품이 전시된 것을 보고 이를 새롭게 여기며 자신도 그와 같은 방법으로 카드를 만들고 싶어 한다. 분명 이러한 활동에는 모방적인 요소가 포함되지만, 단지 남을 따라하는 모방으로 보기보다 경험의 공유라는 차원에서 해석할 수 있다. 유아들이 게시판에 있는 친구들의 카드를 보는 것은 단순히 눈으로 보는 것이 아니라, 자신의 학습 경험을 재방문(revisit)하는 것을 뜻한다.

유아의 작품이 아니더라도, 견학 장소에 관한 사진이나 동영상 자료를 다시 보면서 기억을 살리는 것 역시 경험을 재방문하는 것이 된다. 유아의 기억 용량을 고려할 때 지난주에 다녀왔던 견학지의 풍경이나 견학을 통해 받은 인상을 며칠이 지난 뒤에 표상하는 것은 다소 무리다. 이것이 기억의 재방문이 필요한 이유다. 그리고 이렇게 학습의 과정이 기록되면 유아는 자신의 경험들을 어떻게 더 발전시킬 것인가에 대해 반성적으로 고찰하게 된다. 기록작업은 사물을 가시화하여 기능이 가능하도록 만들어 사물을 존재하게 한다.

사회적 존재인 우리는 집단에 속해 있고, 집단을 통해 타인으로부터 새로운 관점이나 전략, 생각하는 방식을 만나고 배운다. 또한 우리는 다른 사람과 함께 학습하며, 자신뿐 아니라 타인의 생각을 수정하고 확장하며 명확하게 하고 풍요롭게 한다.

유아들이 꾸민 게시판

기록작업은 유아의 학습에만 의미 있는 것은 아니다. 유아가 작업하는 장면이 담긴 스냅 사진이나 이들이 했던 말을 기록한 것을 부모들과 공유하기 위해 전시할 수 있다. 사람들이 많이 지나가는 공동의 장소에 게시판이나 패널을 세워 이들의 경험을 함께 나눌 수 있다. 이것은 부모와의 동반자 관계 형성에도 매우 유익한 방법이 될 수 있다. 유아의 학습을 기록하는 것은 전시를 예쁘게 꾸미는 데 있지 않으며, 지식을 구성하는 과정을 추적하고 형상화하는 데 의미가 있다. 이처럼 기록작업은 유아의 감정이나 관심, 다른 언어나 범주의 지식, 스스로의 행동과 교육적 결정, 학습 과정에 대한 교사의 이해를 심화시켜 준다.

유아들이 꾸민 게시판

기록작업의 예

- 견학이나 특정한 행사에 관한 사진(교사의 설명을 덧붙임으로써 기록작업을 보는 유아가 경험을 이해할 수 있게 된다.)
- 유아들의 자유놀이 장면을 찍은 사진
- 유아들의 글, 그림 등의 작품
- 교실에서 일어났던 사건에 대한 교사나 부모의 코멘트(예: "점토를 가지고 이렇게 운동장을 꾸미다니 다람쥐반 친구들은 대단하네요."라는 부모의 감상)
- 새로운 주제를 탐색하면서 유아들이 소집단에서 나누었던 이야기를 교사가 기록한 내용
- 중요한 일이나 특정한 사건을 관찰한 기록(예: "미진이가 이제는 자기 이름을 쓸 수 있게 되었어요."라는 교사의 기록)

- Seitz, H. (2008). The power of documentation in the early childhood classroom. *Young Children, March*, 88-95에서 인용.

3 조사활동의 지도

1) 조사활동

프로젝트 접근이 일반화되면서 조사활동도 많이 이루어지고 있다. 조사활동은 자신이 필요로 하는 정보와 생각을 얻는 활동을 의미한다. 원하는 정보를 얻기 위해 인터뷰하기, 평가, 가설 세우기, 실험, 탐험, 물건 조작, 관찰, 듣기, 읽기, 그림 보기, 실험 관찰하기, 느껴 보기 등이 다양한 경험이 조사활동에 포함된다(Katz &

Chard, 1995).

다음은 5세 유아의 조사활동과 1차 표상 그림의 예를 보여 준다.

5살 원지는 자기처럼 친구들이 집에서 개를 키우는지를 알고 싶어서 조사활동을 시작하였다. 원지네 반 아이들은 전에 조사활동을 했었기에, 교실에는 누구나 원할 때마다 조사활동을 할 수 있도록 메모판이 마련되어 있었다. 처음에 원지는 "너희 집에서 개를 키우니?"라고 물어보았다. 아이들은 "우리 집에는 개는 없고 고양이 키워." "금붕어 있어."라는 말을 하였고, 그래서 원지는 질문을 바꾸어야겠다고 생각했다. 원지는 "너희도 애완동물 키우니?"라고 전보다 포괄적인 질문으로 바꾸어 조사활동을 다시 시작하였다.

– Whitin, D. J. (1997)의 글을 우리 상황에 맞게 각색함.

1차 표상의 예: 그림

원지는 개는 파랑, 고양이는 보라, 물고기는 초록색으로 색깔별로 나누어 그렸고, 두 마리 이상의 동물을 키우는 경우에는 그림을 겹쳐 그리는 독창적인 방법으로 조사 결과를 기록하였다.

2) 경험의 공유

교사는 게시판에 원지가 기록한 결과물을 전시하였고, 이야기 나누기 시간에 그것을 소개하였다. 아이들은 모두 원지의 겹쳐 그린 그림에 놀라워했다. 이후에 겹쳐 그리는 그림이 아이들 사이에서 유행하였다. 그중에서도 영주는 "선생님, 원지가 한 걸 보면요, 누구네 집에서 동물을 많이 키우는지 알 수 있어요. 한 친구는 고양이 두 마리를, 두 친구는 개 한 마리와 고양이 한 마리를 키우고요. 또 한 친구는 개 두 마리를 키우는 걸 알 수 있어요."라고 흥분을 감추지 못했다. 이야기 나누기 시간을 통해 원지가 조사한 경험을 공유하게 된 영주는 원지의 조사 결과를 토대로 자기 나름대로 정리하였다.

2차 표상의 예: 그림

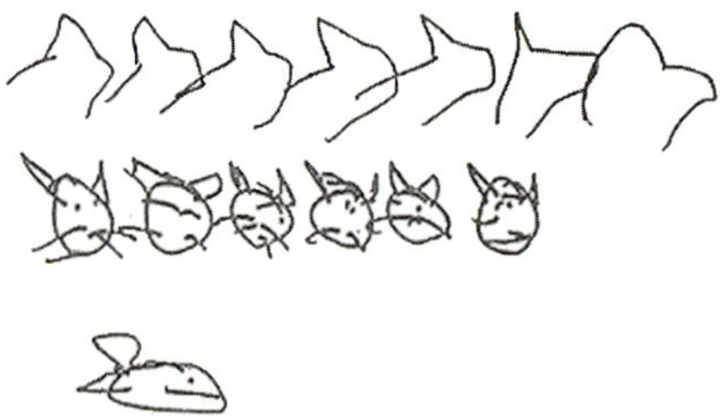

원지가 조사한 데이터를 새롭게 조직한 결과물이다. 우리 반 아이들이 키우는 강아지는 7마리, 고양이는 6마리, 물고기는 1마리임을 보여 준다.

아이들이 조사한 결과를 일목요연하게 보여 주는 이와 같은 양식의 그래프를 만들기까지 이러한 과정을 거쳐야 한다. 때로는 현장에서 숫자로 확연히 나타나는 결과물이 있을 때 처음부터 다음의 3차 표상 그래프의 예처럼 막대그래프로 표현하고는 한다. 예를 들면, '우리 집의 가족의 수' 나 '동네별로 친구들이 사는 곳' 을 나타내는 그래프가 대표적이다.

3차 표상의 예: 그래프

2차 표상한 내용을 그래프로 정리한 모습

유아들이 이러한 그래프의 의미를 제대로 파악하기 위해서는 이와 같은 과정을 거쳐 서서히 진행되는 것이 좋다. 처음부터 완전한 형태의 그래프를 요구하는 대신 유아가 창조해 낸 표상을 존중하고, 그러한 경험을 다른 아이들과 공유할 방법을 모색해야 한다. 이를 위해서는 기록작업을 통해 경험이 공유되어야 하며, 이러한 일련의 과정은 협동 학습의 또 다른 모습이기도 하다.

4 교재 · 교구의 선택과 활용

1) 가시성의 원리

교수-학습에 필요한 교재 · 교구의 발전에는 행동주의와 구성주의 심리학이라는 두 접근이 지대한 영향을 미쳤다. 초창기 교재 · 교구의 개발이 행동주의 심리학에 의해 주도되었다면, 최근에는 피아제식 혹은 후기 피아제식의 구성주의의 영향을 받아 발전되고 있다. 피아제는 유아기는 오감각을 통한 직접적인 경험이 충족되어야 세상에 대한 지식을 구성할 수 있으므로, 물리적으로 조작이 가능한 사물이 교재·교구로 적당하다고 보았다. 아울러 그의 인지이론은 ① 유아 자신의 행위가 원인이 되어 사물의 움직임을 만들 수 있어야 하고, ② 유아 자신이 그 행위를 바꿀 수 있어야 하며, ③ 사물의 반응이 관찰 가능해야 하며, ④ 동시에 그 반응이 즉각적이어야 한다는 교수-학습 원리를 이끌어 내었다. 다시 말해, 그는 유아에 의해 사물이 변화하고, 그 변화를 시각적으로 확인함으로써 사물과 사물에 관하여 개념을 구성할 수 있다고 보았다. 그러기 위해서는 관찰이 용이하도록 자료가 투명해야 한다 (Kamii & DeVries, 1978). 따라서 자료의 '가시성(visualization)'은 전조작기의 지식 구성에 필수 요소가 되었다.

레지오 에밀리아는 이러한 '가시성'의 원리를 교육활동에 잘 활용하고 있는데, 그들은 유아의 학습과정을 가시화하기 위해 슬라이드, 녹음·녹화 테이프나 사진을 통한 기록작업(documentation)을 하며, 아울러 유아의 시각적인 한계를 보완하고자 OHP나 복사기, 라이트테이블 등의 기자재를 활용하여 경험의 가시화를 촉진

유아가 실물화상기를 활용하는 모습

한다. 이 밖에도 학급 간의 소통을 위하여 교실이 훤히 보이도록 설계하는 공간의 '가시성' 을 적용(Edward, Gandini, & Forman, 1996)하는 등 가시성의 원리를 교재 · 교구를 넘어 환경구성에도 적용하고 있다.

2) 유아에게 의미 있는 교재 · 교구

유아에게 적합한 교재 · 교구는 어떠한 것인가? 전통적으로 교재 · 교구에 대한 이해는 감각적 사실주의에 기초하여 구체적인 것에서 추상적인 개념으로 확장할 수 있는 것으로 발달하였다. 그리하여 교재 · 교구에 관한 연구들은 주로 교육공학적인 관점에서 이들의 수단으로서의 효과만을 강조하는 실용주의적인 관점에서 행해져 왔다(유혜령, 1998). 그러나 학습자중심의 교육으로 변화하면서 교재 · 교구에 대한 인식도 변화했다. 그것은 교재 · 교구의 사용자의 주관을 반영한다는 점에서의 변화를 말한다. 즉, 교재 · 교구를 사용하는 유아는 자신의 경험을 통해 교재 · 교구에 대한 가치나 의미, 정서 혹은 의도를 갖게 됨으로써 객관적 실용주의적 측면이 아니라 주관적으로 의미를 구성하는 것을 말한다. 또한 이것은 유아의 경험에 따라 동일한 교재 · 교구에 대해서도 다른 인상을 가질 수 있으며, 그 결과 사용법도 달라질 수 있음을 의미한다. 유아가 사용하는 교재 · 교구의 대부분은 교사에 의해 제공되는 경우가 대부분이어서 교재 · 교구에는 교육적 목적이 분명한 경우가 많다. 그러나 교재 · 교구에 대한 유아들의 인식이 다를 수 있는 만큼 교사는 교재 · 교구에 대한 유아들의 반응을 주의 깊게 관찰할 필요가 있다. 교재 · 교구를 대하는 유아의 자세가 반영할 만한 가치가 있는지 아니면 정말로 잘못 사용하고 있는지를 파악한 다음 개별 유아에게 적절한 조치를 취할 수 있다. 학습자에게 의미 있는 교재 · 교구가 되게 하기 위해서는 무엇보다 유아의 시선에 맞춘 교재 · 교구의 개발과 유아의 다양한 반응을 인정하는 허용적인 분위기가 조성되어야 한다. 그러기 위해서는 단 하나의 사용법, 특히 교사가 제안한 방법만 있는 교재 · 교구가 되기보다 유아의 창의적인 생각이 반영될 여지가 있는 열려 있는 교재 · 교구의 사용이 필요

발도르프의 유아들이 발판을 뒤집어 기차놀이를 하는 모습*

발도르프의 유아들이 원목 조각을 블록처럼 사용하여 길을 만드는 모습*

* Jaffke, F. (2000). 발도르프 킨더가르텐에서의 놀이와 작업에서 발췌한 사진.

하다. 나아가 교재 · 교구의 제작이 교사에게 전적으로 일임되기보다 유아에 의해 이루어지는 것도 바람직하다. 예를 들어, 주사위 게임에 익숙해진 유아가 자신에게 익숙한 게임을 만들어 활용할 수 있다. 이와 같이 유아가 제작한 교재 · 교구를 사용하는 것은 학습자 당사자인 유아에게 의미 있는 교재 · 교구를 제공한다는 점에서 의의가 있다.

유아가 제작한 게임판과 규칙

또한 뮬린(Mullin, 1981)은 레고 등과 같은 적목류, 소꿉놀잇감 등은 놀잇감의 성격상 유아의 모방 행동을 촉진시켜 이들이 성인 사회를 기준으로 삼고 이를 선망하게 만들 수 있다고 보았다. 성인의 세계를 완벽하게 모사한 놀잇감은 유아로 하여금 성인 세계를 동경하게 만든다는 것이다. 그러나 이러한 교재 · 교구는 없어서는 안 될 것들이므로 지혜를 살려 활용할 수 있다. 다시 말해, 완제품을 제공하기보다 유아가 상상력과 인지능력을 발휘하여 교재 · 교구의 의미를 부여하게 할 수 있다.

그러나 교재 · 교구만이 중요한 것은 아니다. 교재 · 교구에 대한 교사의 신념은 유아에게 자극이 되어 유아의 교재 · 교구의 사용에도 영향을 미친다.

> 쌓기놀이를 하고 있는 유아들에게 "지금 뭘 만들고 있어요?" "조금 있다가 선생님이 다시 올 때는 무엇을 만들었는지 알려 주세요."라고 말하는 교사는 쌓기놀이의 가치, 즉 쌓기와 부수기를 통한 감정 해소와 공간 측정 감각의 훈련과 같은 교육적 가치를 '현실 재현 능력'의 가치로 편협하게 축소시켜 버린다(유혜령, 1998).

이와 같이 교사의 의도대로 유아의 놀이와 활동이 진행되기를 바라는 무리한 기대는 유아의 교재 · 교구를 활용한 활동을 제한하므로 교사는 유아의 폭넓은 활동을 이끌 수 있도록 노력하여야 한다.

제7장

교사의 역할

역할이란 사회에서 특정한 지위에 있는 사람이 의식적으로 수행하고 다른 사람에 의해서도 인정을 받는 포괄적인 행동 양식을 의미한다. 그러므로 유아교사의 역할은 유아교육기관에서 교사라는 지위를 가진 사람에게 요구되는 생각과 행동과 태도를 의미한다. 유아교사에게는 여러 역할이 부여되어 있지만, 양육자의 역할, 강화자의 역할, 정보 제공자의 역할, 촉진자의 역할, 개인교수자의 역할, 관찰자의 역할, 평가자의 역할, 참여자의 역할, 관리자의 역할 그리고 보호자의 역할로 보는 것이 일반적이다(한국유아교육학회 편, 2006). 유아교사라면 누구나 이러한 역할을 수행해야만 하며, 주어진 역할 가운데 그 어느 것도 소홀해서는 안 된다.

그러나 시대의 흐름에 따라 유아교사에게 강조된 역할에는 다소 변화가 있었다. 초창기에는 어머니와 유사한 모성의 역할이, 유아교육의 중요성이 인식되면서부터는 교육과정을 계획·실행·평가하는 교수자로서의 역할이 강조되었다. 1980년대에 이르면서 의사결정자로서의 역할이 강조되다가, 최근 들어 학습공동체를 구성하는 능동적인 학습자의 역할이 강조되고 있다. 그러나 사회의 변화와 더불어 유치원의 종일반과 보육시설에서 지내는 유아들이 증가함에 따라 보호자의 역할은 여전히 유아교사에게 중요한 역할로 인식되고 요구되고 있다(Day & Goffin, 1999).

"교육의 질은 교사의 질을 뛰어넘지 못한다."라는 말이 있듯이, 아무리 훌륭한 환경 속에서 교수자료를 잘 갖추고 있다 할지라도 교사의 자질이 이에 못 미친다면 좋은 교육을 이루기 어렵다. 따라서 유아교사는 유아의 전인적인 성장이라는 교육 목적을 달성하기 위해 부단히 노력해야 한다. 이 장에서는 교수-학습 과정에서 수행해야 할 교사의 역할을 살펴본다.

1 의사소통자로서의 역할

1) 의사소통의 중요성

의사소통은 사람들 간에 감정이나 생각을 전달하는 과정으로, 상호 영향을 주고 이해할 수 있는 모든 수단을 뜻한다. 유아는 교육기관에서 지내면서 다양한 의사소통을 경험한다. 유아는 놀잇감과 같은 물리적인 환경과 상호작용하며, 또래와 상호작용하고, 또한 교사와 상호작용한다. 유아는 저마다의 욕구를 가진 존재이기 때문에 언어로 의사표현이 서툴더라도 계속해서 의사소통을 한다. 하지만 더러 이들은 자신의 욕구를 제대로 표현하지 못할 뿐 아니라 때로는 원하는 것을 말하라는 요청에도 제대로 응하지 못하기도 한다. 의사소통이 제대로 이루어지지 못하는 일이 거듭되면 유아는 차츰 소통을 외면하거나 공격적인 행동으로 의사를 표현하게 된다. 의사소통 능력은 유아기뿐만 아니라 일생에 걸쳐 매우 중요하게 활용되는 능력이다. 의사소통 능력의 기초가 형성되는 유아기의 중요성을 고려할 때 의사소통 능력의 향상은 유아교육의 중요한 목적 중 하나가 된다. 자신의 의사가 언어적으로 혹은 비언어적으로 표현되든지 간에 유아는 사회가 용인하는 방법으로 표현해야 하며, 또한 다른 사람의 의사를 읽고 소통해야 할 필요를 느낄 수 있음을 배워야 한다.

의사소통이 중요한 이유는 다음과 같다. 첫째, 개인은 다른 사람과 의사소통하는 과정에서 반영적 자아를 인식하게 되어 자신에 대한 개념을 정확하게 파악할 수 있는 기회를 얻는다. 둘째, 긍정적인 의사소통은 상호 간의 이해를 증진시키고 우호적인 관계를 발전시킨다. 셋째, 의사소통에 대한 이해는 인간에 대한 이해를 증진시킨다. 마지막으로, 의사소통은 문제를 해결하고 갈등을 조절하여 사회적 적응 기능을 수행할 수 있게 한다. 따라서 교사는 의사소통의 중요성을 인식하여 유아의 의사소통 능력의 발달을 위해 노력을 기울여야 한다.

2) 의사소통자로서의 교사의 역할

의사소통자로서 교사가 우선적으로 노력해야 할 것은 경청하는 자세를 갖추는 것이다. 교사는 유아의 말을 진지하고 차분하게 들어야 한다. 대화를 나눌 때는 눈을 마주치고 유아의 말에 적극적으로 반응하는 모습을 보여야 한다. 유아의 말을 끊거나 교사의 임의대로 이야기를 정리해서는 안 된다. 또한 이야기 중에 문법상

교사와 유아가 일대일로 대화를 나누는 모습

잘못된 점을 지적하면 유아는 주눅이 들어 교사와의 의사소통에 두려움을 갖게 된다. 물론 잘못된 말을 바르게 수정하는 것도 교사의 역할 중 하나이지만, 상황에 따라 지혜로운 대처가 요구된다.

교육기관에서의 유아의 적응에는 유아와 교사 파악도 포함된다. 선생님이 원하는 것을 했을 때와 금지하는 것을 했을 때의 교사의 반응을 통해 유아는 선생님을 이해하고 선생님과 교육기관에 비로소 적응하게 된다. 그러므로 교사는 유아에게 자신의 의견이나 의도를 문장으로 분명하게 표현해야 한다. 교사가 유아들에게 예측할 수 없는 존재가 된다면 유아의 적응은 어려워진다. 발달적으로 유아기에는 의사소통을 유창하게 하기 어렵기 때문에 유아와 교사 간의 의사소통이 원활해지기 위해서는 이처럼 교사의 노력이 선행되어야 한다.

교사는 의사소통을 하는 이유와 방법을 유아에게 잘 알려야 한다. 이 과정에서 교사는 원하는 것을 얻기 위해서는 양보도 필요하고, 소리치며 울기보다 자신의 바람이나 의견을 이야기할 수 있어야 하며, 좋아하는 친구에게 짓궂게 다가서기보다 좋아하는 마음을 친절한 태도로 표현해야 함을 지도해야 한다. 또한 교사는 유아가 자신의 생각을 다양한 방법으로 표현할 수 있도록 도와주어야 한다. 예를 들어, 유아의 이야기를 조용히 들어주면서 "네가 어떻게 느끼는지 듣고 싶다." 거나 "너의 기분을 알 수 있을 것 같다." 혹은 "선생님은 네가 책임지고 잘 해결할 수 있을 것이라 믿어." 라는 언어적 메시지를 전달함으로써 유아가 안심하고 대화에 참여할 수 있도록 한다. 교사가 항상 조용히 이야기를 들어주기만 한다면 유아는 자신의 메시지가 받아들여지지 않았다고 생각할 수 있다. 따라서 교사는 언어적 · 비언어적으로 열심히 듣고 있음을 표현할 필요가 있다. 이는 고개를 끄덕거리거나, 앞으로 상체를 기울이며 듣거나 미소를 짓거나 이마를 찡그리는 표현과 같은 비언어적 표현과 '오~' '그랬는데' '그랬구나' '그래서' 등의 언어적 표현으로 관심을 표명할 수 있다. 이러한 반응을 보이면 유아는 교사가 자신의 문제를 진지하게 생각하며 듣고 있음을 알게 된다.

아울러 유아가 자신의 문제와 감정에 대해 이야기하려 할 때는 계속해서 말할 수 있도록 격려해 주어야 한다. "그 문제에 대한 네 생각이 참 재미있는데." "넌 그것에 대해 무언가 생각하는 게 있는 것 같아. 그렇지?" "그것에 대해 말하고 싶니?" 등과 같은 말들은 유아들이 더 많은 것을 이야기하도록 격려한다. 이처럼 교사가 성급하게 판단 · 비평이나 질책을 하지 않으면서 문제를 함께 걱정하고 싶다는 뜻만이 전달되는 대화가 필요하다.

수동적 경청이나 침묵이 그냥 들어주는 태도인 것에 비해, 적극적 경청은 유아로부터 들은 것을 이해하고 피드백을 보내면서 들어주는 것이다. 적극적 경청이란 유아의 이야기를 비판하거나 판단 없이 그대로 수용하고, 유아의 감정을 진심으로 받아들이며, 그것을 이해하려고 노력하는 태도를 갖고 나서, 다시 유아에게 전달하여 적극적으로 의사소통에 참여하는 것이다.

3) 또래 간의 의사소통을 돕는 교사의 역할

유아와 유아, 즉 또래 간의 상호작용은 유아의 교육기관에서의 적응은 물론 차후의 삶에 미치는 영향을 고려해 볼 때 매우 중요한 요인이다. 또래 간의 상호작용은 사회적 능력(social competence)과 관련되어 있다. 사회적 능력이란 행동의 인지적 · 정서적 · 사회적 측면을 포함하며, 사회적 능력을 갖춘 행동은 환경에 적응적이고 기능적이다. 따라서 사회적 능력은 성공적인 사회구성원으로서 활약하는 데 중요한 역할을 할 뿐 아니라 성인기의 성공적인 삶과도 관련이 있다(Pellegrini, 1995). 이러한 이유에서 교육과 심리 분야에서는 사회적 능력에 대한 연구가 꾸준히 이어지고 있다. '어떻게 하면 유아의 사회적 능력을 향상시킬 수 있는가?'에 대한 탐구 결과, 사회적 능력은 교사를 포함하는 유아-성인 관계에서는 관련성이 발견되지 않은 반면, 유아-유아, 즉 또래 간의 상호작용의 요인인 ① 성공적이고 긍정적으로 또래의 주의를 끌기, ② 성공적으로 또래를 도구적 자원으로 활용하기,[1)]

1) 자신의 필요에 따라 친구를 이용하는 것이 아니라 도움이 필요할 경우 청할 수 있고 친구의 특성을 고려해서 필요한 역할을 수행할 수 있게 제안하고 실행하는 것을 말한다.

유아들끼리 신나게 뛰어노는 모습

③ 또래를 성공적으로 리드하는 것과 관련되어 있음이 발견되었다(Wright, 1980). 그러므로 사회적 능력의 발달 여부는 유아가 교사와 맺는 관계에서보다 또래와의 관계 속에서 파악될 수 있다.

실제로 유아의 사회적 능력은 숙제나 주어진 문제를 해결할 때보다 또래끼리 노는 자연스러운 놀이 상황에서 드러나며, 교사에게 의존하는 유아보다 또래 지향적인 유아에게 사회적인 능력이 더 많이 발견되었다(Pellegrini, 1989).

사회적 능력에 관한 연구는 유아기의 또래와의 관계의 중요성을 말해 준다. 그런데 유아가 또래와 맺는 관계는 유아가 성인과 맺는 관계와 본질적으로 다르다. 대부분의 성인은 유아를 너그럽게 대한다. 그렇기 때문에 성인과의 생활에서 유아는 이해와 양보를 받으며, 때로는 고집의 효과를 깨닫기도 한다. 그러나 또래와의 관계에서는 그렇지 못하다. 또래 사이에서 자기 주장만 하는 유아는 수용되기 어렵다. 때로는 양보도 해야 하며, 협상도 필요하다. 관계 수용 측면에서 또래관계는 성인과의 관계에서와는 다른 엄격하다면 엄격한 기준이 적용되는 관계다. 선천적으로 사회적 능력이 좀 더 발달한 사람도 있겠지만, 대부분 이 능력은 교육을 통해 향상된다. 또래 간의 의사소통 능력의 개발은 사회적 능력의 향상을 위해서라도 필요하다. 또래와 어울리는 가운데 자연스럽게 이러한 능력이 향상되기도 하지만, 늘 그렇지는 않으므로 또래 간의 의사소통을 향상시킬 방법이 모색되어야 한다. 유아기는 자기중심적 성향이 강한 시기이므로 또래 간에 협력보다 갈등이 일어나는 경우가 더 잦다. 드브리스와 잔(DeVries & Zan, 1997)은 이러한 갈등 상황에서 또래 간의 의사소통의 발달을 도울 방법에 대해 다음과 같이 제안하였다.

- 교사는 유아 간의 갈등은 필연적으로 일어나는 것임을 인식하여야 한다. 발달적으로 관계를 조절하는 데 한계를 갖는 유아에게 갈등은 자주 일어날 수밖에 없다. 유아 간에 갈등이 일어날 때마다 교사가 항상 해결사로 나선다면 유아는 갈등에 대해 책임감을 가질 수 없으며, 갈등상황에서 필요한 문제해결력을 키울 수 없다. 갈등은 골치 아픈 일이지만, 유아는 갈등을 해결하면서 한층 더 성장한다. 따라서 유아 스스로 문제를 해결할 수 있는 기회를 제공하기 위한 교사의 노력이 필요하다.
- 교사는 어떠한 상황에서 말, 표정, 목소리를 침착하게 유지하여 상황을 진정시켜야 한다. 유아도 갈등 상황에서는 흥분을 한다. 격양되어 있는 분위기로는 문제를 해결할 수 없다. 이러한 상황에서 침착하게 임하는 교사를 통해 유아는 갈등을 해결하는 의사소통 방식을 배우게 된다.
- 교사는 유아가 갈등을 해결할 능력이 있음을 인식하여야 한다. 갈등의 해결은 유아가 갈등을 해결할 수 있다는 것을 믿는 것에 달려 있다. 교사는 유아의 이러한 갈등해결에 대한 잠재력을 개발할 뿐 아니라 이러한 경험을 통해 이들이 자신감을 쌓아갈 수 있도록 도와야 한다.
- 교사는 개별 유아가 갈등 상황에 대해 느낌과 인식을 다르게 한다는 것을 인식하여야 하며, 심지어 다른 유아의 권리를 침해했다는 확신이 드는 유아에

대해서도 그의 감정을 존중해 줄 필요가 있다. 예를 들면, 두 사람의 이야기를 모두 들은 후에 "진주가 네 차를 가져가서 슬프구나. 그리고 은수가 너를 때려서 슬프구나." 하며 감정을 인정함으로써 유아들이 이를 인식하도록 도와야 한다.

- 교사는 유아들이 서로에 대한 느낌이나 바라는 점을 말로 표현하도록 서로의 이야기를 들을 기회를 마련해 주어야 한다. 갈등 상황에서 교사는 한쪽 편만을 듣지 말고, 각 유아가 다른 사람의 관점을 이해하며 감정을 이입하도록 도와주어야 한다. 언어로 표현하는 데 미숙한 유아가 갈등 상황에서 더 잘 표현할 리는 없다. 교사는 유아가 자신의 생각을 분명히 말로 표현하도록 도와주고, 유아가 한 말을 반복해서 정리하여 말해 줌으로써 서로의 생각과 느낌이 교환되도록 도움을 주어야 한다.
- 교사는 문제를 분명하게 진술해 주어야 한다. 유아 간에 일어나는 갈등은 반복되는 경우가 허다하다. 이러한 반복을 예방하기 위한 차원에서는 물론 갈등의 해결 차원에서도 교사는 갈등상황이 무엇인지를 분명히 말해 주어 유아가 문제를 인식할 수 있도록 도와야 한다. 갈등의 원인이 분명해 보이는데도 정작 해당 유아는 문제를 전혀 인식하지 못하거나 혹은 문제를 언어로 분명하게 말하지 못하는 경우도 있다. 예를 들어, 같은 공간에서 놀잇감은 같아도 하는 놀이가 달라 갈등이 일어났는데도 유아들이 문제를 인식하지 못한다면, 교사는 ""문수가 집을 만들고 있어서 지우가 사용하는 블록이 필요하구나." 그렇지만 선생님은 너희들이 함께 노는 방법(갈등의 원인)을 틀림없이 찾을 거라고 믿어."라고 갈등의 원인을 분명히 진술해 줄 필요가 있다.
- 교사는 먼저 유아들에게 갈등을 해결할 기회를 주고, 유아들에게 해결할 아이디어가 없을 경우에만 해결책을 제안한다. 이때 교사의 제의는 단지 제안이 되어야지, 따라야 할 명령이 되어서는 안 된다.
- 교사는 유아들 간의 동의에 대한 가치를 높이 여겨 주며, 제안된 해결책을 거부할 수 있는 기회도 제공해야 한다. 교사가 다른 유아가 동의하는지의 여부를

확인하지 않은 채 처음 제안된 방법을 해결책으로 결정하는 경우도 종종 있다. 이럴 때 교사는 "너도 수진이가 하는 이야기 들었니?" 라고 묻고, 이어 "그게 좋은 생각처럼 들리니?" 라고 제안에 대한 의견을 확인해야 한다. 때로는 동의를 구하지 못할 수도 있다. 대신 그럴 경우 유아는 다른 아이디어를 모색하는 경험을 하게 된다. 당장의 문제해결도 중요하지만 놀이자 간에 동의를 구하는 것이 얼마나 중요한지를 알려 줌으로써 유아는 자신이 주축이 되는 세상을 경험하며 문제해결 능력을 키우게 될 것이다.

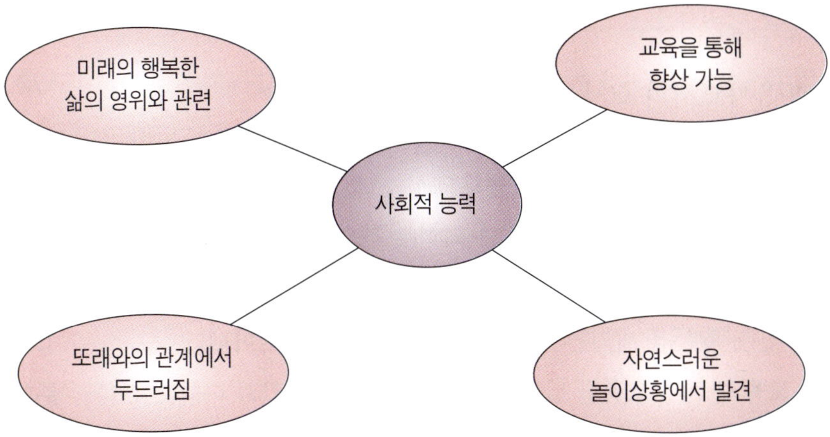

그림 7-1 사회적 능력의 특성

2 훈육자로서의 역할

1) 훈육의 중요성

훈육이란 지식 습득에 대응하는 말로 예의범절을 가르치는 것이라고 정의할 수 있다. 유아교육기관에 입학하면서 유아는 지금까지와는 달리 다양한 많은 사람을 접하며 이들과 새로운 관계를 맺어 나가야 한다. 이처럼 유아기는 관계 속에서 예의의 필요성이 대두되는 시기이자 올바른 습관을 형성할 중요한 시기이므로 훈육자로서의 교사의 역할은 매우 중요하다.

하지만 언제인가부터 예의범절은 시대에 뒤처진 산물로 취급되고 있다. 그러나 사회적 동물인 인간은 좋든 싫든 간에 관계 속에서 살아야 하고, 관계 유형과 상관없이 예의는 모든 관계 맺기에 기본이 된다. 예의 있게 자신을 대하는 사람에게 우리는 고마워하며 기쁨을 느낀다. 예의는 시대를 초월해 추구해야 할 가치가 분명히 있다.

2) 훈육자로서의 교사의 역할

유아들은 수시로 싸운다. 대부분의 교사는 그 싸움의 원인이나 양상이 너무도 뻔하기 때문에 이러한 상황을 훈육의 기회로 삼기보다 처벌의 기회로 여기기 쉽다. "또 너야?" 라고 면박을 준다거나, 유아들의 싸움에 대한 설명을 건성으로 듣고 오직 교사 혼자 결론을 내리는 것은 좋은 훈육자의 자세가 아니다.

유아교육 현장은 조용한 날이 있으면 때로 아이들 간의 다툼으로 학급 분위기가 엉망인 날도 있다. 그럴 때 '얘들이 정말 오늘 왜 그러지?' 라고 아이들을 탓하지 말고 '이런 일은 당연한 거야. 어떻게 하면 이런 일이 다시 일어나지 않게 할 수 있을까?' 라고 생각하는 것이 전문가답다. 문제가 발생했을 때 마치 재판관처럼 유아의 행위에 대해 시시비비를 따지기보다 하소연하는 유아의 이야기를 진지하게 경청하고, 이해하는 모습을 보이는 것이 더 좋은 훈육의 자세다.

유아 간에 다툼이 일어났을 때 주 교사는 다음과 같은 방법으로 훈육해야 한다.

- 문제를 일으킨 원인 제공자를 비난하기보다 문제의 해결 방법을 찾는다. "누가 그랬니?" 라고 말썽의 근원을 탓하는 교사의 말을 자주 듣고 자라는 유아는 앞으로 겪게 될 문제 상황에서 해결 방법을 찾기보다 문제를 일으킨 원인 제공

자를 찾아 비난하는 일에 익숙해질 수 있으므로 주의해야 한다. 이는 훈육자로서의 교사 역할의 중요한 이유가 된다.

- 소리를 지르거나 겁을 주거나 차별을 두어서는 안 된다. 이러한 행동은 유아의 문제 행동을 멈추게 할 힘을 갖지만 결코 유아의 자기조절력을 키우지는 못한다. 단지 선생님이 무서워서 갈등 상황에서도 참고 견뎌야 한다면, 유아들에게 교실은 고통의 장소가 될 것이다.
- 일관된 기준을 가지고 훈육한다. 누구에게는 허용되고 누구에게는 안 된다는 식의 접근을 유아들이 이해할 수 없기 때문이다. 그렇지만 유아는 각기 다른 존재이므로 이들의 발달 정도와 상황을 고려한 융통성을 발휘해야 한다.

3 교수자로서의 역할

1) 놀이에서의 교사의 역할

유아교사에게는 많은 역할이 부여되어 있는데, 카츠(Katz, 1990)는 유아교사의 역할을 어머니처럼 유아들을 돌보는 모성의 역할, 가르치는 교수자의 역할, 그리고 유아에게 있는 문제를 발견하는 진단자의 역할로 나누었다. 이 가운데 교수자로서의 역할 수행은 생각처럼 쉽지 않다. 이는 유아교육이 학습자를 중심으로 하는 놀이중심의 교육을 지향하여 교수자로서의 역할이 가치나 지식 등을 전수하는 전달자의 역할 이상을 의미하기 때문이다. 놀이를 중심으로 한 교육은 유아의 자발적인 참여와 관심을 이끌어 낼 수 있어야 효과적이기 때문에 교수자로서 교사는 안내자, 촉진자의 역할을 수행해야 한다. 다음의 상황을 보자.

〈상황 1〉

5세 유아 3명이 극놀이 영역에서 놀이를 하고 있다. 두 명이 뱀 역할을 하고 다른 한 명은 조련사 역할을 하고 있다. 뱀들이 마룻 바닥에서 구르고 있을 때 조련사가 재주를 보이도록 명령한다. 놀이가 시끄러워지자 교사가 다음과 같이 개입한다.

민호(조련사): 좋아. 이제는 굴러 봐. (뱀이 따라한다.)
일어나서 앉아 봐!(뱀은 또다시 지시에 따라서 행동한다.)
자, 이제 박수를 쳐 봐!
지영(뱀): 잠깐만! 뱀은 박수를 칠 수가 없어.
(유아들이 이 문제를 가지고 시끄럽게 논쟁을 시작한다.)
교사: 놀이 영역을 음식점처럼 차리는 것으로 해 볼래?
민호: (교사를 쳐다보면서) 음…….
(지영 돌아보면서) 너는 특별한 뱀이니까 박수를 칠 수 있다고 하자, 괜찮지?
교사: (극놀이 어조를 유지하면서) 점심 주문할 사람? 내가 종업원을 할게. 도움이 필요한데……. 민호야, 너도 종업원을 할 수 있어. 지영이와 호교는 손님을 해.

–Trawick-Smith, J. (2001). 놀이지도: 아이들을 사로잡는 상호작용에서 인용함.

상황 1에서 교사는 유아들은 뱀에 대해 논쟁을 하고 있으나, 유아들의 뱀에 대한 관심을 고려하지 않은 채 일방적으로 '음식점 놀이'로 방향을 전환하였다. 이것은 유아들의 놀이를 방해한 것이며, 결과적으로 유아들의 놀이는 와해되었다. 교사의 부적절한 개입에서 비롯되는 놀이의 피해를 막기 위해서는 먼저 교사의 유아를 향한 주도면밀한 관찰이 필요하다. 관찰 후 교사는 개입을 할 것인지에 대한 여부를 먼저 판단한 후 놀이를 확장시킬 상호작용이 이어져야 한다.

〈상황 2〉

4세 영수가 두 손으로 둥근 접시를 꽉 쥐고 커다란 블록 위에 혼자 앉아 있다. 영수는 접시를 핸들처럼 좌우로 돌리는 흉내를 내고 엔진 소리를 입으로 내면서 마치 트럭 운전사처럼 행동한다.

교사: (영수에게 다가가) 저 좀 태워 주실래요?

영수: 네, 타세요. 여기에 앉으세요!

(영수는 블록을 가져다 자신의 자리 옆에 승객이 앉을 자리를 마련하고 선생님을 앉힌다. 그리고는 계속 운전을 한다.)

교사: (소리치며) 어머! 앞바퀴에 문제가 생긴 거 같은데요? 그쪽에서 이상한 소리가 들려요.

영수: (걱정스러운 목소리로) 바람이 빠지고 있어요. 정비소로 갑시다!

(영수는 잠시 운전을 하다가 정비소에 도착했다는 표시로 '끼이익' 소리를 낸다. 영수는 블록에서 내려와 혼자 놀고 있는 혜정이에게 다가가 도움을 청한다.)

네가 정비사라고 하고, 우리 좀 도와줄래? 우리 차의 바퀴에 구멍이 난 건 아니겠지?

(놀이 요청을 받은 혜정이가 처음에는 마지못해 하는 것 같다.)

교사: 우리 차 고치는 것 좀 도와줄래요?

혜정: 좋아요. 여기 연장이 있어요. (긴 블록 2개를 집는다.)

(영수와 혜정은 연장을 가지고 함께 고치는 시늉을 한다. 교사는 이 영역에서 조용히 빠져 나온다.)

- Trawick-Smith, J. (2001). 놀이지도: 아이들을 사로잡는 상호작용에서 인용함.

상황 2에서 영수는 운전사처럼 행동하지만 혼자서 놀이를 하는 중이고, 영수가 타고 있는 차의 구조도 미흡한 상태다. 이런 상황이 지속되면 아마도 영수는 곧 흥미를 잃게 될 것이다. 이런 상황에서 만약 교사가 "무슨 놀이를 하고 있어?" 라고 놀이에 대한 설명을 요구한다면, 영수는 놀이에서 빠져나와 교사에게 설명해야 하므로 놀이에 대한 동기와 흥미가 사라지게 될 것이다.

만약 처음부터 교사가 "어머, 이 트럭에는 앉을 자리도 없네." 라고 하여 놀이의 부족한 면을 직접적으로 지적하거나, "혜정아, 이리 와서 트럭 놀이 같이 할래?" 라고 놀이에 개입하였다면 놀이는 곧 시들해지고 말 것이다. 교사가 놀이자의 의사를 반영하지 않고 개입함으로써 놀이를 방해하였기 때문이다. 그러나 상황 2에서 교사는 놀이자의 의도를 고려하여 참여자의 역할을 담당함으로써 놀이를 촉진한 바람직한 상호작용을 하였다.

2) 놀이에서의 들어가기와 나오기

상황 2와 같이 교사의 개입으로 놀이가 확장될 수 있다. 그러나 모든 놀이에 교사가 개입할 수는 없다. 또한 교사에 의해 놀이가 활발히 진행되다가 교사가 빠지면서 놀이가 흐지부지해지는 경우도 있다. 그러므로 교사는 놀이에 들어가기와 나오기 모두에 신중해야 한다.

매닝과 사프(Manning & Sharp, 1977)는 놀이에 들어가기 위한 지침을 다음과 같이 제안하였다. ① 개입 유형을 결정하기 위해 놀이 상황을 관찰한다. ② 현재 진행 중인 놀이 주제를 방해하지 않으며 놀이를 촉진하고 지원해 주기 위해 개입한다. 이때 교사는 진행 중인 놀이에 참여해야 하며, 교사가 새로운 놀이 주제를 제안해서는 안 된다. 그것은 교사가 힘과 권위를 가진 놀이 지도자가 아닌 사려 깊은 놀이 친구의 자격으로 조용히 놀이에 들어가야 하기 때문이다. ③ 때로는 교사의 개입이 필요하지 않은 상황도 있다. 따라서 참고 기다렸다 개입할 시기를 찾는 지혜도 필요하다.

다음으로, 교사의 놀이 개입이 필요한 순간은 다음과 같다. ① 놀이가 전이되는 순간, ② 가상놀이에서 놀이하기로 했던 역할에서 벗어나 있을 때, ③ 문제해결을 위해 놀이가 중단되었을 때, ④ 다음에 무엇을 할지 유아들끼리 의논하고 있을 때 등이다(Manning & Sharp, 1977). 교사가 놀이에 개입하는 것은 교사의 기대에 맞는 놀이를 하기 위해서가 아니라 유아의 자기 지시적인 놀이를 촉진하기 위함이다.

교사가 놀이에서 나온 후에도 놀이가 진행될 수 있도록 단계적으로 빠져 나오는 전략도 필요하다. 존슨, 크리스티 그리고 요키(Johnson, Christie, & Yawkey, 1989)는 놀이에서 교사가 뒤로 물러서는 것은 놀이의 통제권을 유아에게 돌려주고 독립심과 자신감을 증진시킬 수 있도록 도와주는 것이라고 보았다. 놀이에서 빠져 나오기 전에 교사는 유아들이 집중적으로 상호작용할 수 있도록 격려하여야 하며, 동시에 점진적으로 빠져 나와야 한다. 놀이에서 성공적으로 빠져 나오는 방법은 유아들이 놀이에 몰두하여 있을 때 말없이 나오는 것이다. 이때 유아가 선생님이 떠난 사실을 알아차렸을 때에는 이미 시간이 흐른 뒤일 것이다. 반면, 사회극화 놀이에서는 간접적인 전략이 유용하다. 즉, "어머 시간이 이렇게 됐네. 일하러 가야겠다."라고 자연스럽게 놀이 상황에서 나올 수 있게 된다. 만약 유아들이 교사가 떠나는 사실에 반대한다면 교사가 다른 영역에 가야 한다거나 다른 유아를 도와주어야 한다는 식으로 직접적으로 설명하는 것도 방법의 하나일 수 있다.

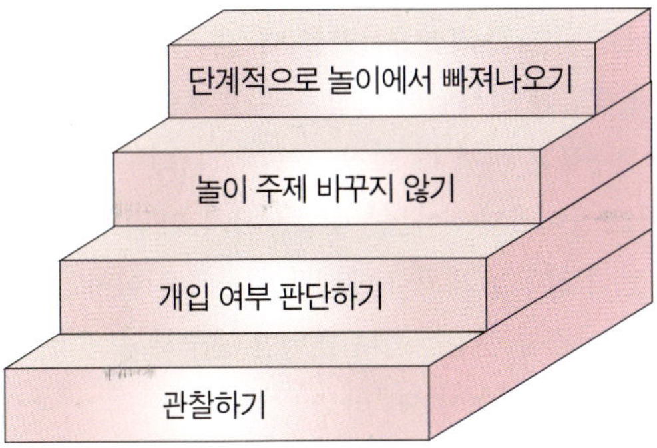

그림 7-2 교사의 놀이지도 지침

4 융통성 있는 운영자로서의 역할

1) 운영자로서의 교사

유아교육기관에서 유아의 하루 일과는 정해진 일과 계획에 따라 이루어진다. 유아교육 현장에서의 하루 일과의 흐름이나, 장소로서의 교육환경의 적절성에 대한 정보는 비교적 많이 알려져 있다. 하지만 유아교육 현장에서는 시간과 공간 등의 특성 외에도 유아들의 경험에 영향을 미치는 다양한 요인들이 존재한다. 이러한 요인들은 서로 연계되어 예측하지 못한 결과를 초래하기도 한다. 다시 말해, 정해진 시간과 공간 속에서 교사가 이를 어떻게 운영하는가에 따라 유아들의 경험은 달라진다.

2) 융통성의 발휘

학기 초에는 새로운 반 편성이 이루어진다. 다람쥐반이었던 진우는 이제 형님반인 햇님반이 되었다. 아직 학기 초여서 진우는 새로운 학급에 특별한 느낌을 갖고 있지 못하다. 그래서 그날도 다람쥐반이었을 때 친구였던 한동이와 바깥놀이를 하며 놀았다. 놀다보니 햇님반 선생님이 걱정 어린 표정으로 "진우야, 여기 있으면 어떻게 하니? 햇님반 친구들은 아까 다 교실로 들어갔는데……."라고 하였다. 진우는 선생님을 따라 교실로 들어갔다. '아! 난 햇님반이지. 제일 친한 한동이는 달님반이고…….' 교실에 가보니 진우를 제외한 햇님반 친구들은 이미 모두 교실에 있었다.

선생님은 "진우야, 이제는 햇님반이니 햇님반 친구하고 친하게 지내야 해. 그리고 햇님반 친구들과 같이 움직여야 해."라고 말했다.

유아 한 명이 보이지 않을 때 담임교사는 무척이나 놀랐을 것이다. 그래서 진우를 찾은 뒤에도 안도감을 표현하기보다 "진우야, 너 무슨 반인지 모르니?"라고 혼을 낼지도 모른다. 하지만 진우의 입장에서 새 학급은 아직 그다지 의미가 없다. 교육기관이 학급별로 나뉘어 운영되는 것은 교육적으로 유익하다. 그러나 유아는 학급보다 친구를 더 중요하게 인식하기도 한다. 학급이 교사와 유아 모두가 앎을 구축해 가는 학습 공동체가 되기까진 구성원들에게는 노력과 시간이 필요하다. 서로가 공동체 의식을 느끼기 전까지 유아들은 새 학급과 새로운 구성원들이 낯설 수밖에 없다. 그래서 진우처럼 학급보다 친구를 더 찾는 행동이 일어나기도 한다.

교사 한 명이 관심과 돌봄을 기울일 수 있는 대상은 한계가 있으므로 교육기관에는 학급이라는 하위 단위가 존재한다. 학급의 존재 이유가 그러하므로 각각의 학급이 마치 경쟁하듯 분리되는 것은 바람직하지 않다. 진우의 예에서는 학기 초에 유아들의 적응을 돕고자 학급을 초월하여 유아들이 어울릴 수 있는 공간을 마련하는 것도 좋다. 예를 들면, 레지오 에밀리아에서 피아자(piaza)라는 넓은 복도를 공유의 공간으로 활용하는 것처럼 말이다. 만약 그렇지 않더라도 바깥놀이 시간 동안이라도 학급의 경계를 넘어 유아들이 친한 친구와 자유롭게 놀이하도록 배려하는 융통성이 필요하다. 유아의 요구나 상황에 따라 학급이 갖는 공간의 한계를 넘을 수 있다면 유아에게 더 유익하다. "넌 이제 햇님반이야. 알겠니?"라는 말은 새 학급에 대한 소속감을 심어 주기 위한 의도에서 한 말이지만, 정작 유아는 "예전 친구와는 놀면 안 돼."라는 메시지로 오해할 수 있다. 경우에 따라서 교사는 유아가 '필요에 따라 옛 친구를 저버리고 새 친구를 사귀어야 하는가?' 하는 생각을 할 수도 있다는 사실을 고려해야 한다.

한편, 교육기관에는 교실마다 유아들의 작품이 전시되는 게시판이 있다. 그러나 게시판이 교실에만 있어야 하는 것은 아니다. 통행량이 많은 곳에 게시판을 마련한다면 지나가는 모든 이들이 구경하고, 나아가 게시판에 소개된 경험을 공유하는 효과를 얻을 수도 있다. 이것 역시 교실에 한정되었던 공간의 한계를 공유 공간으로 활용할 묘안이 된다. 레지오 에밀리아의 경우 건물의 문과 창을 유리로 만들어 유

유아교육기관의 복도에 있는 게시판

리를 통해 빛의 아름다움을 경험할 수 있게 할 뿐 아니라 함께 같은 공간에 있지 않아도 서로의 존재를 보고 느낄 수 있고, 또한 그 공간에서 일어나는 일을 공유하게 하여 공개적으로 드러내는 개방성을 표명한다(박은혜, 김희진, 이지현, 2002). 이러한 환경적 배려는 교육에 관한 융통성 있는 사고에서 비롯된 결과라 할 수 있다.

5 스트레스 관리자로서의 역할

1) 스트레스

현대 사회의 경쟁적인 분위기와 미래에 대한 불확실성이 유아에게 미치는 스트레스에 대한 관심이 높아지고 있다. 유아의 스트레스에 영향을 미치는 요인은 크게

성, 연령, 기질 등의 내적인 요인과 가정, 학교, 사회 환경 등의 외적 요인으로 알려져 있다(Honig, 1986).

유아의 몸은 생활 속 여러 사건이 주는 위협과 도전을 극복할 고도로 복잡한 방어 체계를 갖추고 있다. 인간은 압력이나 위협을 당할 때 싸우거나 도주할 채비를 한다. 그런데 스트레스를 받을 때 우리의 몸은 아드레날린을 많이 분비하고, 이에 따라 정상적인 기능이 마비되고 긴장이 고조된다. 이러한 압력은 이겨낼 수 있지만, 상태가 지속된다면 문제가 된다. 고무줄을 너무 길게 잡아당기면 팽팽해지다가 어느 순간 탄력을 잃고 끊어지게 되는데, 과도한 스트레스는 이와 같다.

스트레스는 갈등을 일으키거나 신체에 무리한 요구를 하는 환경에서 발생한다. 하지만 우리의 삶은 어느 정도의 압력과 자극을 필요로 한다. 그래서 삶에 유익한 좋은 스트레스를 유스트레스(eustress)라고 한다. 이것은 '좋다' 라는 라틴어 유 '*eu*'에서 파생된 단어로, 유스트레스는 한계가 분명하고 계속되지 않아 몸이 곧 정상적으로 돌아가게 한다. 따라서 스트레스 기간은 짧을수록 좋다. 반면, 휴식을 취하여도 정상으로 회복되지 않는 나쁜 스트레스를 디스트레스(distress)라고 한다. 만약 유아가 어떠한 이유에서건 디스트레스 상태에 있다면 여기서 벗어날 수 있도록 교사가 도와야 한다.

2) 유아의 스트레스 행동 이해와 돕기

교사는 유아가 스트레스를 받는 원인을 체크하여 유아의 스트레스 상황을 이해할 필요가 있다. 다음은 유아의 스트레스를 유발하게 하는 요인들을 점검해 볼 수 있는 목록들이다. 각 요인에 해당하는 상황을 적어 보는 것은 유아의 스트레스 행동을 이해하는 데 도움이 될 것이다.

- 유아들이 귀찮아하는 것
- 유아들을 위협하는 것
- 유아들을 흥분시키는 것
- 유아들이 무서워하는 것
- 유아들이 걱정하는 것
- 유아들을 서두르게 만드는 것
- 유아들을 좌절시키는 것
- 유아들을 화나게 하는 것
- 유아들을 당황하게 하는 것
- 유아들의 자존심을 상하게 하거나 위협하는 것

그 밖에 유아의 기질, 소음, 텔레비전과 비디오 게임, 과밀 상태(제한된 공간에 유아의 수가 많은 경우), 교사의 권위적 태도, 유아에 대한 주변인의 비현실적 기대, 학습된 무기력과 같은 요인도 스트레스를 유발하는 것으로 나타났다. 교사는 스트레스를 유발하는 요인을 인식하고 유아가 이와 같은 상황에 장시간 노출되지 않도록 주의를 기울여야 한다.

유아교육기관에서 유아가 느끼는 스트레스를 반일제와 종일제 상황에서 비교한 연구(박화윤, 안라리, 하양승, 1998)를 살펴보면, 반일제와 종일제 프로그램 모두에서 유아의 스트레스 행동은 자유선택활동보다 대집단활동에서, 그리고 정적인 영역보다 동적인 놀이가 이루어지는 영역에서 스트레스 행동이 더 많이 나타났으며, 특히 유아는 놀잇감을 기다리는 동안 스트레스를 많이 받았다. 그리고 반일제보다 종일제에 다니는 유아의 스트레스 행동이 더 많이 나타났다. 또한 종일제 프로그램의 경우 피로도 때문에 오전 활동보다 오후 활동에서 스트레스 행동이 더 나타났다. 이러한 점들을 고려할 때 유아에게 자유를 더 많이 제공하고, 피곤도 등을 고려하여 하루 일과를 운영한다면, 유아의 발달에 해가 되는 스트레스를 줄여 나갈 수 있을 것이다.

제8장

평가

평가란 교육목표를 달성하기 위해 일어나는 교육활동, 그리고 교육활동에 참여하는 아동에 대한 정보를 수집하고 해석하는 과정으로 교육이 이루어지는 과정을 개선해서 발전시키기 위한 것이라고 할 수 있다. 미국유아교육협회(NAEYC, 1998)는 "평가란 프로그램 참여자에게 프로그램이 어떻게 이해되는지 또는 제공된 프로그램의 결과가 무엇인지 알기 위해 상용될 수 있는 관련 자료의 체계적인 분석이다."라고 정의함으로써 프로그램에 참여하는 학습자의 변화를 분석하여 프로그램을 발전시키는 것임을 강조하였다. 이러한 평가는 검사, 관찰, 면담 등과 같이 다양한 방법을 통해 정보를 수집하고, 조직하고, 해석하는 과정으로 이루어진다.

그동안 영유아교육에서의 평가는 유아가 무엇을 성취할 수 있는가에 초점을 맞추어 이루어지는 결과중심의 평가가 주를 이루어 왔다. 그러나 결과중심의 평가는 획일적으로 표준화된 탈맥락적 상황에서 이루어지며, 학습의 결과만을 중시하고 이에 따라 영유아의 등급을 매기는 등 유아교육의 목적인 전인적 발달, 유아 발달의 빠른 변화와 개인차가 무시되는 등 적절한 평가를 내리기 어려웠다.

이에 2007년 개정 유치원 교육과정에서는 유아의 전인적 성장과 발달수준을 점검하는 과정중심의 평가를 강조하였다. 즉, 유아의 통합적 발달이 이루어질 수 있도록 구성된 교육과정에서 학습 성취를 객관적으로 평가하기 위해 유아의 행동을 직접 관찰하여 기록하거나 표준화된 행동목록표에 기록하고, 유아의 작품을 수집하여 분석 · 평가하는 포트폴리오와 같은 방법을 다양하게 사용하여 다면적으로 유아의 변화과정을 평가하도록 제안하고 있다.

유아교육에서 평가의 필요성을 살펴보면 다음과 같다(임재택, 1997).

유아의 전인적 성장 발달을 지원하기 위해서다.

유아는 각기 다른 발달수준을 보인다. 같은 연령의 유아라도 서로 다른 발달수준을 보이므로 각 유아의 발달특성에 따라 적절한 교육과정을 제공함으로써 유아의 전인적 성장발달을 도울 수 있다.

교육목표가 성취되었는지 파악하기 위해서다.

교육에는 반드시 목표가 있다. 설정한 목표가 달성되었는지 파악하기 위해서는 교육과정에 대한 평가가 이루어져야 한다. 목표가 잘 달성되었는지, 만약 그렇지 못하다면 원인이 무엇인지 파악하여 적절하게 수정하기 위해 평가가 필요하다.

부모의 유아교육에 대한 이해를 돕기 위해서다.

유아기 교육에 대한 부모의 이해를 돕기 위한 구체적이고 객관적인 자료로서 평가가 필요하다.

1 평가의 목적

유아교육에서 평가는 교육과정의 실시, 전개, 마무리 등의 과정 전체에서 유아의 변화, 교사의 진행과정상의 변화와 문제점 등을 객관적으로 평가함으로써 교육과정이 적절하고 효율적으로 운영되는지 알 수 있다. 이러한 평가는 유아뿐 아니라 교사 자신, 학부모에게 도움을 제공할 수 있어야 한다. 구체적인 평가의 목적을 살펴보면 다음과 같다.

- 유아의 발달과 성취를 관찰하고 기록하여 부모와 교사가 유아의 상태를 이해할 수 있도록 하기 위해 평가한다.
- 유아의 발달과 성취에 적절한 교육과정을 구성하는 데 필요한 정보를 얻고 효율적인 교수방법을 결정하기 위해 평가한다.
- 진행 중인 교육과정의 수정, 교수방법의 결정, 학습 성취 전략을 수정하기 위해 평가한다.
- 부모의 이해와 교육과정의 참여를 위한 정보를 제공하기 위해 평가한다.

2 평가의 구성

유아교육에서 평가는 평가의 목적에 따라 그 내용이 달라진다. 평가의 목적은 일반적으로 유아에 대한 평가, 교사에 대한 평가, 교육과정에 대한 평가로 이루어진다.

1) 유아에 대한 평가

유아에 대한 평가는 평가의 영역 중 가장 중요하게 여겨지는 부분으로, 유아 간의 차이를 구분하는 것이 아니라 개별 유아의 변화과정을 파악함으로써 유아의 전인적 성장·발달을 도와주기 위해 실시하는 것이다. 즉, 유아가 학습을 통해 얻을 수 있는 다양한 측면이 종합적으로 평가되어야 한다. 유아가 학습하는 과정에서 습득하게 되는 사실, 개념, 정보 등의 지식뿐 아니라 획득한 지식과 이를 적용하는 능력과 같은 기술적 측면, 학습과정에서 보이는 흥미, 호기심, 느낌과 같은 정의적 측면

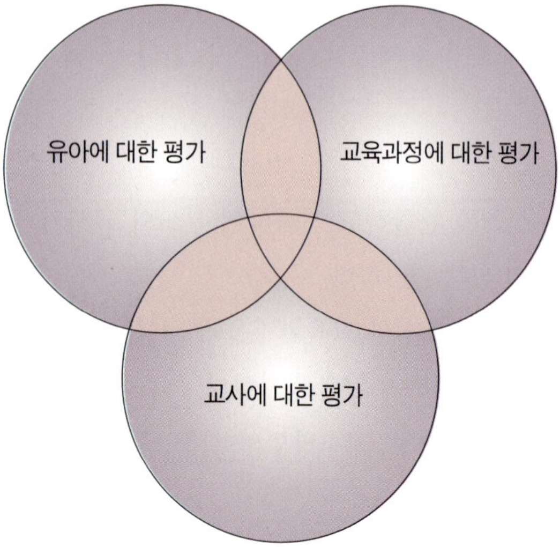

그림 8-1 **유아교육 평가 영역**

의 평가가 모두 이루어져야 한다. 따라서 다양한 방법으로 다면적이고 종합적인 평가가 이루어져야 한다.

일반적으로 유아에 대한 평가는 교육과정이 실시되기 전에 유아의 발달수준과 특성, 유아의 사전 경험 정도, 이전 단계에서의 학습 성취 정도 등을 평가(진단평가)하고, 교육과정이 진행되는 과정에서 유아의 변화를 교육목표와 관련지어 지속적으로 평가(형성평가)한다. 또한 교육과정이 마무리되었을 때 유아의 변화를 최종적으로 평가(총괄평가)한다.

유아에 대한 평가를 실시할 때 주의할 점은 다음과 같다(교육과학기술부, 2008b; Bredekamp & Rosegrant, 1992).

평가는 통합적으로 이루어져야 한다.

유아에 대한 평가는 교육과정의 일부분으로 일상적인 교육활동을 반영하고 교사가 유아에게 어떤 경험을 제공하고 어떻게 개입할 것인지에 관한 결정에 중요한 역할을 한다. 따라서 유아의 성취 정도나 발달, 혹은 단편적인 정보 수집을 위한 것이 아니라 전체 교육과정의 효율성과 적절성을 평가하는 종합적인 것이어야 한다.

평가는 유아의 모든 측면의 발달을 포함해야 한다.

전인적 발달을 교육목표로 하는 유아교육에서 평가가 특정 영역에 한해 이루어진다면 교육목표를 달성할 수 없다. 따라서 유아의 언어, 인지, 사회, 정서, 신체 발달을 모두 포함하여 평가하여야 한다.

평가는 지속적이며 체계적으로 이루어져야 한다.

유아기는 발달의 변화가 빠르고 개인차가 크기 때문에 평가가 어느 한 시점에서만 이루어진다면 유아에 대해 정확한 정보를 수집할 수 없다. 따라서 유아에 대한 평가는 여러 시기에 걸쳐 지속적이고 체계적으로 이루어져야 한다.

평가는 다양한 방법을 통해 자료를 수집해야 한다.

유아에 대해 정확한 평가를 하기 위해서는 다양한 방법을 통해 유아에 관한 정보를 수집해야 한다. 어느 한 가지 방법만으로는 유아의 다양한 측면에 대한 정보를 수집할 수 없으며, 각각의 평가 방법은 유아에 대해 각기 다른 정보를 제공한다. 평가의 타당성과 신뢰성을 높이기 위해 관찰, 면담, 유아작품 수집, 활동 결과물 분석 등과 같은 다양한 방법으로 평가가 이루어져야 한다.

평가는 일과 속에서 자연스럽게 이루어져야 한다.

교육과 놀이 활동이 이루어지는 맥락에서 유아가 보여 주는 생활 그 자체를 평가해야 한다. 유아의 교육 경험은 특정한 시간과 상황에서만 이루어지는 것이 아니라 하루 일과를 통해 형성된다. 따라서 유아를 위한 평가는 교육 장면과 분리되어서는 안 되며, 유아의 생활과 교육활동 전반에 걸쳐 평가가 이루어져야 한다.

평가는 부모가 유아를 이해할 수 있도록 정보를 제공하여야 한다.

유아에 대해 수집된 다양한 정보를 부모에게 제공함으로써 부모가 유아를 더 잘 이해할 수 있도록 한다.

2) 교사에 대한 평가

교사는 유아의 성장과 발달에 매우 중요한 영향을 미치는 존재다. 교사의 교육과정 계획과 교수 운영 방법, 유아와의 상호작용 과정이 직접적으로 유아의 정서, 인지, 사회, 신체의 모든 발달에 영향을 미치기 때문에 교사에 대한 평가는 중요하다. 그런데 교사에 대한 평가는 가장 이루어지지 않는 부분이고, 평가를 하는 사람이나 받는 사람 모두 불편함을 느낀다. 그러나 교사에 대한 정기적인 평가는 교사의 전문성을 증진시키고 책임을 강화하여 교사의 업무 수행에 도움을 줌으로써 교사의 자질을 향상시킨다.

교육과학기술부(2008b)는 교사에 대한 평가의 목적을 다음과 같이 제시하였다. 첫째, 교사의 수업 및 학생 지도에 관한 전문성을 진단하고 그 결과를 바탕으로 한 전문성 향상을 지원하기 위함이다. 둘째, 교사가 자신의 수업을 새로운 관점에서 검토하고 이해할 수 있는 자기 발전에 필요한 자료를 얻기 위함이다. 셋째, 공정하고 타당한 평가를 실시하고 그 결과를 활용함으로써 교사의 지속적인 능력 개발을 유도하기 위함이다. 넷째, 교사의 전문성 신장을 지원함으로써 학교교육의 질 향상 및 공교육에 대한 신뢰를 제고하기 위함이다. 이러한 목적에 따라 유아 교사에 대한 평가는 개인 특성에 관한 평가, 유아 이해 및 지원 평가, 교수 평가, 환경 관리 및 학급 운영에 대한 평가로 이루어질 수 있다.

교사에 대한 평가 방법은 일반적으로 교수-학습 과정에서 교사 자신의 교수방법에 대한 평가로 이루어진다. 이는 유아의 흥미, 반응, 태도 등에 대한 평가를 통해 이루어질 수 있으며, 교사의 자기 평가, 동료나 원장의 평가, 외부 전문가의 평가가 활용된다.

3) 교육과정에 대한 평가

교육과정에 대한 평가는 교육과정 실제의 전반적인 측면에서의 타당성, 효율성 및 적절성을 밝히는 것이다. 그 결과는 교육과정에 참여하는 모든 사람에게 도움을 주어 교육과정의 계획과 실행에 결정적인 역할을 한다(이기숙, 2000). 교육과정을 평가할 때 고려해야 할 사항은 다음과 같다.

- 교육내용이 통합적으로 편성 · 운영되는지 평가한다.
- 교수-학습방법이 유아의 흥미와 활동의 특성에 적합한지 평가한다.
- 교육환경 및 교육활동 자료, 활동 주제의 관련성, 유아의 발달특성, 환경 구성의 적절성 등을 고려해 구성되는지 평가한다.
- 평가 결과는 다음 학년도 교육과정 편성 · 운영에 반영한다.

교육과정 평가는 교수-학습과정, 운영 관리, 건강 증진 및 보호, 그리고 우리의 사회적 삶의 질을 증진시키는 데 공헌하며, 실제적이고 잠재적인 판단의 기초로서 활용되어야 한다. 또한 교육과정의 다음 계획과 운영 그리고 학습자의 발달 수준을 고려하여 정책적인 의사결정에 정보를 제공함으로써 교육과정의 질적 수준의 유지 및 향상에 활용되어야 한다(이기숙, 2000).

3 평가의 방법

평가가 잘 이루어지기 위해서는 사전에 평가를 계획해야 한다. 유아가 가진 능력이 어느 정도이고 시간이 경과함에 따라 어떤 수준으로 발달하고 어느 정도 변화되었는지를 평가하기 위해서는 평가 시기와 평가 방법에 대한 계획을 철저히 세워야 한다. 평가 과정을 살펴보면 다음과 같다.

1) 평가 과정

평가를 위한 정보 수집

개별 유아를 공정하게 평가하기 위해 교사는 다양한 평가 방법 또는 '창'을 이용하여 정보를 수집한다. 교사는 관찰하기, 유아 · 부모 · 다른 성인에게서 반응 구하기, 다양한 방법으로 교실 내 활동 결과물을 수집하고 분석하기 등 각기 다른 정보원, 방법 및 맥락을 이용하여 정보를 수집한다. 가장 적절한 평가를 위해 여러 정보원과 방법을 동시에 조합하는 것이 좋은데, 그러기 위해 교사는 실제 상황을 있는 그대로 반영하고 교사가 보고자 하는 부분을 가능한 많이 관찰할 수 있도록 해야 한다.

수집한 정보의 기록

교사가 다양한 정보원의 반응을 구하고, 유아의 활동 결과물들을 다양하게 수집하고, 관찰을 통해 수집한 정보를 기록하는 것은 평가의 신뢰성에 중요한 요소다. 기록은 유아가 현재 알고 있는 것과 할 수 있는 것의 실제적 발달수준을 알게 하고, 그 기준점에서 향상될 수 있는 잠재적 수준을 파악하는 데 도움을 준다. 실제적인 기록 방법으로는 일화기록, 메모, 스케치, 사진, 오디오와 비디오 기록, 체크리스트, 평정척도, 행동목록, 포트폴리오, 자기평가 등이 포함된다.

정보의 관리 및 요약

교사는 유아에 대해 다양한 방법으로 정보를 수집한 다음, 그것을 통합하고 추출하기 위해 정보를 관리하고 요약한다. 정보를 기준에 따라 분류하여 그 크기를 줄여서 지속적인 평가와 해석에 활용이 가능하도록 한다.

분석 및 해석

교사는 유아에 대해 정보를 수집하고 기록하여 요약한 다음, 그 정보를 분석하고 해석해야 한다. 해석은 수집된 정보를 분석하여 그 정보를 다른 자료와 통합하며 발달수준과 교육과정의 목표와 비교하여 그 정보가 의미하는 것이 무엇인지 가설을 설정하는 고차원적 과정이다. 이 과정은 유아를 척도상의 특정 점수가 아니라 유아가 기능하는 범위 내에서의 유아의 수행을 고려하여야 하며, 결과를 발달적 기대나 교육과정 기대와 비교하고 주어진 정보를 학습과정에 대한 단서로서 분석해야 한다.

2) 평가 방법

유아를 위한 평가에서 일반적이고 보편적으로 사용하는 방법으로 형식적 평가 방법인 표준화 검사와 비형식적 평가 방법인 관찰법, 포트폴리오 평가 등이 있다.

(1) 표준화 검사

표준화 검사는 형식적 평가 방법으로 일반적으로 유아의 발달 정도 및 특성을 평가할 수 있는 구조화되고 객관적인 검사 도구를 사용하는 평가다. 표준화 검사는 전반적인 인지적 능력과 정서 상태, 성격 특성에 대한 객관적인 평가와 개인의 문제 영역과 관련된 세부적인 특수 검사들(행동, 학습, 언어영역 검사)을 통해 개인이 가지고 있는 문제점들을 발견하고 그와 더불어 잠재력과 강점 및 약점들을 파악하여 가장 적합하고 효율적인 치료방법을 설계하는 데 도움을 준다.

표준화 검사 도구를 선정할 때 고려할 점은 다음과 같다(최일선, 조운주, 2010).

- 표준화 과정에 의해 올바르게 제작된 것이어야 한다.
- 제작 시기가 오래되지 않아야 한다.
- 검사의 타당도 및 신뢰도가 높은 것이어야 한다.

표준화 검사에는 발달적 선별검사, 준비도 검사, 진단검사 등이 있다. 그러나 표준화 검사는 유아교육과정 안에서 이루어지는 것이 아니고 일정한 시점에 유아의 하루 일과와 동떨어진 탈맥락적 상황에서 이루어지기 때문에 교육과정의 목표와 내용을 반영하지 못하는 경우가 많으며, 검사를 받는 유아가 스트레스를 받을 수 있어 정확한 검사가 이루어지기 어려울 수도 있다. 또한 개별 유아의 변화에 중점을 두기보다는 유아 간 차이를 구분하는 데 활용될 수 있다.

그럼에도 표준화 검사가 가지는 장점은 다음과 같다(임재택, 1997).

- 표준화 검사는 전문가에 의해 제작되었으며, 이미 신뢰도와 타당도가 검증되어 있다.
- 검사의 실시와 채점을 위한 세부 지침서가 마련되어 있다.
- 검사 실시 요강에는 원점수를 규준 점수로 전환하는 방법이 제시되어 있다.
- 교사는 한 유아의 현재 성취수준을 이전의 수준과 비교해 볼 수 있다.
- 교사는 어떤 유아의 성취수준을 연령이 비슷한 다른 유아의 수준과 비교해 볼 수 있다.
- 좋은 표준화 검사는 신뢰할 수 있으며, 안전한 결과를 제공한다. 다만 대상 유아의 연령이 어릴수록 검사 점수의 안정성이 낮아지는 경향이 있다.
- 어떤 표준화 검사는 진단적 정보를 제공한다.
- 검사 실시 요강에는 검사에 관한 유용한 연구 자료가 요약되어 있다.
- 표준화 검사는 다른 평가 방법과 병행하여 사용할 수 있다.

(2) 관찰법

비형식적 평가 방법 중 하나인 관찰법은 일상생활 속에서 유아의 자연스러운 활동 모습을 있는 그대로 기록하는 것으로서 특별한 도구가 있는 것이 아니라 교사 자신이 평가 도구가 된다. 따라서 관찰자인 교사의 관찰 능력이 매우 중요하다. 교육현장에서 관찰 경험과 훈련이 부족한 교사의 관찰 결과는 부정확하거나 편견이 있을 가능성이 높다. 무엇을 관찰할지, 관찰한 것을 어떻게 기록할지 등 교사가 평가 목적에 적절한 관찰 방법과 시간을 고안해 낼 수 있어야 한다.

관찰을 통해 좋은 평가 자료를 얻기 위해 교사는 다음과 같은 점에 주의하여야 한다.

- 다양한 상황에서 유아를 관찰할 수 있도록 적절한 시간과 장소를 결정해야 한다.
- 교사는 유아에 대해 편견이나 선입견을 가지거나 유아의 행동을 미리 판단하거나 추측해서는 안 된다. 관찰 대상 유아가 실제로 행동한 것만을 기록해야 한다.
- 교사는 관찰 대상 유아의 행동이 일어났을 때 그 행동을 구체적으로 기술한다.
- 교사는 관찰 대상 유아의 말을 사실 그대로 직접화법으로 기록한다.
- 교사는 실제로 관찰한 것과 자신의 해석을 분명히 구분해야 한다.

구체적인 관찰 단계는 다음과 같다.

- **1단계(기록 단계)**: 관찰자에게 일어나는 장면을 가능한 자세하고 객관적으로 적는 과정이다.
- **2단계(해석 단계)**: 행동의 원인, 그 행동을 할 때의 감정 등을 추측해 보고 기록된 자료의 의미를 찾아보는 과정이다.
- **3단계(평가 단계)**: 축적된 관찰 자료를 바탕으로 앞으로의 방향에 대한 결론을 내리는 과정이다.

해석 및 평가는 객관적인 관찰 기록에서 얻어지는 2차적인 자료다. 따라서 어떤 행동에 대한 객관적인 기술 없이 이루어진 해석이나 평가는 그 타당성을 인정받을 수 없다.

① 일화기록

일화기록은 한 가지 행동이나 상황에 초점을 맞추어 기록하는 것으로 교사가 관찰하는 동안 일어난 중요한 사건이나 핵심이 되는 행동을 중심으로 짧게 서술식으로 기록하는 방법이다. 따라서 교사는 관찰하고자 하는 대상 연령의 발달적 특성을 정확하게 이해하고 있어야 하며, 육하원칙에 따라 사건이나 행동을 중심으로 객관적이고 간결하게 기록한다.

일화기록의 장점은 다음과 같다.

- 특별한 도구나 기술이 필요하지 않다.
- 기록이 용이하다.
- 예기치 못한 행동이나 우발적인 행동을 기록하는 데 유용하다.
- 누적된 자료는 영아의 발달패턴이나 과정을 이해하는 데 중요한 자료로 활용될 수 있다.

표 8-1 ● 일화기록지의 예

기 관 명:		관찰대상 이름:	성별:	생년월일:
관찰시간: 시 분~ 시 분				
관찰장면:			관찰상황:	
관찰날짜:			관찰자 이름:	
내용				
관찰 초점				

② 평정척도법

평정척도법은 어떤 특성이나 성격 등을 미리 정해진 범주에 따라 평가할 때 사용되는 관찰 도구로서 관찰된 행동의 질적인 차이를 평가할 때 사용한다. 평정척도법을 사용할 때 교사는 어떤 행동을 관찰한 후 연속성이 있는 평가지에 수량화된 점수나 가치를 부과한다.

평정척도법의 장점은 다음과 같다.

- 사용하기가 매우 편리하다.
- 짧은 시간 안에 많은 발달 영역을 한꺼번에 평가할 수 있다.
- 일정한 간격을 두고 반복적으로 사용할 경우 시간의 흐름에 따라 생기는 행동의 변화에 대한 정보를 얻을 수 있다.
- 관찰을 하면서 바로 적지 않고 교사가 편한 시간에 적을 수 있다.

표 8-2 ● 평정 척도의 예

관찰유아: 생년월일: 관찰일:

유아의 자조성에 대해 다음과 같이 1~5점으로 평가하여 해당 숫자에 ○표를 하시오.

	아주 못함	못함	보통	잘함	아주 잘함	관찰 못함
1. 옷 입기를 잘한다.	1	2	3	4	5	
2. 손 씻기를 잘한다.	1	2	3	4	5	
•						
•						
•						
•						
요약						

③ 행동목록법(체크리스트)

행동목록법은 교사가 살펴보고자 하는 유아의 행동특성이나 행동 출현 유무를 조사하는 방법이다. 관찰하고자 하는 행동의 목록을 사전에 준비하여 그 행동의 출현 여부를 표기하는 방법인데, 교사는 관찰하려는 행동에 대해 구체적이고 분명하게 정의해야 한다. 또한 행동목록법은 관찰을 통해 체크할 수 있는 내용으로 작성하고 구체적으로 기술하여 항목을 명료하게 하고, 충분한 관찰시간을 갖는 것이 필요하다.

행동목록법의 장점은 특별한 장비나 기술이 필요하지 않아 관찰하고 기록하기 쉽고 통계 처리가 쉽다는 점이다.

표 8-3 ● 행동목록법 체크리스트의 예

관찰유아: 생년월일:
관찰자: 관찰일:
다음의 행동이 관찰되면 '예' 에, 관찰되지 않으면 '아니요' 에 ✓ 표시하시오.

항 목	예	아니요
1. 손목과 손가락을 자기가 원하는 대로 움직일 수 있다.		
2. 눈과 손의 협응이 가능하다		
3. 필기도구를 바로잡고 쓸 수 있다.		

(3) 포트폴리오

포트폴리오는 장기간에 걸친 유아의 발달에 관한 증거를 제공하기 위해 사용되는 것으로서 교사의 비형식적인 평가와 유아의 작업에 관한 조직화된 수집물이다. 관찰, 면담, 작품수집, 검사 등 다양한 방법과 교사, 가족뿐 아니라 유아 자신까지도 정보 제공자로 참여함으로써 다양한 정보원과 자료를 바탕으로 종합하여 분석하고 해석하는 총체적인 평가 방법이다.

포트폴리오 평가는 유아 간 차이보다는 유아의 개인 내 변화, 즉 시간의 경과에 따른 유아의 변화를 평가하는 것으로서 가르치는 행위에 대한 평가가 통합될 수 있고, 유아와 교사뿐 아니라 부모와 관계자에게 유치원에서 이루어지는 활동 전반에 대해 알 수 있는 기회를 주며, 유아가 자신의 작품에 직접적으로 참여할 수 있는 기회를 제공해 주고, 유아의 전체적인 수행을 다양한 방법으로 평가하는 기회를 제공하는 목적을 가진다(Meisels & Steele, 1991).

포트폴리오 평가의 장점은 다음과 같다.

- 유아가 어떠한 과정으로 발달하고 있는지에 대한 정보를 얻을 수 있다.
- 유아가 교사와 함께 평가의 과정을 공유함으로써 유아의 긍정적인 자존감 형성에 도움이 된다.
- 인위적인 상황이 아닌 일상의 수업 안에서 유아의 행동을 자연스럽게 평가할 수 있다.
- 유아가 무엇을 할 수 없는가보다는 무엇을 할 수 있는가에 대해 관심을 가져 유아의 장점을 강조할 수 있다.
- 개별 유아에게 가장 적절하고 정밀하고 완전하며 발달적으로 적합한 평가를 실시할 수 있다.
- 부모가 평가 과정에 참여함으로써 유아에 대한 이해를 높이고 교육의 효과를 증진시킬 수 있다.
- 평가 과정에서 유아와 유아, 유아와 교사, 교사와 교사 사이의 협력적 관계가 유지되고 요구되며, 그 결과 상호 간의 협동 및 신뢰감 형성에 기여한다.
- 포트폴리오 평가 결과는 교수 과정에 반영될 수 있다.

포트폴리오 평가는 학습에서 과정과 결과 모두를 평가할 수 있는 효율적인 평가 방법으로서 교수와 평가가 통합되어 교육내용을 결정하는 데 도움이 되며, 학부모와 의사소통하는 데 효율적이다(Clemmon, 1993). 또한 지속적인 활동 속에서 수집된 자료를 보면서 유아는 무엇이 부족한지, 무엇을 잘했는지에 대한 반성적 사고를 할 수 있게 된다. 그리고 포드폴리오는 부모에게 유아의 발달과정과 성취를 자세히게 설명해 줄 수 있는 도구가 된다.

이러한 포트폴리오는 다양한 방법으로 유아의 수행 과정을 수집하고 기록 · 보관하여 평가에 활용된다. 교사는 목적에 따라, 또는 유아와 수업에 가장 도움이 되는 것이 무엇인가에 따라 서로 다른 유형을 활용할 수 있다(Valencia & Place, 1994).

- **전시 포트폴리오**: 학습자가 가장 잘한 또는 가장 좋아하는 작품을 수집하여 보여준다.
- **평가 포트폴리오**: 대부분 구체화되고 채점된 자료를 포함한다.
- **기록 작업 포트폴리오**: 각 유아에 대하여 포괄적인 기술을 하기 위해 선정된 유아 작품이나 변화 상황에 대한 증거 자료를 포함한다.
- **과정 포트폴리오**: 종종 학습자에 의해 기록되고 평가된 것으로 큰 프로젝트를 위해 진행 중인 작업을 포함한다.

예를 들어, 유아의 성장을 보여 주기 위해 포트폴리오 평가를 활용한다면 시간의 경과에 따라 유아의 대표적 작품이나 최고의 작품을 주기적으로 수집한다. 반면, 유아가 어떻게 계획하고 프로젝트를 수행하는지 그 과정을 알기 위한 것이라면, 프로젝트 수행 과정의 모든 활동, 현장학습, 토론, 초안과 수정본, 전시뿐 아니라 과정과 결과에 대한 반성적 사고를 포함해야 한다.

포트폴리오는 유아뿐 아니라 교사에게도 도움이 된다. 유아의 포트폴리오를 비교하고 해석하면서 생성되는 교사들 간의 반성적 사고, 토의 그리고 상호작용은 매우 중요하다(Hebert, 1998; Murphy & Smith, 1990). 교사는 포트폴리오를 통해 평가란 지속적인 것이며 유아의 학습을 강화할 수 있다는 것을 알 수 있다(Valencia, 1990).

포트폴리오는 단순히 학습자의 작품을 묶어놓거나, 체크리스트, 일화기록, 사진, 작업표본과 같은 많은 다른 정보들을 하염없이 죽 모아 둔 잡동사니 파일이 아니다. 포트폴리오는 교사가 목적을 가지고 계획하고 조직하여야 한다.

따라서 포트폴리오 평가는 먼저 기준을 설정하고, 기준에 적합한 정보를 수집할 시기를 선정한 다음, 항목별로 자료를 수집하여야 한다. 수집한 자료를 정리 · 보관하고, 해석의 과정을 거쳐 평가가 이루어진다.

포트폴리오 평가의 방법은 다음과 같다.

첫째, 포트폴리오 평가를 위한 기준을 설정한다. 포트폴리오 평가를 하는 목적이 무엇인지 결정하고 그 목적이 달성되었는지의 여부를 알 수 있는 평가 기준을 만든다.

둘째, 포트폴리오 수집 시기를 결정한다. 포트폴리오에 포함시킬 자료 수집은 일정한 기간을 정해서 실시하는 것이 좋다. 유아의 활동 모두를 매일 모으는 것이 아니라 평가 기준에 맞춰 유아의 발달, 기관의 사정 등을 고려하여 정한다. 1년에 3~4회 정도로 학기 초, 학기 중간 그리고 학기 말로 나누어 수집한다.

셋째, 포트폴리오에 포함시킬 자료 항목을 정하여 자료를 수집한다. 포트폴리오에는 다양한 유아에 관한 정보를 수집하는데, 예를 들면 관찰기록, 표준화검사의 평가 결과, 유아의 작품, 입체 구성물의 사진, 유아의 활동사진, 쓰기 자료, 읽기, 음악에 대한 녹음자료, 친구관계 기록들 중에서 적절한 자료를 선택하여 수집한다.

넷째, 포트폴리오에 수록할 자료를 정리하여 보관한다. 포트폴리오에 포함되는 자료는 그 양이 매우 많기 때문에 수집한 자료를 선정하고 정리하는 과정이 필요하다. 클리어 파일이나, 스케치북, 파일 상자 등을 사용하여 자료를 보관하고, 유아의 작품이나 기타 기록물에 날짜와 시간, 내용 등을 메모한다. 자료는 날짜순으로 정리한다. 포트폴리오에 수록할 자료를 선정하는 과정에 유아가 함께 참여할 수 있다. 그 과정에서 유아는 자신의 작품을 재방문하여 평가할 수 있는 기회를 가질 수 있다.

다섯째, 평가 기준에 기초하여 정리한 포트폴리오에 대한 해석을 한다. 수집한 자료를 선택하고 정리하는 과정이 끝나면 한 영역의 자료를 중심으로 유아의 발달 수준을 기초로 하여 유아의 독특한 특성, 지원이 필요한 부분, 학습 성취도 등을 분석한다.

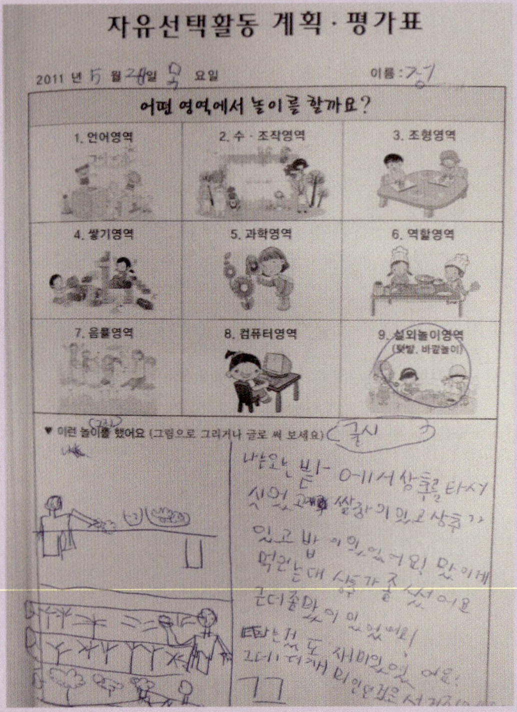

자유선택활동 계획 · 평가표

2011 년 5 월 26일 목 요일 이름 : 정

어떤 영역에서 놀이를 할까요?		
1. 언어영역	2. 수 · 조작영역	3. 조형영역
4. 쌓기영역	5. 과학영역	6. 역할영역
7. 음률영역	8. 컴퓨터영역	9. 실외놀이영역 (텃밭, 바깥놀이)

♥ 이런 놀이를 했어요 (그림으로 그리거나 글로 써 보세요)

유아의 계획 평가표

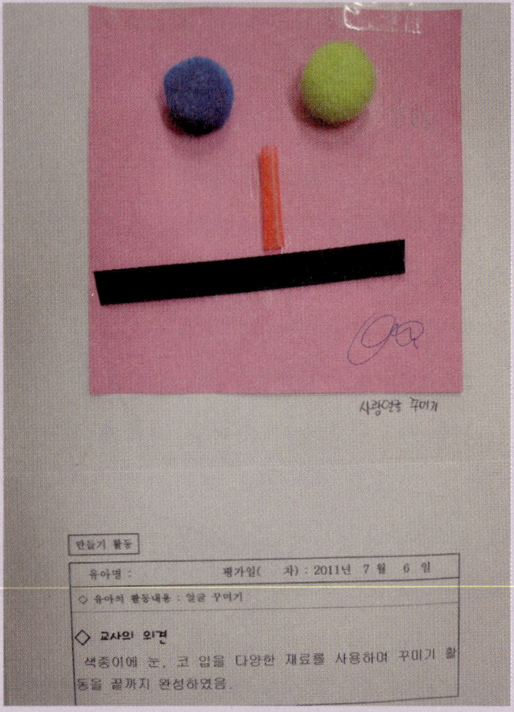

유아의 미술작품 정리

포트폴리오 평가의 예

활동의 느낌을 적은 포트폴리오 평가의 예

Part 02

일과 운영의 실제

제9장

실내 · 외 자유선택활동

1 실내 자유선택활동

1) 실내 자유선택활동의 계획

자유선택활동의 계획은 유아가 어느 영역에서 어떤 활동에 참여하고 싶은지를 계획하는 것을 의미한다. 자유선택활동의 계획에서 교사는 유아의 결정을 존중하고 스스로 선택한 활동을 끝까지 완수하도록 안내하는 역할을 하며, 주어진 환경에서 무엇을 선택하여 실행하는가는 유아에 의해서 결정된다. 유아가 자신이 참여할 활동을 스스로 계획해 보는 경험은 유아로 하여금 주도성을 가지고 활동에 참여하도록 하여 활동에 대한 흥미를 지속시키고 자율적인 목표달성에 동기를 부여한다. 유아가 계획한 활동을 실천하도록 지도함으로써 유아로 하여금 자신의 의사결정에 대한 책임감과 자기조절능력의 발달을 촉진할 수 있다.

자유선택활동의 계획은 등원 후 개별적으로 이루어지는 경우와 대집단 또는 소집단을 대상으로 교사가 각 흥미 영역의 활동을 소개한 후 활동을 계획하는 경우로 구분된다. 이는 유아의 발달수준, 학급의 유아 수, 흥미 영역의 활동, 준비된 자료 등에 따라 다양하게 이루어질 수 있다. 일반적으로 학기 초 또는 만 3세 이하의 유아의 경우에는 스스로 활동을 선택하거나 계획하기 어려울 수 있으므로 교사가 적절한 안내와 도움을 주어야 한다.

유아가 개별적으로 자유선택활동을 계획할 때의 지도 방법은 다음과 같다.

- 흥미 영역에 준비된 활동을 글, 그림, 사진 등으로 소개하는 활동안내판을 게시하여 계획을 돕거나 교실을 둘러본 후 계획하게 한다.
- 교사는 유아가 흥미 있는 활동을 선택하여 계획하도록 지도하는 것이 원칙이지만, 특별히 전날의 활동이 마무리되지 않은 유아나 연계활동이 요구되는 유아의 경우 이를 안내하여 계획에 반영하도록 한다.
- 자유선택활동의 계획은 1일 또는 1주 단위로 만들어진 활동계획표에 기록하게 하여 자유선택활동이 이루어진 후 유아 스스로 자신의 활동 결과를 평가하도록 지도하며, 교사는 이를 보관하여 수행평가를 위한 자료로 활용할 수 있다.
- 연령이 낮은 유아의 경우 활동계획에 어려움을 느낄 수 있으므로 교사가 유아의 활동계획에 개별적으로 개입하여 계획과 실제가 연계될 수 있도록 지도하는 것이 바람직하다.

다음은 대 · 소집단으로 활동을 계획하는 경우의 지도 방법이다.

- 흥미 영역에 새롭게 첨가된 놀잇감이 있거나 준비된 활동과 관련된 유의 사항을 알려 줘야 하는 경우 이를 소개하고 안내한다.
- 활동에 대한 안내가 끝나면 영역별로 활동에 참여하고 싶은 유아를 이동시킨다. 이때 모든 유아가 일제히 이동을 하게 되면 교실이 소란스러워질 수 있으므로 활동의 특성이나 교실 상황을 고려하여 먼저 이동할 영역을 호명하여 혼

잡을 방지하는 것이 좋다. 또한 유아들이 특정 영역에 집중되지 않도록 사전에 토의를 통하여 순서표를 작성하는 등의 방법으로 자유선택활동의 계획을 도울 수 있다.

유아가 자유선택활동을 계획하는 모습

교사가 유아의 자유선택활동 계획을 지도하는 모습과 유아가 스스로 계획하는 모습

- 항상 같은 영역만 선택하거나 다양한 활동을 계획하지 못하는 유아에게는 간단한 질문이나 제안을 함으로써 다양한 활동에 참여하도록 도와주며, 계획의 분량이 많거나 충동적으로 계획하는 유아에게는 선택할 수 있는 활동의 수를 제한하는 등의 방법으로 지도한다.

자유선택활동 계획 · 평가표

20○○년 월 일 요일 이름:

어떤영역에서 놀이를 할까요?		
1. 언어영역 	2. 수 · 조작영역 	3. 조형영역 
4. 쌓기영역 	5. 과학영역 	6. 역할영역 
7. 음률영역 	8. 컴퓨터영역 	9. 실외놀이영역(텃밭, 바깥놀이) 

• 이런 놀이를 했어요. (그림으로 그리거나 글로 써 보세요.)

자유선택활동 계획 · 평가표

2) 실내 자유선택활동의 실행

자유선택활동은 유아의 개별적인 흥미, 요구 및 발달 수준에 따라 유아 개인이 학습 내용과 속도를 조절하여 스스로 놀이를 선택하고 계획하며 자유롭게 실행하는 활동을 의미한다. 따라서 자유선택활동 시간은 유아가 자신의 흥미와 생각을 바탕으로 활동을 선택하고 실행할 수 있어 아동중심의 유아교육을 실행할 수 있는 매우 중요한 시간이다. 일반적으로 자유선택활동은 일과 중 1/3~1/4 정도를 배정하는 비중 있는 활동이다. 교사는 진행 중인 주제의 교육목표, 내용, 유아의 흥미와 발달 정도를 고려한 다양한 활동과 활동자료를 각 흥미 영역에 배치해 주어야 한다. 또 주제가 변화되거나 활동이 심화되어 감에 따라 수시로 자료를 보완하거나 교체하여 유아의 흥미를 지속시켜 주어야 한다.

자유선택활동의 교육적 의의는 다음과 같다.

- 유아가 스스로 활동을 선택하고, 개별적인 흥미와 요구에 따라 자발적으로 놀이에 참여함으로써 능동적 학습이 이루어진다.
- 교사-유아 간의 개별적이고 긴밀한 상호작용이 이루어질 수 있으며, 유아의 능력 및 발달 수준 등 개인차를 반영한 활동이 이루어질 수 있다.
- 하나의 개념이 다양한 활동을 통해 반복되고, 심화 · 확대되며, 통합적으로 경험될 수 있으므로 자발적인 통합교육이 이루어진다.
- 유아-유아, 유아-교사 간에 긴밀한 상호작용을 통하여 바람직한 또래관계를 형성할 수 있으며, 친사회적인 태도와 기술을 습득할 수 있다.
- 스스로 선택하고 결정하는 의사결정능력을 발달시킬 수 있고, 자신이 원하는 활동을 선택하여 끝까지 완성해 봄으로써 자율성을 기르며, 이에 따르는 책임감을 형성할 수 있다.
- 유아의 자유와 흥미가 존중되는 가운데 풍부하고 다양한 활동에 참여할 수 있으므로 목표달성을 해야 하는 부담이 없고 편안하고 즐거운 시간이 될 수 있다.

- 자유선택활동의 계획과 실제적인 활동에 대한 평가를 통하여 유아의 홍미와 놀이 성향을 확인할 수 있으므로 자유선택활동 시 발생할 수 있는 특정 활동 유형에 대한 편향적 선택을 방지하고 다양한 활동에 참여하도록 독려할 수 있다.

유아는 자유선택활동 시 홍미 영역으로 구성된 환경 안에서 다양한 교재 · 교구를 활용하여 폭넓은 활동에 참여함으로써 개별적인 홍미와 요구가 반영된 경험을 축척하게 된다. 홍미 영역(interest center)이란 여러 형태의 교구장이나 분리대 등으로 경계를 암시하여 교실을 분리시켜 조직해 놓은 놀이 영역을 의미한다. 홍미 영역의 물리적 · 시각적 경계는 유아의 주의를 집중시키고 심리적인 안정감을 주며, 개별화된 놀이와 학습이 이루어질 수 있으며, 구체적인 경험중심의 통합적 활동이 이루어질 수 있도록 한다(교육과학기술부, 2008a; Sutifin, 1980). 따라서 교사는 유아의 경험이 주제에 대한 통합적인 이해와 지식의 구성, 전인적인 발달에 더욱 의미 있는 영향을 미칠 수 있도록 다음과 같은 홍미 영역의 구성 원리를 고려하여야 한다.

- 서로 유사한 특성의 영역은 인접하게 배치하며, 상반되는 특성의 영역은 분리하여 배치하여야 한다. 영역 내에서 발생되는 소음의 정도, 채광 정도 및 물, 전기의 사용 여부를 고려하여 영역을 배치함으로써 영역 간의 독립성을 보장하여야 한다.
- 영역 간의 특수성과 독립성을 보장하는 동시에 주제를 중심으로 통합적으로 운영되어야 한다. 예를 들면, 역할놀이 영역에서 수족관놀이를 하는 동안 쌓기 놀이 영역에서 수족관을 구성하여 놀이를 확장할 수 있으며, 조형 영역에서도 수족관 놀이에 필요한 다양한 소품을 만들어 통합적 활동을 할 수 있다.
- 주제에 따른 다양한 수준의 교구를 제시해야 한다. 유아의 수준과 홍미를 고려하여 다양한 수준의 교구를 준비해 줌으로써 유아가 활동에 홍미를 유지하도록 하며, 도전감을 갖도록 해야 한다. 또한 유아의 홍미를 고려하여 새로운 교

구와 자료를 수시로 교체해 주어야 한다.

- 교구와 자료는 사회적 상호작용을 유발할 수 있을 만큼 적절히 제공해야 한다. 놀이 환경에서 놀잇감의 양적 변화는 유아의 사회적 상호작용의 양상과 빈도에 영향을 미칠 수 있다(Johnson, 1999). 즉, 유아에게 제공되는 교구와 자료의 수량이 적으면 갈등이 유발되어 공격성이 증가되고, 너무 많은 수량의 자원이 제공되면 유아들 간의 공유하기와 같은 긍정적인 상호작용의 발생 빈도가 감소하게 된다.
- 이동 공간과 독립적인 공간(privacy area)을 확보해야 한다. 유아들이 흥미 영역 간의 이동에 제약을 받지 않도록 이동을 위한 공간이 고려되어야 한다. 또한 유아가 다른 유아들로부터 분리되어 개인적인 시간을 갖거나 휴식을 취할 수 있는 독립적인 공간을 마련하여 사적인 시간을 가질 수 있도록 배려하는 것이 좋다.

(1) 언어활동

① 교육적 가치

언어활동은 듣기, 말하기, 읽기, 쓰기 능력을 발달시킬 수 있는 여러 가지 활동을 의미한다. 듣기활동은 언어발달의 기초가 되는 활동으로서 타인과의 대화나 동화, 이야기 등을 주의 깊게 듣고 이해할 수 있는 능력과 태도를 길러 주기 위한 활동이다. 말하기활동은 자신의 생각과 느낌, 경험 등을 상황과 대상에 맞게 적절한 말로 표현할 수 있는 능력과 태도를 길러 주기 위한 활동이다. 그리고 읽기와 쓰기 활동은 문자언어에 관심을 가지고 말과 글의 관계를 인식하며, 읽기 · 쓰기에 필요한 기초 능력을 촉진시켜 주기 위한 활동이다. 듣기, 말하기, 읽기 및 쓰기 능력을 포함한 유아의 언어능력은 다양한 언어적 경험을 통하여 발달하며, 유아의 전체적인 발달 영역과 유기적으로 관련되어 발달한다.

유아가 효율적으로 의사소통을 하기 위해서는 언어 구조에 대한 이해와 더불어 수용된 정보의 의미를 구성하는 인지적 과정이 수반되어야 하며, 이를 표현할 수 있는 표현능력을 갖추어야 한다. 따라서 언어활동은 유아의 의사소통능력을 발달시킬 뿐만 아니라 사회문화적 소통을 가능하게 하여 인지적 발달과 사회정서적 발달을 도울 수 있다.

② 환경구성

유아의 언어활동을 지원하기 위해서는 밝고 차분한 분위기의 언어 영역을 구성하고, 듣기 · 말하기 · 읽기 · 쓰기 활동을 고르게 경험할 수 있는 다양한 교수자료를 비치해야 한다. 활동의 내용에 따라 개별활동과 2~4명 정도의 소집단활동이 이루어질 수 있도록 공간을 구성해야 한다.

- 듣기활동을 돕기 위한 교수자료로는 녹음기, CD 플레이어 등과 다양한 음향자료를 준비하여 주의 깊게 듣는 경험을 제공해 주어야 한다. 또한 동화감상에 방해받지 않을 조용하고 편안한 분위기의 공간을 언어 영역 내에 마련해 주어야 한다.
- 막대 인형, 손인형 등과 인형극 틀, 융판과 융판 자료 등을 제공하여 유아가 동화를 구연해 보거나 이야기를 꾸며 말해 보도록 함으로써 말하기활동을 촉진할 수 있다.
- 유아의 발달수준을 고려하여 지면의 수, 글자 수, 이해 가능한 내용의 적절한 읽기 자료를 제공하고, 다양한 문화권의 동화와 그림책 등을 비치하여 읽기활동이 활발하게 이루어지도록 하고, 생활주제에 따라 유아의 흥미를 유발할 수 있는 책을 부분적으로 교체해 주어야 한다.
- 유아의 쓰기활동을 돕기 위해서는 유아들의 이름카드 또는 사물카드 등과 함께 다양한 종류의 쓰기 도구와 종이를 비치해 주어야 하며, 교실 내 사물에 이름을 부착하고, 글자와 그림, 사진 등이 포함된 다양한 인쇄 자료와 교구 등을 제공하여 종합적인 문해능력의 발달을 지원해 줄 수 있다.

③ 교수-학습방법

교사는 허용적이고 편안한 분위기를 조성하여 유아의 언어적 시도가 자발적으로 일어날 수 있도록 격려하고, 다른 사람의 이야기를 경청하는 바른 태도를 기를 수 있도록 교사가 먼저 유아의 이야기를 주의 깊게 듣고 이해해 주려는 태도를 보여야 한다.

- 말하기를 격려하기 위해 교사는 정확한 어법과 풍부한 어휘를 사용할 필요가 있으며, 유아의 언어적인 표현에 긍정적으로 반응해 주어야 한다.
- 유아의 사회적 상호작용과 언어적 경험이 활발히 일어날 수 있도록 인형극, 역할극, 동극과 같은 소집단활동을 이끌어 주어야 한다.
- 언어 영역에 비치된 그림책을 개별적으로나 소집단활동을 통하여 읽어 주고 그림을 활용하여 이야기의 내용을 추론해 보고 이에 대해 이야기를 나눠 봄으로써 창의적인 사고를 확장할 수 있도록 도울 수 있다.
- 글자를 읽을 수 있는 유아에게는 또래에게 책을 읽어 줄 기회를 제공하는 것도 좋은 방법이다. 그림책뿐만 아니라 막대 인형, 융판 동화, 그림자 동화 또는 컴퓨터 동화 등 다양한 매체를 적절히 활용함으로써 줄거리에 대한 이해 능력을 확장시킬 수 있다.
- 유아가 글자에 관심을 갖기 시작하면 자신의 이름과 가족 또는 친구의 이름에 포함된 글자에 흥미를 보이고 관심 있는 물건의 이름 또는 단어와 연관시킨다. 이때 교사는 그림카드와 쓰기 도구 등을 제공하여 글자를 써 볼 수 있는 기회를 마련해 주고 유아의 시도를 격려해야 한다.
- 필요한 경우, 유아의 말을 받아 적어 주어 자신의 생각이 문자화되는 과정에 흥미를 느낄 수 있도록 지도할 수 있다.
- 유아의 연령이 증가하면 편지 쓰기, 동화책 만들기, 규칙 정하기, 동극의 대본 구성하기, 극놀이를 위한 포스터 제작하기, 환경 꾸미기 등 쓰기 경험이 포함된 다양한 활동을 전개하여 유아의 쓰기 경험을 촉진할 수 있다.

국어사전을 참고하며 주제에 대한 단어카드를 만드는 모습

이야기 꾸미기를 하는 모습

(2) 수학활동

① 교육적 가치

수학은 학문 자체로만 존재하는 것이 아니라 우리의 주변 환경과 세계에 녹아 있는 우리의 생활 자체라 할 수 있다. 수학은 주변 세계를 이해하고 삶을 편리하게 하는 중요한 도구가 된다. 지난 30년간의 연구들은 유아기에 수, 기하, 측정, 심지어는 규칙성과 자료 분석을 이해하는 것까지도 매우 중요한 기초를 형성한다는 것을 밝혀내었다.

유아가 주변 환경의 구체물을 조작하면서 수의 의미와 수학적 아이디어들을 이해하고 수학적 관계를 지어 보고 수, 숫자와 같은 수학적 상징들을 일상의 편리한 도구로 활용하는 것은 유아의 수학적 사고를 확장하는 기회가 된다. 유아는 주변 공간 안에서의 경험을 통해 위치 · 방향 · 거리에 대한 인식을 확장시키고, 도형과 형태의 방향화 · 시각화 관계를 이해하게 된다. 또한 유아는 길이, 양, 무게, 면적과 같은 속성을 이해하고 비표준 또는 표준 단위를 이용하여 측정하는 기술의 기초를 형성할 수 있다. 실생활에서의 수학적 문제 상황에서 유아는 사물과 사물, 사물과 상황의 내재된 관계를 이해하고 규칙성을 포함한 여러 가지 관계를 추론하며 문제를 해결해 나간다. 유아기에는 놀이를 통한 교육과정 운영으로 학문적인 압력을 받지 않기 때문에 수학을 놀이의 일부로 받아들이고 즐겁게 수학적 과정에 참여할 수 있다. 이러한 과정을 통해 수학적 소양이 유아기에 상당 부분 길러질 수 있고, 이것은 우리 인류의 필수적인 능력임과 동시에 미래 사회의 중요한 기초 능력이 된다.

수학 영역은 유아의 발달수준, 흥미와 생활주제에 따라 유아가 다양한 방식으로 일상에서의 수학적 아이디어를 탐색하고 검증해 보며 토의하고 적용해 볼 수 있어야 한다. 탐구중심의 환경을 제공하며, 유아가 활동 자료, 또래 및 교사와 활발한 상호작용이 가능하도록 해야 한다.

② 환경구성

수학 영역을 구성할 때는 조용한 활동 영역과 인접하고 동적인 활동 영역과 떨어져 있도록 배치하여, 조용하고 밝은 영역에서 유아가 활동에 집중할 수 있도록 돕는다. 교실의 크기나 유아의 수학활동 내용에 따라 공간을 조정하여 배치하고, 필요에 따라 영역을 확대 또는 축소하는 등 공간을 융통성 있게 운영할 수 있도록 구성한다. 3세 미만의 유아를 위해서는 수학과 과학, 조작활동을 통합하여 사물의 탐색활동 중심으로 구성하고, 4~5세 유아를 위해서는 독립적으로 수학활동 영역을 구성한다. 수학활동영역에 다양한 자료를 제공해 주어 유아가 수학적 관계를 다양하게 탐색해 볼 수 있는 기회를 제공한다.

수학 영역의 활동을 촉진하기 위한 교수자료는 수, 공간과 도형, 측정, 규칙성, 자료의 이해 등 모든 교육내용을 포괄하는 것으로 구비한다.

- 수 능력 향상을 위한 교수 자료 　다양한 수 세기를 촉진할 수 있는 물체, 숫자카드, 숫자도장, 다양한 수의 관계를 경험할 수 있는 게임판, 큰 수 자료, 주사위, 나누기 자료, 달력, 날짜판
- 공간과 도형 능력 향상을 위한 교수자료 　위치 · 방향의 관계를 경험할 수 있는 그림자료와 게임판, 길따라가기 게임판, 여러 가지 형태의 도형 자료, 기하판(geo-board)과 고무줄, 칠교놀이, 고누놀이판, 도형의 관계를 포함하는 게임판, 패턴블록, 여러 가지 모양의 입체도형블록
- 측정 능력 향상을 위한 교수자료 　막대, 자, 양팔저울, 전자저울, 다양한 크기의 용기들, 계량컵, 양팔저울, 눈금저울, 전자저울, 모래시계, 시계, 온도계, 다양한 측정 속성을 가진 물체와 물질
- 규칙성 능력 향상을 위한 교수자료 　패턴 그림카드, 패턴블록, 패턴 게임자료, 속성블록, 규칙성을 살펴볼 수 있는 다양한 일상 물건들 또는 그림자료
- 자료의 이해 능력 향상을 위한 교수자료 　분류를 위한 자료, 속성블록, 분류판, 표

그 밖에 수학과 관련된 책들, 주변에서 수집한 실물자료들을 활용할 수 있다.

③ 교수-학습방법

- 유아가 자신의 주변 세계를 이해하는 과정에서 자연스럽게 수학을 사용하고 수학에 관한 흥미와 태도를 갖도록 돕는다. 유아기는 즐거운 놀이경험을 통해 수학을 자연스럽게 즐길 수 있는 시기이므로 편안하게 수학적 과정에 참여하도록 격려한다.
- 충분한 관찰을 통해 유아의 발달수준, 흥미와 일상경험을 파악하고, 이를 고려한 확장된 놀이경험을 제공한다.
- 놀이와 수학활동을 통해 생활 속의 수학적 문제를 다루어 보도록 돕는다. 일상의 수학적 상황에서 수학적 지식과 기술을 활용할 수 있는 문제해결력을 기를 수 있다.
- 유아의 현재 수준을 고려하여 구체물을 활용하여 유아가 충분히 수를 다루어 볼 수 있도록 한다. 구체물을 활용한 조작적 경험은 유아가 추상적인 수학적 관계를 파악하고 이해하는 데 매우 중요하다. 추상적인 수학적 관계를 구체물로 다양하게 다루어 보면서 유아는 수학적 관계를 눈으로 손과 몸으로 확인하게 된다.
- 수학적 개념들 간의 관계 및 계통성을 고려하여 교육활동을 일관성 있게 구성해야 한다. 수학적 개념은 논리적으로 구성체계를 가지고 있어서 쉬운 개념에서 보다 복잡한 개념으로 발전되어 간다. 이렇듯 수학적 지식은 계통적이기 때문에 쉬운 것에서 어려운 것으로 체계적으로 경험하도록 돕는다.
- 유아가 다양하게 수학을 경험하도록 돕는다. 수에 대한 인식을 돕기 위하여 다양한 유형과 방법으로 수 세기를 할 수 있도록 도울 수 있고, 일상의 평면 및 입체도형의 물건과 위치 탐색을 통해 기하에 대한 인식을 확장시킨다. 또한 길이, 부피, 무게 등의 속성을 측정해 보고 규칙성을 찾아보거나 자료를 분류하도록 촉진한다. 사물에 숨겨져 있는 다양한 규칙을 발견하고 규칙을 만드는 경

험을 제공한다.

- 유아가 활동을 통해 다양한 수학적 관계를 발견하고 아이디어를 확장할 수 있도록 질문을 하며 격려한다. 교사가 유아의 사고를 확장하는 질문을 적절하게 제공하면 유아는 다양한 방식으로 수학적 자극을 받게 된다.
- 유아의 수학활동을 위해 적절한 자료와 지원을 제공한다.
- 유아가 활동을 하면서 발견한 것을 언어나 수학적으로 표현하도록 돕는다. 유아는 자신이 발견한 것을 언어나 수학적으로 표현하면서 자신의 생각을 재정리하고 표상하고 재확인하게 된다.
- 유아의 활동에서 다른 또래 유아와 교사와의 상호작용을 촉진한다. 유아는 다른 사람과의 상호작용을 통해, 수학적 아이디어들을 비교하고 관계 지으면서 생각을 더욱 확장할 수 있다.
- 문제해결, 추론, 관련짓기, 표상 및 의사소통의 수학적 과정을 즐기도록 활동을 구성하고 상호작용한다.
- 활동에서 수학적 지식과 기술이 필요한 상황을 조성하여 유아가 수학적 지식과 기술을 필요에 따라 활용하도록 한다. 이것은 유아가 실생활에서 수학이 필요한 상황을 접하게 하고 수학을 유용한 도구로 다루게 하는 중요한 기회가 된다. 이를 통해 유아는 수학적 문제해결력을 발달시켜 나갈 것이다. 자연스럽게 수학적 지식을 다루는 과정에서 수학적으로 탐색하고 탐구하며 수학에 호기심과 흥미를 느끼도록 돕는다.
- 유아의 수학경험과 사고과정을 관찰하고 평가하여 이를 교육계획에 반영한다.

바퀴의 지름을 측정하는 모습

그래프 활동을 통하여 자료를 조직하는 모습

(3) 과학활동

① 교육적 가치

우리가 살고 있는 물리적 세계, 지구환경에는 다양한 물리적 · 생물학적 지식과 관계들이 있다. 유아는 이 물리적 세계에서 직접 몸을 움직이고 감각적으로 탐색하면서 과학적 인식을 발달시켜 나간다. 유아는 공을 굴리거나 물을 탐색하거나 식물을 관찰하는 경험을 통해 대근육 · 소근육 발달, 눈과 손의 협응력 및 오감각 능력을 발달시켜 나간다.

과학 영역은 유아가 생활 주변의 과학적 현상을 탐색하고 사물과 자연현상들을 직접 조작하며 탐색해 보는 경험을 통해 과학적 탐구력 향상을 도모할 수 있는 영역이다. 유아는 과학 영역에서 호기심을 가지고 자연현상과 물리적 현상을 탐색하고 조작하면서 과학적 개념 및 탐구적 태도를 발달시켜 나간다. 유아는 사물을 관찰하고 실험하는 과정을 통해 사물의 물리적 속성을 파악하고 비슷한 점과 다른 점을 관찰하여 문제해결력과 창의력을 발달시켜 나간다. 또한 과학에 대한 어휘를 배우고 과학적 속성을 발견하여 이를 언어적으로 표현함으로써 언어능력도 발달하게 된다. 유아는 다양한 동식물을 직접 길러 보고 보살피는 경험을 통해 자연과 생명존중을 느끼게 되고 자연보존과 환경보호에 대한 인식을 확장시키게 되며, 사회정서적 발달이 이루어지게 된다.

② 환경구성

과학 영역은 동식물 및 사물의 관찰, 실험, 탐색의 경험을 제공하고 동식물을 기르는 경험을 제공하기 위하여 교실에서 조용한 영역이면서 창가 근처에 배치하는 것이 좋다. 과학 영역의 자료는 유아가 우리의 몸, 동물과 식물, 자연현상, 물체와 물질, 도구와 기계 등과 관련된 내용을 다룰 수 있는 것이어야 하고, 유아가 오감각을 사용하여 직접 경험할 수 있는 것으로 구비한다. 과학 영역에서 구비하여야 할 교수자료는 다음과 같다.

- **관찰과 실험을 위한 교수자료** 동물과 식물, 표본, 여러 가지 실물 탐색 자료, 돋보기, 다양한 용기들, 비커, 저울 등의 측정 도구
- **물리적 경험을 위한 교수자료** 바퀴 · 공 · 자석 등의 물체, 물 · 모래와 같은 물질
- **동식물을 기르기 위한 교수자료** 교실에서 키울 수 있는 동물 · 식물, 먹이, 당번표
- **과학적 관계 인식을 돕는 교수자료** 과학과 관련된 책, 과학적 탐색과 정보를 제공하는 여러 가지 교구, 게임판

③ 교수-학습방법

- 유아의 발달수준, 과학적 흥미, 요구, 생활주제, 우연적인 사건 등을 고려하여 교육경험을 제공한다.
- 유아가 생활 주변에서 흔히 볼 수 있는 동물과 식물, 여러 가지 물리적 현상을 호기심을 가지고 탐색할 수 있는 기회를 충분히 제공한다. 또한 과학적 탐색을 촉진하기 위해 안전하면서 직접 관찰이 가능한 실물 및 표본 자료를 제공한다. 유아는 실제적 자료로 탐색하였을 때보다 실제적이면서 재미있고 흥미있는 경험을 할 수 있다. 적절한 질문과 지원으로 유아가 다양한 방식으로 탐색할 수 있도록 격려한다.
- 유아가 직접 경험을 통해 과학적 지식과 관계를 발견하도록 돕는다.
- 유아가 직접 동물과 식물을 키워 보는 경험을 제공하여 동물과 식물의 생태에 관심을 가지고 생명과 자연의 소중함을 경험하도록 돕는다.
- 유아가 과학적 문제상황에서 다양한 과학적 기술을 활용하고 적극적으로 탐구할 수 있도록 촉진한다. 유아 나름의 사고방식으로 충분한 시간을 가지고 탐색 및 탐구할 수 있도록 한다. 필요하다면 과학영역에 비치된 책이나 자료를 활용하도록 도울 수 있다.
- 유아가 과학적 궁금증을 가질 때 적절한 발문을 통하여 유아가 스스로 또는 다

실험 결과를 관찰하는 모습

실물을 관찰하고 관찰일지를 작성하는 모습

른 사람과 함께 자신의 궁금증을 해결해 나갈 수 있도록 조력한다.

- 유아의 과학적 탐구력과 아이디어를 확장시키기 위해 개방적 질문을 통해 다양한 아이디어를 함께 나누어 본다.
- 또래 유아와의 상호작용을 촉진하여 유아들이 과학적 아이디어를 서로 공유하고 비교하고 아이디어를 확장시켜 나가도록 돕는다.
- 유아가 수준에 적절한 다양한 과학개념과 기술을 경험하도록 활동을 체계적으로 조직하여 제공한다. 유아의 활동과 사전 경험을 관찰 · 평가하고 인식하여 교사의 교육적 지원에 반영하도록 한다.

(4) 조작놀이

① 교육적 가치

조작놀이는 손으로 다룰 수 있는 작은 놀잇감 또는 자료를 사용하여 직접 만지고 다루어서 연합시키거나 분리하는 인지적 놀이를 의미한다. 조작놀이는 특정한 기술이나 개념의 습득을 돕기 위해 고안된 놀잇감을 사용하여 비교적 정적이고 탐색적으로 진행되는 인지놀이다. 따라서 낮은 연령의 유아는 조작놀이를 통해 개별적인 탐색의 시간을 갖게 되며, 연령이 증가함에 따라 2명 이상의 유아들이 함께 모여 조작적인 그룹게임을 즐기게 된다(엄정애, 2009).

유아는 조작놀이를 통하여 감각기능과 소근육을 발달시키고 눈과 손의 협응 능력을 기를 수 있으며 일상생활과 관련된 놀잇감을 조작해 봄으로써 자조 기술을 발달시킬 수 있다. 또한 짝짓기, 분류하기, 게임 등의 놀잇감을 통하여 수 개념을 형성할 수 있으며, 과학적 개념과 사회적 개념을 포함하는 놀잇감은 유아의 과학적 사고 발달과 사회적 개념의 습득을 촉진한다. 유아는 조작 놀이를 통해 놀잇감을 새롭게 구성하고 게임의 규칙을 고안해보게 되는데, 이러한 경험은 유아의 집중력과 창의적 사고력을 향상시킨다. 또한 유아들이 공동의 목표를 가지고 놀이의 방법을 계획하고 전략을 세워 보는 과정에서 의사소통의 기술과 친사회적 기술을 습득하게 되며, 성취감과 자아존중감을 형성하게 된다.

② 환경 구성

조작놀이 영역은 밝고 조용한 공간에 배치하며, 유아가 활동에 집중할 수 있는 분위기를 조성해 주어야 하며, 책상은 낮은 것을 사용하고, 바닥에는 카펫을 깔아 주는 것이 좋다. 놀이 영역에 제공될 수 있는 교수자료는 퍼즐, 구성놀이를 위한 다양한 종류의 블록, 감각 놀이자료, 일상생활과 관련된 교수자료, 진행 중인 주제와 관련된 수 · 언어 · 과학 · 사회적 개념 형성을 돕기 위한 교수자료, 게임 자료 등이다.

- 퍼즐은 유아의 연령에 따라서 5~30조각 이상의 퍼즐을 제공하며, 연령이 낮은 유아에게는 조각의 수가 적고 손잡이가 있는 퍼즐, 크기나 모양, 그림, 형태, 크기 등 퍼즐을 맞출 수 있는 단서가 명확하고 중복된 퍼즐을 제공하는 것이 바람직하다.
- 구성놀이를 위한 다양한 종류의 블록과 유아가 감각을 사용하여 놀이하는 촉각상자, 청각상자 등을 제공해 줄 수 있으며, 일상생활과 관련된 지퍼 올리기, 단추 끼우기, 열쇠 맞추기, 콩알 옮기기, 구슬 끼우기, 바느질하기 자료 등을 준비해 줄 수 있다.
- 수 개념 형성을 돕는 교수자료로 짝짓기, 수 세기, 분류, 비교, 모양, 부분과 전체, 서열 개념을 위한 자료를 제공할 수 있다.
- 언어적 개념을 위해서는 낱말퍼즐과 그림과 글자 짝 맞추기 게임 등의 자료를 제공할 수 있다.
- 과학적 개념과 관련된 교수자료는 계절과 동식물을 주제로 한 퍼즐을 제공할 수 있다.
- 가정과 유아교육기관, 지역사회, 직업 등과 관련된 자료 등을 제시하여 유아의 사회적 개념의 형성을 도울 수 있으며, 게임 판과 주사위, 카드, 윷놀이 자료

등 그룹 게임을 위한 자료를 제공하여 유아 간의 상호작용을 촉진하는 것이 바람직하다.

③ 교수-학습방법

- 조작놀이는 유아의 감각기능과 눈과 손의 협응 능력, 소근육을 발달시킬 수 있는 활동이다. 따라서 유아가 조작놀이에 흥미를 가질 수 있도록 주제에 따라 다양한 활동자료를 교체해 주고, 유아에게 이를 적절히 안내해 주어야 한다.
- 놀잇감이 유아의 발달수준에 적절한가를 관찰을 통하여 수시로 확인하고 유아가 놀잇감에 흥미를 보이는가를 지속적으로 점검하여야 한다.
- 유아의 놀이가 보다 확장될 수 있도록 유아의 놀이에 적절히 개입하여야 한다. 예를 들어, 퍼즐을 맞추는 유아에게 단서가 될 수 있는 정보를 인식하도록 사고를 촉진하는 질문을 제공할 수 있다. 또한 구슬 끼우기에 흥미를 잃은 유아를 위해 다양한 색깔의 구슬을 첨가해 주어 유아가 흥미를 보이며 놀이를 지속할 수 있도록 지원해 줄 수 있다.

유아가 퍼즐을 맞추고 레고블록을 조립하는 모습

유아가 만든 구성물을 이용하여 게임을 하는 모습

(5) 조형활동

① 교육적 가치

다양한 재료를 사용하여 자신의 생각과 느낌을 창의적으로 표현해 보는 조형활동은 그리기, 꾸미기 등의 평면 작업과 만들기, 구성하기 등의 입체 조형 활동을 포함한다. 유아는 조형활동을 통하여 사물을 이해해고 자신의 생각과 느낌을 자연스럽게 표현한다. 또 조형활동을 통하여 즐거움을 느끼고 상상력과 창의적인 표현력을 기른다. 다양한 자료와 도구를 활용하는 과정에서 사물의 특성을 이해하고 과학적인 탐구력을 기르게 되며, 미적 요소를 경험하여 심미감을 기르게 된다. 그리고 자르고 붙이고 문지르는 등의 경험을 통하여 대 · 소근육의 발달과 협응 능력이 향상되며, 사물의 특성을 인식하여 이를 형상화하는 과정에서 인지적인 표상능력을 발달시킨다. 더불어 유아는 자율적인 조형활동으로 산출된 결과를 통하여 성취감과 정서적 만족감을 경험하게 된다.

② 환경구성

유아는 조형 영역에서 개별활동뿐만 아니라 협동활동을 통하여 공동의 작품을 창작하기도 한다. 따라서 조형 영역은 다양한 형태의 표현활동이 가능하도록 충분한 공간을 확보하여 배치해야 하며, 유아의 흥미를 반영한 다양한 종류의 재료와 도구들을 제시해 주어 유아가 이를 탐색하고 창의적으로 표현해 보도록 하는 것이 좋다.

- 색, 질감과 같은 미적 요소를 탐색하는 데 무리가 없도록 채광이 좋고 물을 쉽게 사용할 수 있는 공간에 배치한다.
- 물을 사용하는 활동을 위해 스펀지, 걸레 등을 준비하고, 정리를 위한 간단한 청소도구를 준비해 두는 것이 좋다.
- 미술가들의 미술작품을 감상할 수 있도록 명화 인쇄물과 미술 관련 책들을 전시하는 것도 좋으며, 유아의 작품을 전시할 수 있는 공간도 마련해 두어야 한다.
- 다양한 재질의 종이를 모양과 크기를 달리하여 제공하고, 크레파스 · 색연필 · 연필 등의 그리기 도구와 점토놀이 도구를 제공한다.
- 나뭇잎, 조개껍데기, 곡식, 열매 등의 자연자료와 나무젓가락, 고무 밴드, 빨대, 털실, 노끈, 철사, 리본 테이프, 모루, 수수깡, 스팽글, 단추 등의 인공자료를 준비해 둔다.
- 상자, 병뚜껑, 깡통, 휴지 속대, 종이컵, 일회용 용기, 잡지 등 가정과 유아교육기관에서 찾을 수 있는 폐품을 모아 제공한다.
- 가위, 스테이플러, 펀치, 핑킹 가위 등 조형활동에 필요한 도구와 풀, 투명테이프, 색풀 등을 함께 제공하여야 한다.
- 재료와 도구들은 유아가 손쉽게 활용할 수 있도록 정리장에 잘 구분하여 제시하며, 유아의 흥미와 발달수준, 진행 중인 주제와 자료가 제시되는 시기 등을 고려하여 제공하는 것이 좋다.

③ 교수-학습방법

유아기의 조형활동은 예술적 차원의 창작활동이 아니므로 유아가 다양한 자료를 다루어 보고 표현하는 과정에 의미를 두고 이를 즐길 수 있게 하는 것이 바람직하다.

- 획일적인 결과를 기대하거나 자신이 의도한 대로 표현하도록 강요하지 않고, 유아가 자신의 생각과 느낌을 자유롭게 표현할 수 있도록 허용적인 분위기를 제공해 주어야 한다.
- 유아의 활동 과정을 관찰하고 적절한 방법으로 인정과 격려, 도움을 주어야 한다. 작품의 결과보다는 표현 방법과 표현 의도, 노력 등의 과정에 초점을 두고 긍정적인 측면을 평가하거나 격려해 주도록 하며, 유아의 작품에 대한 칭찬과 반응을 구체적인 언어로 표현하는 것이 바람직하다.
- 친구들의 작품을 감상하면서 느낌과 의견을 나눠 보는 기회를 제공하여야 하며, 감상의 과정에서 표현의 다양성과 창의성, 차이점을 인정하도록 지도하여야 한다.

전통문양을 이용하여 바구니를 만드는 모습

- 유아의 작품을 게시판 또는 벽면, 교구장 위에 전시해 줌으로써 지속적인 감상의 기회를 제공하고 성취감을 갖도록 할 수 있다.
- 조형 활동이 끝나면 자신이 사용한 자료와 도구를 제자리에 정리하고 다음 친구들을 위하여 책상 위와 바닥의 쓰레기를 치운 후에 영역을 이동하도록 지도하는 것도 잊지 않아야 한다.

(6) 역할놀이

① 교육적 가치

역할놀이는 유아가 실생활에서 보고 경험하거나 상상한 것에 대해 역할을 만들어 말, 몸짓, 태도, 행동 등으로 표현하며 지속하는 놀이를 의미한다. 역할놀이는 유아가 이미 알고 있는 현실적 경험을 상징적으로 표현하는 상징적 요소와 경험하지 않은 사건과 상황을 창의적으로 상상하여 표현하는 상상적 요소를 포함한다. 따라서 유아는 역할놀이를 통하여 사회적 역할 학습과 타인에 대한 감정이입, 조망능력을 기르게 된다. 다양한 맥락을 가작화하고 역할을 수행하는 과정에서 추상적인 사고와 논리적인 사고력이 발달하며, 상상력과 문제해결력이 증진된다. 또한 여러 유아가 역할을 분담하여 놀이에 참여하는 동안 친사회적 태도를 형성하게 되며 지속적으로 유도되는 언어적 상호작용을 통하여 어휘력과 의사표현력을 증진시킬 수 있다.

② 환경구성

- 역할놀이 영역은 움직임이 많고 놀이의 형태가 복잡하게 확장될 수 있으므로 충분한 공간을 확보하여 배치하는 것이 좋으며, 쌓기놀이와의 연계성을 고려하여 두 영역을 인접하게 배치하는 것이 좋다.
- 기본적으로 집안의 실내와 유사한 공간을 구성하여 소파나 장식장과 같은 여러 가지 가구와 전화기, 거울, 머리빗, 시계, 신발, 주방기구, 모형음식 등 가정

에서 사용하는 다양한 소품을 제공한다.

- 여러 역할을 표현하기에 적절한 의상과 모자, 가방 등과 인형을 제공한다.
- 자료들은 상품화된 것을 구입하여 활용하거나 가정에서 사용하던 폐품을 수집하여 활용할 수도 있다.
- 역할놀이는 진행되는 주제와 유아의 흥미가 변화됨에 따라 병원놀이, 은행놀이, 마트놀이, 우체국놀이, 박물관놀이 등으로 다양하게 변경될 수 있다. 따라서 필요한 경우 공간의 구성을 융통성 있게 조절해 줄 필요가 있으며, 새로운 자료를 추가해 주어야 한다. 이때 제공되는 의상과 소품 등의 자료들은 교사가 미리 준비해 줄 수도 있으나 유아들과 함께 제작하여 활용하는 것도 바람직하다.

③ 교수-학습방법

교사는 유아의 역할놀이를 관찰하여 필요한 자료를 첨가해 주거나 영역을 조절해 주고, 놀이에 직접적으로 참여하여 놀이를 심화 · 확장해 줄 수 있다.

- 단순한 소꿉놀이가 백화점 놀이로 확장될 수 있도록 교구장을 옮기거나 방향을 바꾸어 줌으로써 쌓기놀이 영역과 통합하여 백화점을 구성하도록 도울 수 있다.
- 간판과 안내판 등을 만들 수 있도록 필기도구와 종이를 제공해 주고, 조형 영역과 연계하여 여러 가지 소품을 제작하도록 할 수 있다.
- 교사가 참여자로 놀이에 개입하여 판매원이나 손님의 역할에 적절한 언어를 사용함으로써 놀이 상황에 대한 이해를 도울 수 있다.
- 유아가 경험하지 못한 상상의 사건과 상황을 주제로 역할놀이가 진행된다면 정보를 얻을 수 있는 그림책이나 사진자료 등을 제공하여 줄 수 있다.
- 역할놀이에 쉽게 참여하지 못하는 유아를 위해서는 참여자로서 질문을 제공하거나 진행되는 놀이에 참여할 수 있는 계기를 마련해 주고 지속적으로 관찰하여 필요한 도움을 주는 것이 바람직하다.
- 유아가 역할을 바꾸어 보고자 할 때나 다른 유아가 참여하고자 할 때 유아들이 다

양한 역할에 참여하도록 안내하고, 필요한 경우에는 순서를 정하도록 할 수 있다.

- 유아가 성역할에 대한 고정관념이 생기지 않도록 남녀 유아 모두 다양한 역할에 고루 참여할 수 있도록 배려하는 것이 바람직하다.

소꿉놀이를 하는 모습

언어영역과 통합하여 도서관놀이를 하는 모습

(7) 쌓기놀이

① 교육적 가치

쌓기놀이는 다양한 종류의 재질, 크기, 모양의 블록을 이용하여 구조물을 만드는 구성놀이와 이에 소품 등을 첨가하여 실행하는 상상적인 극화놀이를 포함한다. 쌓기 놀잇감으로 대표되는 블록을 놀잇감으로 처음 사용한 사람은 프뢰벨로, 그가 만든 2~6단계 가베는 지금의 블록의 형태를 띠지만 크기는 매우 작았다. 가베는 프뢰벨의 유치원과 함께 세계 각지로 퍼져 나갔으나 아동연구운동의 영향을 받은 힐(Hill)에 의해 "유아의 생산성을 억압한다."는 지적과 함께 '유아들에게는 좋지 않은 놀잇감' 이라는 문제점이 제기되었다(Brosterman, 1997; Wellhousen, 2002). 힐은 가베보다 더 큰 블록 세트를 만들어 유아가 자신이 만든 구조물에 들어가서 일상에서 일어나는 일을 극화하여 놀이할 수 있도록 하면서 놀이의 방법과 크기가 변화되었다(Snyder, 1972).

유아는 쌓기놀이를 하면서 사물의 형태와 크기, 무게 등을 감각적으로 경험하며, 대 · 소근육과 눈과 손의 협응력을 발달시켜나간다. 다양한 구조물을 만들어 보고 변형하는 기회를 가짐으로써 시각적 · 공간적 기술이 발달하여 고도의 수학 능력과 인지적인 문제해결력을 증진시킨다(Challe & Silvern, 1996). 뿐만 아니라 쌓기놀이를 통해 야기되는 협동적 경험이 언어력을 증진시키고 사회적 기술과 태도를 발달시키며, 완성된 구조물을 통해 성취감과 긍정적인 자아 개념을 형성하게 된다.

② 환경구성

- 쌓기놀이 영역은 활동적인 영역이므로 공간의 제한을 받지 않고 놀이할 수 있도록 충분한 공간을 확보해 주어야 하며, 놀이 중 소음이 발생될 수 있으므로 정적인 영역과는 분리하여 배치하고 바닥에 카펫을 깔아 주는 것이 좋다.
- 블록은 플라스틱 재질의 것도 있지만 나무나 종이 블록이 대부분이므로 물이 닿지 않는 곳에 두어야 하며, 주제나 활동의 성격에 따라 영역을 통합하여 놀이를

확장할 수 있도록 역할놀이 영역과 인접한 위치에 배치하는 것이 바람직하다.

- 유아의 쌓기놀이가 확장되도록 돕기 위해서는 종이 벽돌 블록, 단위 블록, 공간 블록, 우레탄 블록 등 재질과 크기가 다양한 블록을 학급의 인원수와 유아의 발달 수준에 맞추어 적절히 준비해 주어야 한다.
- 주제에 따라 사람 모형과 자동차 미니어처, 교통 표지판 등 적절한 소품을 첨가해 주고, 쌓기놀이에 대한 아이디어를 얻을 수 있도록 책과 사진 자료 등을 함께 제공해 주는 것도 좋다.

③ 교수-학습방법

존슨(Johnson, 1996)은 유아의 블록놀이 단계를 다음과 같이 7단계로 제시하였다.

- **1단계 블록 나르기** 유아는 구조물을 만드는 데 목적을 두지 않고 감각을 통해 자료를 경험한다. 블록을 이쪽에서 저쪽으로 옮기거나 다른 유아의 구조물을 헐어 넘어뜨리는 것과 같이 블록의 재질, 소리 등의 다양한 속성을 감각을 통해 알아가는 과정이다.
- **2단계 쌓기** 블록을 수평으로 혹은 수직으로 쌓는 단계로, 기술을 조정하거나 정신적으로 숙달을 목적으로 반복하는 기능놀이의 양상을 보인다. 유아가 일단 줄 세우기와 고층빌딩 쌓기에 숙달하게 되면, 마루 또는 벽처럼 블록을 병렬로 쌓기 시작한다.
- **3단계 다리 만들기** 다리 만들기나 2개의 수직으로 세워진 블록 사이의 공간을 지붕으로 잇는 행동으로 대표된다.
- **4단계 울타리 쌓기** 블록을 가지고 공간을 둘러싸는 놀이를 하는 단계다. 이러한 작업은 이들이 공간적인 방위에 대한 인지적인 이해를 가지고 있음을 뜻한다. 이 단계에서 유아는 시행착오를 거치면서 유능해지게 되며, 원이나 타원형과 같이 다양한 모양의 울타리를 연출하게 된다.
- **5단계 패턴과 대칭** 장식적이며 대칭적인 패턴으로 된 균형 잡힌 구조물을

쌓는 단계다. 유아는 이 단계에서 자신에게 필요한 블록을 얻기 위해 다른 유아와 거래를 하는 등 필요로 하는 자료를 반드시 찾아내고야 만다. 이 단계에서는 자신이 만든 구조물에 이름을 붙일 수 있으나 상상적인 극화놀이로 확장되지 않는다.

- **6단계 초기 구상표현** 동일한 구조물에서 고층빌딩, 줄, 다리, 울타리, 그리고 패턴들이 반복적으로 사용된다. 유아는 블록의 구성 및 다자인의 기초를 잘 이해하고 있다. 이 단계는 구조물에 이름을 붙이기 위한 최초의 시도가 나타나는 시기다.
- **7단계 후기 구상표현** 블록 구조물을 사용한 극화놀이가 나타난다. 구조물에 이름 붙이기가 더 일반화되며, 구성이 시작되기 전에 자신이 무엇을 쌓을지에 대해 알리기 시작하는 단계이기도 하다. 또 단계에 비해 정교하고 섬세한 표현이 이루어지며 모형인형이나 동물, 자동차 미니어처, 교통 표지판과 같은 소품 등이 자주 사용된다.

존슨은 유아의 블록 놀이 단계를 제시하며 각 단계에 적절한 자료 제공과 유아의 사고를 확장할 수 있는 교사 개입의 필요성을 피력하였으며, 6, 7단계에서는 유아들 간에 언어를 통한 상호작용과 협상과 같은 사회적 상호작용이 일어남을 발견함으로써 쌓기놀이의 교육적 가치를 시사하였다. 따라서 교사는 유아가 쌓기 놀이에서 경험하는 시행착오의 과정을 존중해 주고, 충분한 탐색의 기회를 부여해야 하며, 또래 간의 사회적 상호작용이 일어날 수 있도록 도와야 한다.

쌓기놀이 영역은 남자 유아들만의 고유 공간으로 영역화되는 경향이 있다. 그러나 쌓기놀이가 갖는 교육적 가치를 고려하여 평소 이 영역에서 소외되었거나 호기심을 보이지 않은 유아들의 흥미를 자극할 수 있는 소품을 제공하고, 영역을 통합하여 모든 유아들이 쌓기놀이에 참여할 기회를 제공해야 한다. 또 쌓기놀이 영역은 비교적 유아들의 움직임이 많고, 블록을 나누어 사용해야 하는 상황이 빈번하므로 유아 간의 갈등이 일어나기 쉽다. 따라서 교사는 예측되는 상황을 고려한 규칙을

블록을 쌓아 토끼와 거북이 경주 놀이를 하는 모습

유아들이 협동하여 다보탑을 구성하는 모습

유아들과 함께 만들어 볼 수 있으며, 협력적으로 자원을 공유하여 놀이할 수 있도록 안내해야 한다.

유아의 구조물은 보관하였다가 학급의 다른 유아들과 함께 감상할 수 있으며, 다음날 놀이에 활용하거나 재구성하기도 하므로 구조물을 보관할 공간을 필요로 한다. 그러나 만약 충분한 공간이 허락되지 않는다면 구조물의 사진을 찍거나 유아 스스로 구조물에 대해 설명하게 하여 그것을 기록으로 보관하는 방법으로 대신할 수 있다.

(8) 음률활동

① 교육적 가치

유아는 갓 태어나면서부터 주변의 다양한 소리를 접하며 탐색해 나간다. 음악은 우리의 삶 자체이자 본능이며 오랜 문화로서, 우리에게 즐거움과 기쁨을 제공하여 개인의 삶을 더욱 풍요롭게 만든다(김은정, 2011). 유아기에는 음악적 발달의 매우 중요한 기초를 이루게 된다(Gembris, 2002). 유아는 어려서부터 일상생활 속에서 소리와 음악을 자연스럽게 즐기고 자신의 생각과 느낌을 음악적으로 표현하면서, 음악적 능력과 태도가 발달하게 된다(황인주, 김은정, 2010). 음악적 경험은 다양한 상황을 통합하여 유아의 음악성을 발달시키며 음악적 발달은 다른 측면의 발달과도 상호작용하여 발달한다(Gembris, 2002). 그러므로 유아의 발달수준과 요구에 따라 적절한 음악적 경험을 제공하는 것이 필요하다.

② 환경구성

음률 영역은 동적이고 소리가 많이 나는 영역이므로 교실 내의 조용한 영역과 떨어져 배치하는 것이 좋다. 교실에서 비교적 시끄러운 곳인 출입구나 통로가 가까운 곳에 배치할 수 있으나, 유아의 자유로운 활동을 방해하지 않는 공간이어야 한다. 또한 음률 영역은 음악과 동작(신체) 활동이 이루어지는 곳이므로, 신체활동이 이루어지는 경우를 대비하여 넓은 공간인 것이 바람직하다. 교실 내 영역구성을 할 때 넓은 공간을 확보할 수 없을 경우에는 동적이고 넓은 공간이 필요한 역할놀이 영역과 쌓기놀이 영역이 인접한 곳으로 배치하여, 필요할 때 각 영역을 통합하여 활용할 수 있다. 또한 유아의 활발한 움직임으로 소음이 많이 발생할 수 있고 안전상의 문제가 있으므로 바닥에 카펫을 깔아두는 것이 좋다.

음률영역의 활동 내용이 다양하게 포함되기 위해서는 음악과 동작 교육내용을 포괄하는 교수자료를 구비하는 것이 필요하다. 음악과 동작교육을 위한 활동자료는 탐색, 감상 및 표현을 촉진하는 교수자료로 구비하도록 한다. 이를 위하여 음악교육 자료는 다양한 음악 감상하기, 노래 부르기, 소리 탐색, 악기 다루기, 음악 만들기 활동을 할 수 있도록 준비하도록 한다.

- 음악감상을 위하여 다양한 장르의 음악 CD, 질이 좋은 소리를 재생할 수 있는 CD재생기와 헤드폰을 마련하며, 헤드폰은 질이 좋은 것으로 유아의 상호작용을 촉진하기 위하여 2개 이상을 구비하면 좋다.
- 노래 부르기를 촉진하기 위해 그림과 친숙한 글자로 구성된 노랫말 자료와 그림악보, 동요 CD 등을 제공할 수 있다.
- 악기를 다루는 활동을 위해 다양한 음색과 특성의 악기(탬버린, 캐스터네츠, 트라이앵글, 마라카스, 카바사, 우드블록, 기로, 방울, 북 등의 리듬악기; 피아노, 실로폰 등의 멜로디 악기; 기타, 하프 등의 하모니 악기)를 제공하고, 악기를 연주하는 모습이 담긴 사진 등을 게시하여 둘 수 있다.
- 유아의 음악 만들기 활동을 위해 악기뿐 아니라 동시나 창의적 상황을 조성하는 그림자료를 제공하도록 한다.
- 동작교육을 위한 교수자료는 기본동작활동(이동동작 · 비이동동작 활동), 조작적 동작활동, 리듬동작활동 및 창의적 동작활동을 할 수 있도록 음악과 도구들을 준비한다. 동작활동을 위한 도구로는 리듬막대, 리본막대, 풍선, 낙하산, 공, 줄넘기, 후프, 평균대, 매트 등을 활용할 수 있다.

- 유아의 음악과 신체표현을 촉진하기 위하여 연주하는 사진과 다양한 동작을 하는 사진을 게시할 수 있다.
- 유아의 움직임을 촉진하기 위해, 영역의 바닥에 마스킹테이프로 직선과 곡선 등의 동선을 표시해 둘 수 있으며 신체표현자료를 구비해 두도록 한다.

③ 교수-학습방법

- 유아의 능동적인 음률활동을 촉진하기 위해서는 유아의 음악과 신체표현에 허용적인 분위기를 조성해 준다. 예를 들면, 유아가 악기나 여러 사물들을 가지고 소리를 탐색할 때 소음처럼 느껴지더라도 충분히 다양하게 다루어보면서 음색과 리듬 등을 탐색할 수 있도록 허용한다.
- 교사 자신이 좋은 음악적 모델이 되는 동시에 유아가 음악적으로 자극을 받을 수 있는 환경을 제공한다. 영역의 벽면에 음악과 동작에 관련된 사진과 그림을 붙여둘 수 있다.
- 생활주제에 따라 변화 있는 음악환경을 제공한다.
- 유아의 아이디어와 자발적 행동을 격려하고 인정해 주어 유아가 만족감을 가지고 음악활동을 할 수 있도록 배려한다.
- 유아가 소리탐색, 음악감상, 노래 부르기, 악기 다루기, 음악 만들기 등의 다양한 음악활동을 할 수 있도록 다양한 활동을 제공한다.
- 유아의 자발적인 음악감상을 촉진하기 위해 유아에게 적절하고 다양한 장르의 음악 CD, 성능과 질이 좋은 CD재생기와 헤드폰 2개를 제공한다. 유아는 자신의 흥미와 관심에 따라 음악을 선택하여 듣고, 다른 유아와 함께 들으면서 음악에 대한 이야기를 나누며 상호작용할 수 있다.
- 유아가 이전에 배웠던 노래의 노랫말 자료들을 제공해 주어, 유아가 알고 있는 노래를 부르거나 악기연주를 해 볼 수 있도록 돕는다.
- 유아가 음악이나 노래에서 음악적 요소를 찾거나 인식할 수 있도록 도와야 한다. 이것은 유아가 음악적 인식을 넓혀 음악적 인지 능력을 향상하는 데 많은

유아들이 함께 악기를 연주하는 모습

악기가 표시된 노래악보를 살펴보며 악기를 연주하는 모습

도움이 된다.

- 유아가 다양하고 창의적인 방법으로 악기를 탐색하고 음악을 만드는 과정을 격려하도록 한다. 유아가 리듬을 막대그림으로 미리 카드에 그려 보고 연주해 보거나 즉흥 연주를 하도록 격려할 수 있다.
- 유아가 다른 유아와 음악적으로 표현하고 말하고 생각을 나누는 것을 격려한다.
- 유아와 함께 다양한 방법으로 움직여 보면서 유아가 신체, 사물, 공간 및 동작에 대한 인식을 할 수 있도록 돕는다. 유아가 신체를 인식하고 자신의 몸과 사용하는 도구와의 관계를 인식하도록 돕는 질문을 할 수 있다.
- 교사가 악기를 올바르게 다루는 방법을 보여 주거나 신체표현 도구의 올바른 사용 모델이 될 수 있지만, 지시 위주로 활동을 진행하거나 음악표현과 신체표현의 직접적인 모델이 되면 유아의 창의성을 방해할 수 있으므로 주의한다.

(9) 컴퓨터활동

① 교육적 가치

21세기의 정보화사회에서 과학기술은 생활 전반에서 활용되고 교육 분야에도 많은 영향을 미쳤다. 특히 우리나라의 컴퓨터 보급과 활용은 세계에서 으뜸 수준이고, 어린 학생들에게도 컴퓨터의 활용은 매우 당연한 일이 되고 있다. 컴퓨터공학기술의 발달로 이미 1980년대 후반 이후부터 유아용 컴퓨터가 개발되어 활용되었고, 최근에는 굳이 유아용 컴퓨터가 아니더라도 유아는 컴퓨터를 어렵지 않게 활용하고 있는 추세다.

유아기는 모든 발달의 기초를 이루는 중요한 시기이며, 이 시기에 접하게 되는 컴퓨터의 인식과 활용 경험은 유아가 컴퓨터를 탐구의 도구로서 친숙하게 여기고 활용하는 능력을 자연스럽게 키울 수 있도록 한다. 컴퓨터가 인터넷의 발달로 세계화와 정보화를 앞당기는 중요한 역할을 하는 만큼, 컴퓨터의 활용은 미래의 중요한 정보 능력을 기르는 것이다. 특히 유아가 놀이를 통해 컴퓨터를 친숙하게 경험하게 되면 컴퓨터를 더욱 편안하게 인식하고 활용하게 되는 계기가 될 수 있다.

1980년대에는 컴퓨터를 활용한 교육이 상호작용적인 것이 아니라 일방적인 지시적 교육이 될 것을 우려하는 목소리가 높았고, 컴퓨터활동은 구체적인 물체를 조작하는 경험과 매우 다르므로 전조작기의 유아에게는 아직 시기상조라는 견해가 높았다. 또한 컴퓨터활동은 유아 간의 상호작용을 감소시켜 유아의 사회성 발달에 부정적이며 유아에게 적절한 언어적 환경을 제시하지 못한다는 견해들이 대두되었다. 그러나 최근에는 유아가 수동적으로 반응하는 것이 아니라, 유아 나름의 생각대로 조작하고 변화시켜 능동적으로 활동할 수 있는 소프트웨어 및 콘텐츠 개발이 활발하게 이루어지고 있다. 이로써 유아는 컴퓨터 활용 시 소프트웨어와 콘텐츠의 교육내용에 따라 다양한 인지 및 창의성 발달을 꾀할 수 있고, 컴퓨터의 인식과 활용 능력의 기초를 닦게 된다.

② 환경구성

- 컴퓨터 영역의 구성은 유아 간의 상호작용을 촉진하기 위하여 2대 이상의 컴퓨터를 배치하는 것이 좋고, 전기를 사용하므로 물(싱크대)과 떨어진 공간이 좋다.
- 유아의 발달수준에 적절한 소프트웨어와 콘텐츠를 선정하여 제공한다. 유아에게 적절한 소프트웨어와 콘텐츠는 유아의 발달수준에 적절하여 이해하기 쉬운 것, 유아의 흥미를 이끌 수 있는 것, 유아가 조작하기 쉬운 것, 다양한 교육목적을 이끌어 낼 수 있는 것, 유아의 아이디어가 반영되고 이를 과정과 결과로 확인할 수 있는 것, 유아-유아, 유아-교사 간의 상호작용을 촉진할 수 있는 것, 다른 흥미 영역의 활동과 연계할 수 있는 것, 유해한 요소가 없는 것이어야 한다.
- 유아가 찾아보고 싶은 것이 있을 때에 컴퓨터를 자발적으로 사용할 수 있도록 돕는다. 검색사이트에서 유아가 찾아보고 싶은 것의 단어를 입력하여 찾아보도록 도울 수 있다.

③ 교수-학습방법

- 유아에게 교육적으로 바람직한 소프트웨어나 콘텐츠를 구비하여 둔다.
- 유아의 발달수준, 유아가 현재 관심과 흥미가 있는 내용, 교실에서 진행되는 생활주제와 관련된 교육활동으로 제공한다.
- 유아가 컴퓨터활동을 할 때 유아 간의 상호작용을 촉진하도록 한다. 예를 들면, 유아들이 궁금한 것을 함께 알아보도록 할 수 있고, 동화를 만들 때 유아들이 협력하여 함께 만들도록 유도할 수 있다.
- 유아가 컴퓨터를 활용하여 활동을 하고 난 후 유아의 활동 결과를 프린터로 출력할 수 있도록 하는 것이 좋다. 프린터로 출력한 것을 다른 흥미 영역의 활동으로 확장할 수 있는 계기도 될 수 있다.
- 컴퓨터활동과 다른 흥미 영역의 활동이 서로 연계되어 이루어져 컴퓨터 활용 시에 적용된 유아의 아이디어가 확장되는 활동을 제공한다. 예를 들면, 컴퓨터로 동화를 만들고 난 후 출력하여 언어 영역에 동화책을 놓아두고 다른 유아들이 읽거나 연결 지어 이야기를 구성할 수 있다. 또한 컴퓨터로 만든 그림을 활

유아가 개별적으로 컴퓨터 활동을 하는 모습

유아들이 컴퓨터로 자료를 검색하는 모습

용하여 조형 영역에서 가면 만들기나 가방 만들기를 할 수 있다.

(10) 물 · 모래 놀이활동

① 교육적 가치

물과 모래는 촉감이 좋고 유동성이 좋아 유아가 매우 흥미로워하고 즐겁게 활동하는 물질이다. 유아는 물과 모래를 가지고 탐구하면서 자연스럽게 과학 학습을 하게 된다. 유아는 물과 모래의 물리적 속성을 인식하고 물과 모래를 혼합하여 형태, 색의 변화, 증발 등을 경험하고 탐색한다. 물과 모래를 다양한 용기에 담아 옮기고 찍는 과정을 통해 양과 부피의 속성을 경험하고, 측정의 기초적 경험을 하게 된다. 모래놀이를 통해 모래와 돌의 특성을 탐색하고 비교할 수 있다. 물놀이에서 물을 떨어뜨려 보면서 물의 힘과 양, 물이 떨어지는 위치와 거리 등의 관계를 인식하고 물리적 관계를 파악한다.

또한 유아는 모래와 함께 나뭇잎, 돌과 같은 자연물을 활용하여 구성물을 만들며 창의적 경험을 하기도 한다. 유아는 물이나 모래를 그릇에 담고 가지고 놀면서 역할놀이로 확장하여 활동할 수도 있다.

물 · 모래 놀이는 실외에서 제공하는 것이 때로 편리할 수 있지만, 비, 봄철 꽃가루, 황사와 같은 날씨와 환경에서는 힘들다. 그러므로 유아의 흥미와 요구에 따라 교실에서도 물 · 모래 놀이를 하도록 영역을 마련하고 제공한다면, 날씨와 환경 상황에 구애받지 않고 항시 물과 모래에 대한 교육적 경험을 제공할 수 있다.

② 환경구성

실내 자유선택활동 시간에 물놀이 영역이나 모래놀이 영역을 운영할 때는 고정된 영역으로 운영할 수도 있고 한시적인 영역으로 운영할 수도 있다. 실내의 흥미영역이기 때문에 물놀이대 또는 모래놀이대를 구비하여야 한다.

- 물놀이대와 모래놀이대는 학급별로 1조를 구비하면 필요할 때마다 사용할 수 있고, 기관에 1조를 마련하여 학급끼리 돌려쓰려면 연령에 따라 높이 조절이 가능하고 다리에 바퀴를 달아 이동하기 쉽게 만드는 것이 좋다. 또한 놀이대를 하나로 만들어 내용물을 교체하는 식으로 물놀이와 모래놀이를 번갈아 할 수 있다. 물놀이대와 모래놀이대는 유아의 허리 높이 정도로 유아들이 서서 활동하기 좋아야 한다. 물 · 모래 놀이대의 높이는 2세 40cm, 3세 45cm, 4세 50cm, 5세 55cm(권정례, 이영자, 2010)가 바람직하다.
- 물놀이와 모래놀이 영역의 바닥은 물이나 모래가 떨어졌을 때 청소가 용이하도록 마루나 리놀륨을 깔아야 하고, 카펫을 까는 것은 좋지 않다. 필요한 경우에 바닥에 비닐이나 방수천을 깔아둘 수 있다.
- 물놀이와 모래놀이 영역 활동은 유아가 손을 씻으러 자주 이동하게 될 수 있으므로 교실 안의 싱크대와 가깝거나 손을 간단하게 씻을 수 있도록 물을 담은 양동이를 놓아둘 수 있다.
- 물놀이와 모래놀이를 위한 교수자료는 과학교육내용과의 위계, 생활주제에 따라 다르게 제공할 수 있다. 구체적인 교수자료로는 삽과 같은 도구, 여러 가지

크기의 그릇, 양동이, 파이프관, 찍기틀, 뜨는 물체와 가라앉는 물체, 흡수하는 물체와 흡수하지 않는 물체, 여러 가지 구멍을 뚫은 페트병 등을 자료로 구비하면 좋다.

③ 교수-학습방법

- 물이나 모래의 다양한 물리적 성질을 유아가 탐색하고 탐구할 수 있도록 교사는 적절한 질문을 통해 유아의 사고와 아이디어를 확장하도록 돕는다.
- 활동 내용의 위계를 고려하여 활동을 제공함으로써, 유아의 물 · 모래 놀이 경험이 확장될 수 있도록 돕는다.
- 물이나 모래의 다양한 문제 상황을 제공하여 유아가 문제를 해결할 수 있는 기회를 제공한다. 물에 물체가 뜨는지를 발견하는 문제상황, 물체가 물에 흡수되는지 발견하도록 하거나 물이 보다 잘 흐르게 하려면 어떻게 하여야 하는지 등을 경험할 수 있는 기회를 제공한다.
- 교사는 유아가 다른 유아와 성인과의 상호작용을 통해 발견한 것에 대한 생각을 나누고 개념과 기술에 대한 아이디어를 확장시키도록 돕는다.
- 물놀이나 모래놀이는 과학적 활동이면서도 다양한 조형활동, 역할놀이와 연계할 수 있기 때문에, 교사는 다양한 활동으로 계획하여 제공하여야 한다.
- 놀이대의 물과 모래를 청결한 상태로 유지하여 유아가 안전하게 사용할 수 있도록 한다. 필요할 때마다 또는 정기적으로 물과 모래를 갈아 주고, 모래는 소독하여 사용한다.

물에 띄울 수 있는 배를 만들어 관찰하는 모습

수조에 물을 담아 물의 흐름을 관찰하는 모습

2 실외 자유선택활동

실외놀이는 유아가 넓은 공간에서 자연을 느끼며 자유롭게 활동하는 시간으로 유아교육기관의 하루 일과 중 빼놓을 수 없는 중요한 시간이다. 유아는 실외놀이에서 자연의 변화에 따른 현상을 경험하고 일정 시간 햇빛에 노출되는 시간을 가지며 여러 종류의 실외 놀이기구와 교재들을 활용하여 놀이함으로써 신체발달뿐 아니라 인지, 언어, 사회 및 정서 발달을 위한 다양한 기회를 가진다.

유아는 실외놀이에서 자유롭게 뛰어다니고 소리를 지르고 다양한 대근육 활동과 인지활동에 참여하면서 또래와 놀이하는 방법을 습득하고, 새로운 도전을 즐기며 정서적 긴장을 풀 수 있다. 실외에서 이루어지는 달리기, 뛰어오르기, 던지기 등의 활동은 유아의 신체발달에 중요한 영향을 미친다. 기어오르기, 미끄럼 타기, 땅 파기, 매달리기 등의 경험을 통해 대근육 기술이 향상되고 물 · 모래 놀이에서 다양한 도구를 사용하는 과정에서 소근육 기술도 발달된다. 이렇듯 실외놀이는 단순히 에너지를 방출하는 것 이상의 의미가 있으며, 유아기 교수-학습경험의 중요한 부분을 차지한다. 또한 실외놀이에서 경험하는 다양한 상황들은 유아의 문제해결력을 기를 수 있는 기회를 제공한다.

이미 언급하였듯이 실외놀이는 유아의 신체발달뿐 아니라 제반 발달에 매우 중요하다. 최근에는 기존에 실내에서 이루어졌던 놀이활동을 실외에서 실시할 경우 훨씬 활발하고 적극적이며 심화된 놀이가 이루어져 다양한 실내놀이를 실외에서도 확장시켜 경험하는 것이 바람직하다(Frost, 1997). 실외놀이의 구체적인 가치를 살펴보면 다음과 같다.

- 유아의 다양한 신체활동(달리기, 자전거타기, 물 · 모래놀이 등) 및 놀이를 격려한다.
- 융통성 있는 실외 시설 등으로 유아의 감각을 자극한다.

- 동식물, 탐색자료, 구성자료 등을 제시해 아동의 호기심을 키워 준다.
- 유아의 크기에 알맞고 편안하며, 신체적으로 도전적인 시설을 제공해 아동의 사회적 · 신체적 욕구를 충족시킨다.
- 유아와 사물 및 자연(식물, 동물), 유아와 성인, 유아 간의 상호작용을 격려한다.
- 대근육 운동, 활동적인 놀이, 기능적인 반복 놀이가 가능하도록 지원한다.
- 구성놀이, 창의적인 놀이가 가능하도록 지원한다.
- 극화놀이, 가작화 놀이, 상상놀이가 가능하도록 지원한다.
- 규칙이 있는 게임, 조직화된 게임이 가능하도록 지원한다.
- 혼자놀이뿐 아니라 집단으로 협동놀이를 할 수 있도록 격려한다.
- 실내 · 실외, 일(work) · 놀이가 통합되도록 격려한다.

유아는 실내에서 노는 것보다 실외에서 노는 것을 더 즐기며, 실외놀이 공간에서는 유아의 탐구심과 호기심이 더 신장될 수 있어 실외놀이 경험은 유아의 전인발달에 중요한 요소다(Dempsey & Frost, 1993; Kritchevsky, Prescott & Walling, 1977; Proshansky & Wolf, 1975; Shin & Frost, 1995). 실외놀이터는 실내활동의 연장으로 고려되어야 하며, 실외에서 훨씬 활발한 활동이 이루어짐을 감안할 때 실외놀이 환경의 지원은 매우 중요하다.

실외 공간구성 역시 실내활동 영역과 마찬가지로 흥미 영역으로 나뉘며, 동적활동 영역과 정적활동 영역으로 구분할 수 있다. 전체 실외놀이 영역의 약 1/3 정도는 정적활동 영역으로 배치하고 나머지 2/3는 동적활동 영역과 테라스로 구성하는 것이 좋다(Decker & Decker, 2001). 실외에서 두 활동 간에 분명히 구분을 하기는 어려우나 대근육 활동이 포함될 때 이를 동적인 활동으로 분류할 수 있다. 에사(Essa, 1981)는 실외놀이 영역은 조용한 공간과 소음이 있는 공간, 사회적 놀이 영역과 혼자놀이 영역, 조작할 수 있는 자료 등을 포함해야 한다고 제안하였다. 그림 그리기, 점토를 이용한 만들기, 쌓기놀이, 악기 다루기 등의 활동 역시 실외에서 할 수 있도록 작업대나 선반, 관련 자료들을 준비해 주면 실내에서 활동할 때보다 소음이나 청소 등의 제약을 덜 받으며 활발하게 활동이 이루어질 수 있다. 현대적 의미의 실외 놀이터는 많은 아동의 다양한 놀이를 동시에 수용할 수 있도록 제한된 공간에서 세심하게 계획되어야 한다(Frost, 1997).

파울러(Fowler, 1980)는 실외의 여러 가지 놀이 영역을 다음과 같이 구분하였다.

- **개방된 영역**　실외 공간에 넓은 공간을 만들어서 게임, 공놀이, 술래잡기, 뛰놀기, 달리기 등과 같은 자유로운 활동을 할 수 있게 한다.
- **휴식 영역**　기온이 올라가서 햇볕이 뜨거워질 때 쉴 수 있는 나무 그늘과 자연의 아름다움을 즐기고 쉴 수 있는 풀밭, 숲, 연못을 만든다.
- **자연관찰 영역**　도시에 사는 유아는 식물과 곤충, 새 등의 동물들이 땅, 물 등의 자연환경 속에서 어떻게 살고 있는가를 관찰할 기회가 적다. 식물 재배장은 유아에게 자연에 대한 학습경험 및 직접 식물을 재배해 볼 수 있는 기회를 제공해 준다. 유아는 식물의 짧은 성장주기를 관찰함으로써 성장·발달과 생활 주기의 개념을 얻게 된다. 공간이 넉넉하면 화원을 만들어 물을 주고 싹이 돋아나는 것을 관찰하며, 꽃이 피고 열매가 맺히는 과정을 살펴볼 수 있게 해 준다. 또한 운동장 한쪽에 동물 사육장을 만들어 토끼, 닭, 거위, 강아지 등을 사육하여, 유아가 동물을 관찰하고 직접 먹이를 주는 경험을 갖게 하면 좋다(이희경, 2002).

종합하면, 실외놀이 영역의 환경을 대근육놀이 영역, 조용한 활동 및 휴식 영역, 물과 모래놀이 영역, 역할놀이 영역, 자연관찰 영역, 목공놀이 영역 등으로 구성하면 유아에게 즐겁고 발달적으로 다양한 자극을 제공할 수 있다.

다음으로 실외놀이를 위한 교수-학습방법을 살펴보면 다음과 같다.

- 유아의 발달에 적합한 실외놀이활동을 제공한다. 유아의 연령과 운동발달에 적합한 실외놀이를 지원하며 신체적 요구, 놀이의 다양성을 시도하도록 지원

한다.

- 교사는 극놀이 영역, 블록 영역, 조형 영역, 조작 영역, 독서 영역 등의 놀이활동이 실외에서도 활발히 이루어질 수 있는 실외환경을 제공하며 놀이활동을 지원한다.
- 실외활동 시설의 안전은 매일 정기적으로 점검한다.
- 모래밭의 모래는 정기적으로 소독하고 세척한다.
- 계절과 날씨에 맞추어 시간을 효율적으로 계획하고 실내 · 실외 활동이 서로 연계될 수 있도록 일과를 준비한다.
- 실외 놀이터에서도 유아가 선택하고 계획한 놀이에 맞추어 다양한 활동을 할 수 있도록 미술영역, 음률영역, 책읽기 영역을 구성해 주고, 유아의 개별적인 휴식공간을 마련해 준다.
- 자연 친화적인 환경을 구성하되, 실외활동 공간을 효율적으로 구성한다.
- 놀이 기구의 사용 방법, 명칭, 규칙 등에 대해 이야기 나누기를 한 후 안전하게 이용할 수 있도록 하고, 놀이 기구에 두려움이 있는 유아에게 다양한 신체 동작을 해 봄으로써 사전에 경험하도록 개별적인 활동을 제공한다(위영희, 한성희, 박정원, 석은선, 문혁준, 2008).

1) 대근육 놀이

실외 대근육 영역은 실내보다 신체적 활동을 허용하는 공간이므로 유아가 심리적인 압박감에서 벗어나 마음껏 뛰어 놀 수 있다. 유아는 잘 조직된 실외 대근육 영역에서 적극적이고 활발하게 놀이에 참여함으로써 건강을 증진시키고 또래와 다양한 상호작용에 참여할 수 있게 된다. 실외 대근육 놀이는 고정 놀이 시설 및 이동 놀이 도구를 이용하는 놀이와 주로 몸을 활용하는 신체 놀이가 있다. 고정 놀이 시설을 이용한 놀이는 미끄럼틀 · 그네 · 흔들다리 · 시소 등을 이용하는 놀이를 의미하며, 이동 놀이 도구들을 사용하여 노는 놀이로는 타이어 굴리기 · 훌라후프 · 공놀이 등이 있으며, 신체놀이로는 달리기 · 술래잡기 · 그림자놀이와 같은 몸을 움직여 노는 놀이가 포함된다.

(1) 고정 놀이 시설을 이용한 놀이

고정 놀이 시설은 특정 장소에 고정되어 있어서 이동이 불가능한 시설물을 의미하며, 그네, 미끄럼틀, 시소 등 유아의 신체적 운동 능력과 감각 기능을 증진시킬 수 있는 시설물이 이에 해당된다.

① 그네

그네는 앞뒤로 흔들기, 높이 올라가기, 빨리 흔들기 등 움직임을 주로 하는 놀이 시설로 유아는 그네를 타면서 리듬감 있는 움직임을 즐길 뿐만 아니라 안정감을 갖게 되며 신체 조절 능력을 발달시키게 된다(이숙재, 2002). 그네의 발판으로 고무나 가죽 등 유연성 있는 재료를 사용하거나 유아의 신체 크기와 모양을 고려하여 제작된 제품을 설치할 수 있다. 또한 연령이 낮은 유아를 위해서 안전벨트가 장착된 그네를 설치하여야 한다.

그네는 전후좌우로 충분한 공간을 확보해서 설치하는 것이 좋으며 지나가는 유아가 그네에 부딪히는 일이 없도록 시각적인 경계를 지어 주어야 한다. 그네가 설치된 곳의 바닥은 모래나 고무로 처리하여 안전사고를 예방하는 것이 좋다.

② 미끄럼틀, 오름판

미끄럼틀은 경사면을 미끄러져 내려올 수 있게 만들어진 시설물이며, 오름판은 경사면을 기어오를 수 있도록 만들어진 놀이시설이다. 유아는 미끄러지거나 기어오르는 놀이를 통해 도전감과 성취감을 경험하게 되며, 평형감각을 기를 수 있게 된다.

미끄럼틀의 높이와 경사는 유아의 연령과 신체 크기에 적절해야 한다. 시설물이 지나치게 높으면 유아가 도전감을 상실하여 놀이를 포기하거나 안전사고가 일어날 수 있으며, 반면 지나치게 낮은 경우에는 유아가 흥미를 느끼지 못하게 된다. 미끄럼틀과 오름판 외에 흔들다리와 터널, 역할놀이대가 연결되어 있는 복합놀이대를 설치하는 경우에도 유아의 연령을 고려하여 놀이 시설을 차별화하고 가능한 연령에 따라 놀이 영역을 분리하여 안전사고를 예방하는 것이 좋다.

③ 시소

시소는 유아들이 양 끝에 마주보고 앉아 서로 발을 굴려 오르락내리락할 수 있도록 만들어진 놀이시설이다. 유아는 시소놀이를 하며 균형감각을 기르게 되며, 리듬감과 협동심을 기르게 된다. 시소는 유아가 시소에 앉은 채로 아래쪽으로 내려왔을 때 유아의 발이 바닥에 닿을 정도의 높이로 마련한다. 시소가 바닥에 부딪힐 때 충격을 완충해 줄 수 있도록 시소의 양 끝 바닥에는 타이어나 모래주머니 등을 깔아주는 것이 좋다.

놀이시설을 유아가 안전하게 이용하기 위해서는 유아의 신체 크기에 적합해야 하며, 모서리, 마무리 처리, 칠 등이 안전하게 처리되어야 한다. 기구와 기구 사이

고정 놀이 시설을 이용하는 모습

고정 놀이 시설을 이용하는 모습

에 충분한 공간을 두어 부딪침을 예방해야 하며, 모래나 탄력 블록을 깔아 놀이 기구에서 떨어졌을 때 부상을 최소화해야 한다(교육과학기술부, 2008a). 또한 놀이 시설에 대한 안전점검을 정기적으로 실시해야 한다.

(2) 이동 놀이 도구를 이용한 놀이

이동 놀이 도구는 유아가 도구를 활용하여 대근육 놀이를 할 수 있는 이동 가능한 도구를 의미하며, 타이어 · 훌라후프 · 줄넘기 등이 해당된다. 그 밖에 주제나 유아의 흥미에 따라 다양한 도구가 활용될 수 있다. 이동 놀이 도구를 이용한 놀이를 위해서 유아들이 자유롭게 움직일 수 있는 잔디밭이나 고무바닥의 충분한 공간이 확보되어야 하며, 놀이 도구를 보관할 수 있는 별도의 보관 장소가 마련되어야 한다.

(3) 신체놀이

유아는 실외 공간에서 특별한 시설이나 도구를 활용하지 않고 신체의 움직임만으로도 즐거움을 느낀다. 술래잡기, 숨바꼭질 등의 신체놀이는 대부분 또래와 함께 이루어지기 때문에 유아는 이를 통해 사회성을 발달시킬 수 있으며, 놀이의 방법 및 놀이규칙을 의논하는 가운데 규칙에 대한 이해능력과 의사소통 기술을 습득할 수 있다. 또한 운동 능력을 기를 수 있으며, 긴장감을 해소하고 즐거움을 경험하게 된다.

실외 대근육 놀이를 위한 교수-학습방법은 다음과 같다.

- 실외놀이 시설의 이용 규칙과 이용방법에 대한 사전 교육을 충분히 실시한다.
- 유아에게 실외 대근육 놀이에 사용되는 시설물과 기구를 관찰하고 탐색할 기회를 제공하여 안전하게 이용 방법을 스스로 찾을 수 있도록 한다.
- 유아가 이동놀이 도구를 이용한 놀이나 신체놀이에 대한 놀이규칙을 자발적으로 의논하여 결정하도록 한다.
- 놀이 시설 이용 시 안전상에 문제가 없도록 정기적으로 점검하여야 한다.
- 연령이 낮은 유아의 경우에는 그네나 미끄럼틀 가까이에서 유아의 놀이를 관찰함으로써 안전사고를 예방하여야 한다.

이동놀이 도구인 공놀이를 하는 모습

술래잡기 놀이를 하는 모습

2) 탈것 놀이

탈것 활동은 유아의 대근육 · 소근육 발달과 신체조절 능력 향상을 위한 중요한 활동이다. 유아는 탈것에 매우 관심과 흥미가 높으며, 스스로의 힘으로 바퀴를 굴려서 자전거나 차를 움직이고 이동하면서 자신감과 성취감을 느낀다. 자전거나 차 타기는 유아가 즐겨하는 활동이면서도 안전사고의 위험 가능성이 있으므로 안전수칙을 잘 지켜야 하는 활동이기도 하다.

탈것 영역은 실외 영역에서 다른 활동을 하는 유아들에게 위협적인 요소가 되기도 하므로, 탈것(자전거, 차 등)이 따로 다닐 수 있는 길과 횡단보도 등을 따로 마련하는 것이 좋다. 자전거, 차가 다니는 길과 유아가 걸어다니는 길을 구분하고, 자전거 길을 유아들이 안전하게 건널 수 있도록 횡단보도 표시를 만들어 둔다. 이때 신호등 모형도 함께 두어 교통안전교육을 위한 공간으로 활용한다.

탈것 영역에서는 자전거, 차, 끌차, 스쿠터, 스케이트보드 등을 이용한다. 자전거는 유아의 연령별로 크기가 다르므로 대상 유아의 신체 크기에 따라 다양하게 구비하도록 한다. 자전거의 바퀴 수는 유아의 수준에 따라 3개, 4개(뒷바퀴에 양쪽으로 보조바퀴 2개가 달린 형태), 2개인 것을 구비한다(유아가 4발 자전거를 능숙하게 타다가 균형을 잡을 수 있게 되면 보조바퀴 2개를 떼어 두발 자전거로 활용할 수 있다.). 자전거를 탈 때는 반드시 헬멧과 무릎보호대를 착용해야 하므로 필요한 수만큼 구비한다. 차는 밑이 뚫려 유아들이 직접 발로 움직이는 차와 좀 더 수준이 높은 유아가 이용할 수 있는 페달을 굴려 움직이는 차 등 2종류를 구비할 수 있다. 스쿠터는 한 발을 올릴 수 있는 보드에 바퀴 3개와 핸들이 달린 밀차다. 스쿠터 보드에 유아가 한 발을 올려놓고 다른 한 발로 밀어서 다니는 것으로 비교적 유아들이 특별한 기술이 없어도 안전하게 탈 수 있다. 그 외에 교사가 끌어 주는 큰 수레차(끌차)나 스케이트보드를 구비할 수 있다. 교사는 이 탈것들을 구비할 때 공인된 안전검증을 받은 것으로 구비한다.

탈것 활동을 위한 교수-학습방법은 다음과 같다.

- 탈것 영역은 안전사고가 일어날 수 있으므로 안전을 위해 규칙을 지켜 활동하도록 한다.
  - 유아는 자신의 몸에 맞는 자전거나 차를 선택해서 탄다. 자전거의 경우 의자에 앉았을 때 다리가 약간 구부러진 상태에서 페달에 발이 닿는 정도가 알맞다.
  - 자전거를 탈 때는 반드시 헬멧과 무릎보호대를 착용한다.
  - 유아는 자전거나 차가 다니는 길을 걸어 다니지 않는다.
  - 자전거나 차는 유아가 횡단보도를 건널 때 멈춰 선다. 앞에 다른 사람이 지나가면 브레이크를 잡고 멈춰 선다.
  - 자전거나 차는 안전하게 탄다. 자전거나 차를 탄 상태에서 자신의 수준에 맞지 않는 무리한 기술을 시도하지 않는다. 너무 빨리 달리지 않도록 한다.
  - 자전거나 차는 정해진 안전한 장소에서만 탄다.
- 교사는 유아의 안전을 위해 자전거를 타기 전에 핸들, 바퀴의 공기, 체인, 브레이크 등의 이상이 있는지 점검한다. 한동안 타지 않은 자전거의 바퀴 공기는

자전거를 타는 모습

자전거를 타며 교통놀이를 하는 모습

잘 빠져 있기 마련이므로, 손으로 바퀴를 눌러보고 공기압 수치를 확인할 수 있는 공기펌프로 바퀴에 적절한 양의 공기를 넣도록 한다. 자전거 정비소의 협력을 받아 또는 교사가 정기적으로 탈것들을 점검하도록 한다.

- 교사는 유아가 간편한 복장으로 안전하게 탈 수 있도록 지도한다. 간혹 유아의 치마나 옷자락이 바퀴나 부품에 걸릴 수 있으므로 미리 점검하도록 한다.
- 교사는 유아가 교통기관에 대해 흥미가 있거나 생활주제가 교통기관으로 운영될 때, 탈것 영역을 역할놀이와 통합하여 운영할 수 있다.

3) 조용한 활동 및 휴식

조용한 활동 및 휴식 영역은 유아에게 활발한 신체발달을 위한 활동 이외의 다양한 인지활동과 휴식을 제공한다. 조용한 활동 영역에서는 언어, 조형과 같은 인지적 활동을 제공하여 실외에서도 다양한 발달을 이룰 수 있는 기회를 제공할 수 있다. 또한 적절한 휴식으로 유아는 피로감을 해소시키고 에너지를 재충전하는 기회를 제공한다.

실외에서의 정적인 놀이는 책읽기나 조형활동, 동식물 관찰 및 기르기, 휴식 등으로 이루어질 수 있다. 유아가 책읽기를 할 수 있도록 그늘이 있는 야외 탁자와 의자를 마련할 수 있고 돗자리를 깔거나 정자를 이용할 수 있다. 또한 유아가 이젤에 그림을 그리거나 핑거 페인팅을 하는 등의 조형놀이가 가능하다. 실외이므로 공간의 제약을 받지 않는 경우에 대근육을 활용할 수 있는 조형활동을 제공할 수도 있다. 예를 들면, 유아교육기관 담장에 큰 페인트 붓을 이용하여 물그림 그리기 활동을 할 수 있고, 바닥에 진흙 발자국 찍기나 물만 묻힌 발자국 찍기를 할 수 있어 폭넓게 조형활동이 이루어질 수 있다. 조형활동을 위해서는 유아가 작업할 탁자와 이젤이 필요하고, 작품을 말릴 건조대가 준비되어 있어야 한다. 비가 올 때나 햇빛이 강렬할 때에는 이러한 활동이 어려우므로 햇빛 가리개 등이 마련되어 있다면 실외에서의 다양한 정적인 놀이가 가능하다.

실외의 정적활동 영역은 유아가 조용히 집중하여 활동에 몰입할 수 있도록 다른 대근육활동 영역과 떨어진 영역에 조성한다. 때로는 실내에서 실외로 이동하는 영역인 전이 영역의 공간을 활용할 수 있다. 주변에 연못과 같은 자연관찰 영역을 배치하여 휴식을 취하면서 동물을 관찰할 기회를 제공할 수 있다. 이 공간은 미끄럼틀, 그네와 같은 동적인 놀이공간과 구별되게 배치되어야 하며, 경우에 따라서는 아주 낮은 울타리의 문을 달아 영역을 구분하여 영역의 독립성을 살릴 수 있다.

유아는 실외 영역에서 정적인 놀이를 위한 공간을 필요로 할 뿐 아니라 다른 유아들이 놀이하는 모습을 지켜보거나 잠시 휴식을 취할 수 있는 공간을 필요로 한다. 실외놀이 공간에 벤치나 작은 의자가 고정되어 있다면 유아의 이러한 휴식과 관찰의 욕구를 충족시킬 수 있어 바람직하다.

조용한 활동과 휴식을 위한 교수-학습방법은 다음과 같다.

- 실외에서도 다양한 발달과 교육이 이루어질 수 있도록 다양한 정적활동을 제공한다. 예를 들면, 책읽기와 같은 언어활동, 이젤에 그림 그리기 같은 조형활동을 제공할 수 있다.
- 실외활동은 실내활동의 연장이므로, 교실활동과 연계하여 이루어지도록 활동을 계획하는 것이 좋다. 활동의 위계를 고려하면서 이전의 활동보다 확장된 활동으로 경험하도록 활동을 계획하는 것이 바람직하다.
- 유아의 활동을 관찰하여 적절한 때에 휴식을 취하거나 정적활동을 할 수 있도록 돕는다. 유아는 활동에 몰두하다 보면 신체의 피로감을 잘 느끼지 못하거나 조절하기 어려운 경우가 있다. 유아의 활동 상태를 관찰하여 지나치게 동적활동을 오래한 경우 휴식을 취하도록 안내할 수 있다. 또한 유아가 휴식을 취하면서도 흥미에 따라 나뭇잎을 관찰하거나 연못의 물고기를 관찰하는 기회를 가질 수 있게 배려할 수 있다.

조용한 활동과 휴식을 위한 공간

4) 역할놀이

역할놀이는 유아가 이전 생활에서 경험했던 지식과 기술을 반영하는 기회가 되며, 사회문화적 경험을 확장하고 심화하는 계기가 된다. 또한 상상력과 문제해결력, 추론 능력을 발달시킬 수 있다. 특히 실외에서의 역할놀이는 유아의 사고의 폭을 넓혀 다양하게 이루어질 수 있다. 역할놀이와 가상놀이는 유아가 가장 좋아하는 활동으로, 실내에서는 물론 실외에서도 가능하다. 실외에서 유아는 마음껏 소리를 낼 수 있으며 교실에서 하기 어려웠던 큰 동작이 가능하기 때문에 조건만 충족된다면 실내에서보다 활발한 역할놀이가 가능하다.

하지만 환경의 영향을 받는 유아기이므로 역할놀이를 자극할 만한 환경적 요소가 구비되어야만 한다. 실외의 역할놀이 영역에 놀이집, 흔들거리는 큰 버스나 차 모형 등을 제공하면, 유아는 자신의 사전 경험에 기초하여 다양한 역할놀이로 확장할 수 있다. 물놀이와 모래놀이 영역의 인근에 영역을 구성하면, 유아는 물 · 모래놀이와 통합하여 역할놀이를 할 수 있게 된다. 실외놀이터에 모형 집이 있다면 이를 적극적으로 활용하면 된다. 만약 모형 집이 없다면 세탁기 포장박스 같은 폐품을 이용하여 2~4명의 유아들이 숨을 수 있는 공간을 만들어 활용할 수 있다. 그러한 공간이 열리고 닫히는 문이 있는 구조라면 유아의 역할놀이를 더 자극할 수 있다. 또한 필요에 따라 물에 닿아도 손상이 되지 않는 블록이나 소꿉놀이의 다양한 소품들은 끌차를 이용해서 바깥에 옮겨 역할놀이에 활용할 수 있다. 실외놀이에 충분한 공간이 있어 실외 영역의 역할놀이에 사용되는 의상이나 도구들을 보관할 창고를 마련해 둔다면 유아가 필요할 때마다 쉽게 사용할 수 있어 유익하다.

또한 유아가 교실에서 즐겨했던 동극을 역할놀이가 가능한 실외 영역에서 작은 무대를 마련해 공연할 수 있다. 이처럼 실외놀이 영역은 대근육을 사용해서 유아가 마음껏 뛰어노는 공간일 뿐 아니라 교실에서의 활동을 다른 관점에서 경험하게 하는 새로운 경험이 됨으로써 유아의 창의성, 융통성의 발달에도 기여한다.

실외 역할놀이를 위한 교수-학습방법은 다음과 같다.

- 역할놀이를 실외의 다른 흥미영역과 통합하여 활동하도록 촉진한다. 물 · 모래

모래를 이용하여 역할놀이를 하는 모습

놀이에서 유아는 모래케이크를 만들고 역할과 통합하여 놀이를 확장할 수 있다.

- 유아가 실외환경과 관련하여 경험을 확장하여 놀이할 수 있도록 돕는다.
- 유아 간 상호작용이 활발히 이루어지도록 격려한다.
- 유아의 놀이를 관찰하여 필요한 자료와 지원을 적절히 제공한다.

5) 물놀이와 모래놀이

물놀이와 모래놀이는 앞서 언급했듯이 유아에게 즐거운 경험을 제공하는 활동이다. 유아는 물과 모래 놀이를 통해 과학적 능력과 태도를 발달시킬 뿐 아니라, 구성능력, 조형 능력, 창의성, 사회성 발달을 신장시킬 수 있다.

특히 실외에서의 물 · 모래 놀이 영역은 넓은 공간을 확보할 수 있고 주변 환경과 자료를 활용할 수 있기 때문에 교육적으로 더욱 확장된 경험을 제공할 수 있어 좋다. 유아가 모래를 파고 물을 붓고 흙탕물을 만들며, 때로는 모래 위를 기어가는 개미를 관찰하는 경험을 통해 자연을 경험하고 상상하고 탐구하는 경험을 하게 된다.

물놀이 영역과 모래놀이 영역은 서로 인접하여 배치하는 것이 좋다. 두 영역을 인접하게 배치하면 모래에 물을 뿌려 웅덩이를 만들거나 물이 스며들거나 증발하는 과학적 현상을 관찰하고 경험할 수 있으며, 물을 적신 모래를 뭉쳐 떡이나 케이크를 만드는 구성활동을 하고 역할놀이로 확장할 수 있어 보다 다양한 경험을 유도하게 된다.

영역의 크기는 각 유아교육기관의 형편에 따라 융통성 있게 조성한다. 물놀이대는 여러 개를 만들어 놀이대의 높이를 달리하면 물의 흐름을 포함한 다양한 탐색이 가능하다. 물놀이대의 높이는 필요에 따라 다양하게 만들 수 있고 놀이대의 깊이는 20~25cm 정도가 적당하다.

모래놀이 영역의 크기는 필요에 따라 다양하게 만들 수 있지만 되도록 넓은 것이 좋고, 두 개 이상을 만들어 연령별 유아가 따로 사용하여 서로 방해받지 않도록 할 수 있다. 모래놀이 영역의 모래는 최소한 1년에 한 번씩은 갈아주고 정기적으로 소독여야 한다.

실외에서 물놀이를 하는 모습

물놀이와 모래놀이를 위한 교수자료는 활동에 따라 다르게 제공할 수 있다. 구체적인 교수자료는 실내의 물 · 모래 놀이 영역과 같은 자료를 구비하면서 공간의 구애를 덜 받으므로 큰 삽, 양동이, 큰 파이프관 등을 추가적으로 제공할 수 있다. 다양한 크기의 삽, 그릇과 양동이, 찍기 틀, 체, 물에서의 다양한 탐색이 가능한 물체들, 여러 가지 구멍을 뚫은 페트병 등을 구비한다.

물놀이와 모래놀이를 위한 교수-학습방법은 다음과 같다.

- 실내에서의 물 · 모래 놀이와 연결시켜 확장된 활동을 할 수 있도록 교육경험을 제공한다. 사전 · 사후 활동 간의 위계를 고려하여 활동을 제공하도록 한다.
- 적절한 질문을 함으로써 물이나 모래의 다양한 물리적 성질을 유아가 탐색 · 탐구하고 아이디어를 확장하도록 돕는다.
- 삽과 같이 실내에서 사용하는 것보다 큰 자료를 사용할 때 유아가 다치지 않도록 안전한 것을 선택하고 유의 사항에 대해 미리 이야기 나눈다.

- 물이나 모래를 이용한 다양한 학습 상황을 제공하여 유아가 다양한 방식으로 경험할 수 있도록 돕는다.
- 교사는 유아들 간의 상호작용을 촉진하도록 한다.
- 교사는 유아의 흥미와 활동 진행을 관찰하고 이에 따라 물놀이나 모래놀이를 과학적 탐색, 구성물 만들기 또는 역할놀이로 연계하도록 도울 수 있다.

6) 자연관찰 및 산책

자연관찰 및 산책 활동은 유아가 동식물과 돌, 다양한 토양을 포함한 주변 환경에 관심을 가지고 오감각을 통해 자연을 느끼고 탐색하며 관련된 정보를 습득하도록 한다. 또한 유아로 하여금 환경 보호와 보존에 대한 바람직한 태도를 형성하는 기회를 준다. 유아는 동식물을 직접 기르면서 동식물의 성장 과정과 생태를 경험하고, 생명의 존엄성을 느끼는 기회를 가진다.

자연관찰 영역은 동물 기르기 영역과 식물 기르기 영역으로 구성할 수 있다. 영역의 크기는 기관의 실정에 따라 융통적으로 조성한다. 유아가 식물이나 동물을 직접 기르고 관찰하여 교육적 기회를 얻는 영역이므로, 유아가 기르기 쉬운 동물과 식물로 선정하도록 하고, 유아교육기관의 실정에 따라 선정하여야 한다. 동물 기르기 영역을 조성하는 경우, 출입문을 쉽게 열 수 없는 동물장을 마련하고, 동물장은 유아가 손을 쉽게 넣을 수 없는 간격으로 망을 설치하도록 한다. 동물장의 환경은 기르는 동물의 특성과 생태를 파악하여 이에 알맞게 조성하여야 한다. 식물 기르기 영역은 공간이 허락한다면 학급별로 영역을 구분지어 각 학급이 유아들이 선택한 식물을 심고 길러 볼 수 있도록 한다. 그리고 주변에 수도를 설치하거나 물놀이대와 멀지 않은 곳에 배치하면 식물에게 물을 줄 때 편리하다.

산책 영역은 실외 영역에서 다양한 지형과 감각을 탐색할 수 있도록 경사면, 평지, 언덕, 터널 등 다양하게 구성하고, 바닥은 흙, 모래, 자갈, 나무 등을 경험할 수 있도록 조성할 수 있다.

자연관찰 및 산책을 위한 교수-학습방법은 다음과 같다.

- 자연관찰 영역은 유아가 동물이나 식물을 기르며 직접 관찰이 가능하도록 운영한다.
- 동물 기르기와 식물 기르기는 당번을 정하여 유아들이 먹이를 준비하여 주도록 할 수 있고, 교사는 유아가 동물에게 먹이를 줄 때 동물에게 물리지 않도록 안전에 신경을 써주어야 한다.
- 유아의 흥미와 관심에 따라 유아교육기관에서 기르는 동물과 식물의 성장과정과 조건에 대해 유아가 탐구하고 조사할 수 있는 기회를 제공한다.
- 음식으로 사용하는 식물을 기르는 경우 유아의 요리활동의 재료로 사용하여 영양교육의 기회로 연결 지을 수도 있다.
- 실외 영역을 산책할 때, 유아가 발견한 개미나 흙과 모래를 탐색하고 관찰하는 기회를 제공한다.

식물을 기르고 관찰하는 모습

동물을 기르고 관찰하는 모습

7) 목공놀이

목공놀이는 유아의 대 · 소근육 발달의 기회를 제공할 뿐 아니라 공간지각 능력의 발휘, 나무와 도구의 특성 탐색을 통한 다양한 인지발달의 기회를 제공한다. 스티로폼 조각이나 나무를 이용한 구성활동을 통해 창의성 발달의 기회를 제공하기도 한다. 특히 유아는 평소에 쉽게 접할 수 없는 목공놀이 활동을 하고 공구를 다루면서 자신감과 성취감을 느끼게 되며 부정적인 정서를 해소하고 안정적인 정서발달을 이루게 된다. 목공은 어른의 영역으로 인식되어 왔지만, 유아가 평소에 직접 다루지 못하는 나무, 망치, 톱과 같은 자료 · 공구들을 다루면서 자신의 능력에 대해 인정하고 자신감을 기르게 된다. 유아가 할 수 있는 범위의 자료를 제공하고 목공 도구도 유아의 수준에 따라 단계적으로 충분히 숙달되도록 지도한다면, 목공놀이를 통해 유아에게 다양한 발달의 기회를 제공할 수 있을 것이다.

목공놀이 영역은 발달수준에 따라 환경구성이 매우 다르다. 목공놀이 자료와 도구에 따라 유아의 대 · 소근육 발달과 요구되는 기술이 다르기 때문에, 특히 유아의 안전을 위해서는 환경과 자료를 잘 조성하여야 한다.

목공놀이 영역은 공구의 사용과 안전을 위해 다른 영역의 활동에 방해를 받지 않는 독립적이고 조용하며 적절한 크기의 공간이 좋다. 교실 안에 목공놀이 영역을 구성한다면 방해를 받지 않는 공간 마련을 위하여 허리 높이 정도의 영역을 구분하는 칸막이를 세워 둘 수 있다. 이에 따라 유아는 영역 안팎에서 목공놀이를 관찰하고 자극받을 수 있다. 실외에 목공놀이 영역을 조성할 경우에는 유아의 대근육활동 공간과 떨어진 조용한 영역에 배치하는 것이 좋다. 다만, 목공놀이 영역은 반드시 교사의 감독하에 운영되어야 한다.

목공놀이 교수자료는 목공놀이를 하지 않는 동안에는 유아들이 함부로 만지지 않도록 관리감독을 하여야 한다. 영아와 유아를 위한 구체적인 자료와 도구는 다음과 같다.

■ 영아를 위한 교수자료

- 못 박기 자료- 밀가루 점토, 스티로폼, 나무못 또는 플라스틱 못, 플라스틱 망치
- 상품화된 목공놀이 세트- 플라스틱 목공놀이대, 플라스틱 못과 망치

■ 유아를 위한 교수자료(Huber, 1999; Wellhousen, 2002)

- 유아의 수준에 적절한 크기와 무게를 가진 목공놀이 자료라면 실제 목공작업에 사용하는 도구도 괜찮다.
- 목공놀이대(유아의 허리 높이로 작업하기 적당한 크기의 넓은 책상)
- 톱질용 목공의자(60×30×35cm, 중간 틈 2.5cm 정도; [그림 9-1] 참조)
- 톱질을 하거나 못질을 할 때 나무를 고정시키는 바이스(vise) 또는 시-클램프(c-clamp, 조임쇠)
- 망치: 못을 박을 때 쓰는 도구로 손잡이가 고무로 되어 있는 것이 좋고, 망치의 금속 부분과 자루의 무게 균형이 맞는 것이 좋다(유아용 망치의 적정 무게: 198.5~368.5g).

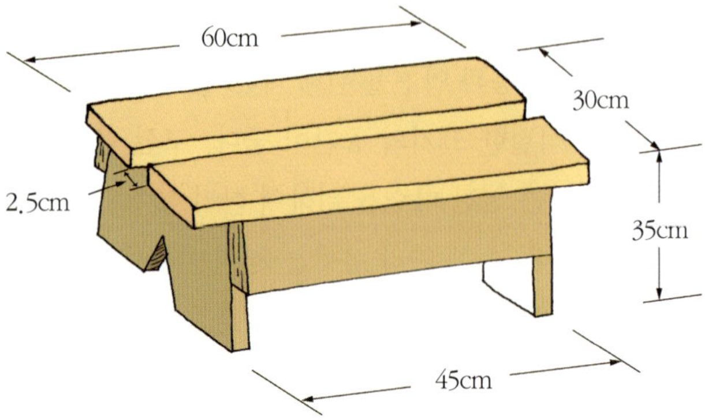

그림 9-1 톱질용 목공의자

- 쇠지레: 박힌 못을 빼는 도구로, 망치에 달린 장도리로 대신할 수 있다.
- 여러 종류의 못
- 나사못, 일자와 십자 드라이버
- 톱: 톱은 약 40~50cm로 가로톱(crosscut saw), 세로톱(rip saw), 마무리용 실톱(coping saw), 줄톱(compass saw)을 제공할 수 있다.

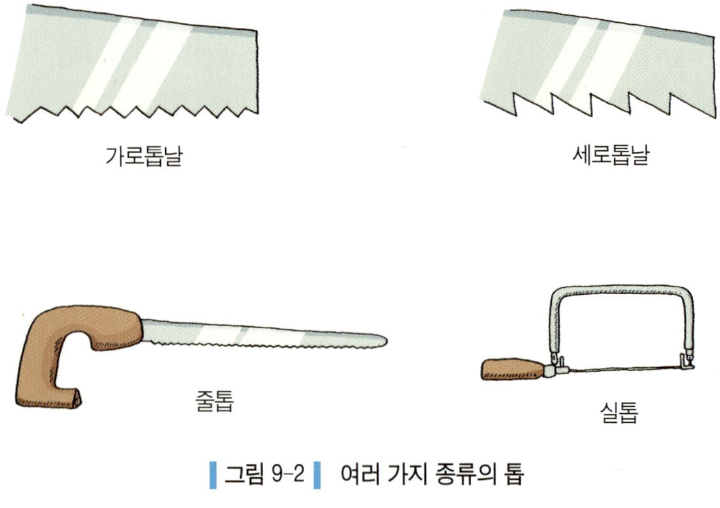

그림 9-2 여러 가지 종류의 톱

- 구멍 뚫는 공구: 손으로 돌리는 수동 핸드드릴, 송곳
- 다듬는 공구: 대패
- 그 외 자료: 모래종이(sandpaper), 목공용 접착제, 보호 안경, 기타 자료(줄자, 분필 · 연필, 철사 자르는 공구, 바셀린 연고, 간이 진공청소기, 빗자루와 쓰레받기)

목공도구를 보관하는 장은 [그림 9-3]의 왼쪽에 제시한 것처럼 평소에 잠가 두었다가 사용할 때마다 열어 놓고 쓸 수 있는 것으로 준비하고, 오른쪽 그림처럼 벽에 보드나 페그보드(peg-board, 격자 간격으로 구멍이 뚫린 판)에 도구를 걸어둘 수 있다.

그림 9-3 목공놀이 도구장의 예

목공놀이는 수많은 장점에도 불구하고 실제 공구를 사용하는 것도 있기 때문에 특히 유아의 안전을 염두에 두어야 한다. 목공놀이를 지도할 때에는 우선적으로 다음의 규칙을 적용하는 것이 바람직하다(Huber, 1999).

- 유아는 목공놀이를 하는 동안 반드시 보호안경을 착용하여야 한다.
- 유아가 선택한 자료와 도구를 사용하도록 한다.
- 자료와 도구는 사용 후 제자리에 정리한다.

목공놀이 활동은 자료의 특별한 기술적 문제들 때문에 유아의 수준에 따라 단계적으로 교수-학습지도를 하는 것이 바람직하다.

- **1단계** 유아는 결과보다 과정에 흥미를 가지기 때문에, 자신의 모든 감각들을 사용하여 자료와 도구를 탐색한다. 그러므로 자료와 도구 탐색 중심의 목공활동을 제공한다. 예를 들어, 2세 영아는 나무를 쌓거나 무너뜨리는 것을 좋아한다. 물체에 호기심을 가지고 나무를 느끼고 냄새 맡고 관찰하며 움직이는 과정에 참여한다. 3세 유아는 기술이 더 증가하여 능숙하게 밀가루 점토나 스티로폼에 플라스틱 못 또는 나무못을 박고 자신감과 성취감을 더욱 느끼게 된다. 유아에게는 톱질보다 못 박기가 보다 쉬운 활동이다. 점토나 스티로폼에 못을 박을 때, 못을 손으로 잡지 않고 펜치로 잡은 다음 못의 머리를 망치로 두드려 못을 박도록 한다. 4세 유아는 스티로폼이나 나무를 접착제로 붙이는 구성활동을 즐길 수 있지만, 아직 이 시기는 결과물이 잘 나오지 않을 수 있다. 그러므로 교사는 탐색의 과정중심으로 상호작용을 해 주고 격려해 주어야 한다.

- **2단계** 유아가 5세가 되면 목공에 실제로 사용하는 공구를 점차적으로 소개할 수 있다. 목공도구를 소개할 때는 한 번에 한 가지씩 소개하도록 한다. 유아는 스티로폼 블록이나 나무를 톱질하고 쇠망치로 못을 박는 경험을 할 수 있다. 유아는 나뭇결의 반대 방향으로 톱질을 하여 톱밥이 만들어지는 과정을 관찰 및 탐색하고 즐기며, 자신감을 향상시킬 수 있다. 유아는 자신의 목표를 가지고 나름의 속도대로 활동을 하면서 온 노력을 기울여 목공놀이에 몰두하게 된다. 목공도구를 처음 제시할 때는 올바른 사용법을 익히도록 한다. 톱을 사

용하는 경우, 교사는 스티로폼이나 나무가 움직이지 않도록 바이스나 시클램프로 스티로폼과 나무를 고정하고 톱질을 하도록 안내한다. 또한 처음에 목공도구 사용법을 익히게 할 때 유아가 미숙하므로, 사용방법을 쉽게 익히도록 하기 위해 나무 대신 스티로폼 조각을 먼저 제공하고 나중에 공구 사용이 능숙해지면 나무를 제공하도록 한다. 그리고 못 박기가 어려운 유아는 스티로폼이나 나무를 접착제로 붙이게 한다. 5세 유아는 과정의 즐거움을 잃지 않으면서도 점차 결과물을 생산하는 단계에 도달하게 되며, 처음의 작품에 대한 아이디어가 바뀌고 활동을 끝마치지 못할 수도 있다. 그러나 유아는 목공놀이를 즐기면서 더 많이 경험하고 기술을 사용하며 능숙해질 것이다.

같은 연령의 유아라도 발휘하는 목공기술은 매우 다르다. 실제로 각 유아의 흥미, 기술, 어려워하는 부분과 발달 속도는 자질과 상황적 요인에 따라 매우 다양하

바퀴 달린 의자를 만드는 모습

다. 그러므로 교사는 유아의 수준과 흥미를 잘 관찰하여 유아에게 철물점 또는 목공자료와 도구를 파는 가게를 견학하는 기회를 제공하여 목공놀이 방법에 대한 이해를 돕고 목공놀이에 대한 아이디어를 보다 확장시킬 수 있다.

무엇보다도 목공놀이는 유아가 직접 자료와 도구를 탐색하고 조작하는 기회를 제공하는 것이 중요하다. 도구를 소개할 때 교사는 올바른 사용법을 미리 알려 주고 필요에 따라 올바른 도구의 사용법을 시범 보이도록 한다. 못 박기를 먼저 소개하고 나중에 톱질 방법을 소개하는 것이 좋다. 유아의 목공기술이 더 발달되면 다른 복잡한 도구를 소개할 수 있다. 도구에 따라 유의할 점이 다르다. 대패를 사용하는 경우, 못을 박은 부분은 대패질을 해서는 안 된다.

교사는 유아의 활동을 잘 관찰하여 유아의 발달수준에 따라 자료와 도구를 단계적으로 제시하도록 한다. 그리고 교사는 유아가 작품 만들기에서 어떤 흥미를 가지는지 관찰하여 다른 자료들을 추가적으로 제공하여 주도록 한다.

제10장

대 · 소집단활동

대집단활동은 모든 유아가 한 자리에 모여 함께하는 활동을 의미한다. 대집단활동은 활동의 특성, 집단의 크기, 활동자료 등의 특성에 따라 공간과 모임의 형태를 다르게 운영할 수 있다. 대집단활동은 전체 유아와 상호작용할 필요가 있는 주제 또는 교육과정 진행상 중요한 주제에 대한 이야기 나누기나 토론이 필요할 때 할 수 있다. 대집단활동을 통해 유아에게 필요한 정보들을 인식하도록 하고, 대집단 속에서의 질서와 규칙을 지키며 다른 사람의 의견을 경청하고 배려하며 협동하는 태도를 기르도록 도울 수 있다. 대집단활동은 많은 유아가 함께하는 활동이기 때문에 유아의 주의가 흐트러질 수 있으므로 교사는 유아를 집중시키기 위해 말 잇기, 손가락 인형, 노래 부르기, 수수께끼 풀기 등의 방법을 활용할 수 있다.

반면, 소집단활동은 유아의 개별 발달수준, 흥미 및 요구를 잘 반영할 수 있고, 유아-유아, 유아-교사 간의 상호작용이 보다 질적으로 이루어질 수 있다는 면에서 매우 중요하다. 특히 유아들이 함께 활동을 하면서 자발적으로 자신의 아이디어를 표현하고 활동 과정에 반영하도록 하여 능동성과 성취감을 높이며 의사소통 능력과 사회성 발달을 도모할 수 있다. 또한 대집단활동에 비해 유아-유아, 교사-유아

간의 상호작용의 기회가 많아서 상호작용이 보다 질적으로 이루어질 수 있는 장점이 있다. 현대 유아교육과정에 많은 영향을 미친 비고츠키(Vygotsky)와 같은 학자들은 효과적인 교육을 위하여 유아 간의 협력학습을 강조하였다(Berk & Winsler, 1995). 유아는 소집단활동에서의 협력학습을 통하여 자기주도성을 기르고 학습과정에서의 성취를 매우 즐겁게 경험하게 된다.

대 · 소집단활동의 운영 시 고려해야 할 사항은 다음과 같다.

- 대 · 소집단활동은 다양한 교육내용과 활동 유형으로 구성할 수 있다. 동물의 알, 나뭇잎, 물, 안전하게 놀이하는 방법, 똑같이 간식 나누기 등과 같이 한 가지 주제에 대해 관찰하고 탐색하며 의견 나누기를 할 수 있다. 또한 동극, 견학과 같이 특별한 활동을 위한 계획, 게임, 조형활동, 악기활동, 창의적인 신체표현활동 등을 할 수 있다.
- 소집단활동을 운영하면서 교사는 활동에 참여하지 않는 유아의 안전도 고려해야 한다. 한 학급의 교사가 2명 이상일 때는 소집단활동을 하지 않는 유아들을 다른 교사가 도와줄 수 있어서 소집단활동 진행이 수월할 수 있다. 교사가 1명이라면, 자유선택활동 시간에 소집단활동을 운영하는 것이 바람직하다. 다만, 특별히 계획된 소집단활동일 경우 같은 시간에 이루어지는 자유선택활동은 유아에게 익숙하여 교사의 도움이 적어도 진행될 수 있는 활동으로 구성한다.
- 교사는 유아의 발달수준을 잘 파악하여 적절히 상호작용하면서 소집단활동을 진행하여야 한다. 특히 유아가 무엇에 관심과 흥미가 있는지, 유아가 일상에서 어떠한 사전경험을 했는지, 등을 파악하여 유아의 근접발달지대에 포함되는 내용의 활동을 선택하여야 한다.
- 유아가 소집단활동에 계속 참여할 수 있도록 특별한 격려가 필요하다(Berk & Winsler, 1995). 유아가 새로운 아이디어를 발견하거나 표현하였을 때 격려하며, 유아가 그것을 시도할 때 따뜻하게 지원해 주어 자신감을 가질 수 있도록 돕는다. 그리하여 유아가 알고 싶은 것을 발견해내고 새로운 것을 알아가는 학

습과정을 즐기도록 돕는다. 이러한 태도의 발달은 활동에서의 유아의 능동성을 더욱 촉진하게 될 것이다.

1 등 원

등원은 유아교육기관에서 경험하게 될 일과의 시작을 의미한다. 등원 시 유아는 가정으로부터 분리되어 유아교육기관의 일과에 참여하기 위해 정서적인 전환을 경험하게 된다. 교사는 개별적인 상호작용으로 유아의 상태를 파악하며 가벼운 신체 접촉을 통해 유아가 편안하게 일과에 참여할 수 있도록 한다. 등원 시 유아는 친구들과 유아교육기관의 여러 교사들을 만나게 되므로 사회적 상호작용과 의사소통을 경험하게 된다. 따라서 교사는 매일의 일과에서 반복적으로 진행되는 등원 시간에 유아에게 따뜻함과 편안함을 느낄 수 있는 만남, 즐거움과 흥미를 유발하게 하여 유아교육기관의 일과에 유아가 자연스럽게 동화될 수 있도록 세심하게 배려하여야 한다.

등원의 구체적인 지도 방법은 다음과 같다.

- 교사는 유아가 등원하기 전에 교실을 환기하고 교재 · 교구와 활동자료 등의 준비를 마쳐야 하며, 유아와 개별적으로 인사를 나누며 밝고 편안한 분위기로 맞이한다.
- 정해진 시간보다 일찍 등원한 유아가 있는 경우, 언어 영역, 조작 영역의 정적인 교실의 일부 영역을 제한적으로 열어 시간을 보내도록 한다. 그러나 등원 시간이 매일 빠른 유아가 있다면 부모와 상의하여 등원 시간을 조절하거나 당번 교사를 정하여 유아를 맞이하고 별도의 공간에서 시간을 보내도록 배려한다.
- 유아의 건강 및 심리 상태를 개별적으로 확인한다. 또한 건강 및 심리 상태가

불편한 유아의 경우에는 개별적으로 일과를 조절할 필요가 있으며 등원 시간 뿐만 아니라 일과 운영 동안에도 지속적으로 관찰하여 적절한 조치를 요구하는 시기를 놓치지 않아야 한다.

- 부모와 함께 등원하는 경우 부모로부터 유아에 관해 자세한 정보를 얻을 수 있다. 통학버스로 등원하는 유아의 경우에는 부모기록지 또는 간단한 메모지로 교사에게 알리고 싶은 사항을 전달하도록 안내한다.
- 부모기록지는 유아의 건강 및 심리 상태, 유아가 경험한 특별한 사건, 가정의 행사 등 부모가 교사에게 알려야 할 내용을 간단히 기록하는 것이다. 수업 중에는 전화통화가 원활히 이루어질 수 없으므로, 부모기록지의 활용이 바람직함을 부모들에게 고지해야 한다. 그러나 특별한 이유로 부모가 전화로 유아의 상태를 알리고자 하는 경우에는 통화가 가능한 다른 교직원이 전달사항을 정확하게 기록하여 담임교사에게 전달하도록 한다.
- 투약이 필요한 유아의 경우 부모가 투약 방법과 시간, 분량 등을 기록한 투약 의뢰서를 약과 함께 교실 또는 현관 입구에 비치된 투약상자에 두게 한다. 통

유아와 교사가 인사를 나누는 모습

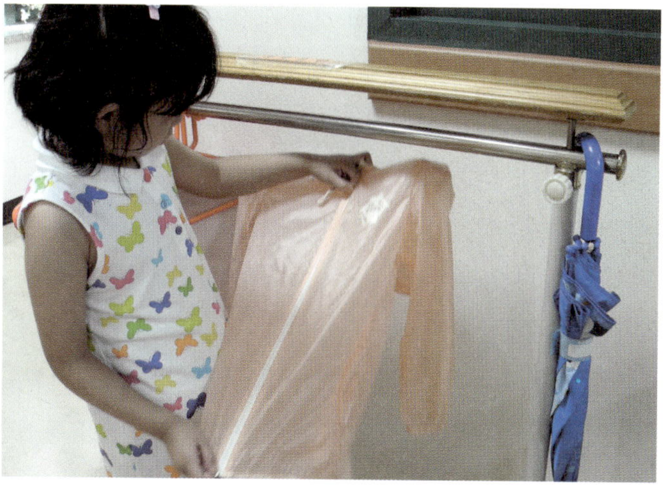

유아가 자신의 소지품을 정리하는 모습

학버스로 등원하는 유아의 경우에도 차량지도교사에게 투약의뢰서와 약을 전달하도록 안내하도록 한다.

- 유아의 이름과 사진 등으로 제작된 이름표와 출석판을 준비하여 유아가 스스로 자신의 출석을 표시하게 한다. 유아는 자신의 출석을 표시하면서 자연스럽게 친구들의 출석 상황을 파악하게 되며, 이때 글자에 대해 흥미를 느낄 수 있다.

2 이야기 나누기

이야기 나누기는 유아와 교사가 함께 생각과 의견을 나누는 시간을 말한다. 이야기 나누기 시간은 원래 유아의 활동을 원활히 하기 위한 목적으로 실행되지만, 현장에서는 교사가 유아에게 일방적으로 정보를 전달하는 목적으로 사용되는 경우가 적지 않다. 물론 정보 전달을 목적으로 이야기 나누기 시간을 활용할 수 있지만, 그것이 너무 일방적일 때 유아의 관심을 얻는 데 실패하기 쉽다. 이야기 나누기는 유아들이 자신이 학급에서 지켜야 할 규칙 정하기, 특정한 주제에 관해 토의하기, 활동 진행 상황에 대해 이야기 나누기, 주말을 지낸 이야기 그리고 활동 평가 및 다음 날의 활동 계획 등 다양하게 이루어진다. 이야기의 주제나 상황에 따라 집단의 구성도 대집단만을 고집하지 않고 다양하게 운영될 수 있다. 교사들은 한 번에 많은 유아와 동시에 상호작용할 수 있는 대집단 유형의 이야기 나누기를 선호하는 경향이 있다. 물론 대집단 형태의 이야기 나누기가 유익한 측면도 있지만 참여 유아들의 동기를 유발하여 이들이 주도적으로 참여하는 이야기 나누기가 되기 위해서는 소집단 형태의 이야기 나누기가 보다 효과적이다. 이처럼 이야기 나누기의 내용과 성격 그리고 이야기가 이루어지는 상황에 맞게 집단의 크기를 융통성 있게 조절하여 운영할 수 있다.

1) 교육적 가치

이야기 나누기는 유아들 간에 다양한 경험이 공유되는 활동이자 유아교육과정 운영에 필수적인 활동이다. 이야기 나누기를 통해 얻을 수 있는 교육적 가치는 다음과 같다.

- 유아는 자신의 생각, 경험, 느낌을 적절하게 언어로 표현함으로써 자신감을 얻게 된다.
- 유아는 다른 사람의 생각을 이해하고 적절하게 반응하는 등의 의사소통 능력이 향상된다.
- 유아는 경험을 타인과 공유하는 과정에서 자신의 생각을 수정하거나 새로운 아이디어를 창출하여 공동 학습의 경험을 하게 된다.
- 유아는 의사결정 경험을 하게 되어 사회성 발달을 비롯한 다양한 제반 발달을 하게 된다.
- 유아는 다른 사람의 의견을 바른 태도로 경청하는 습관을 기르게 된다.

- 유아는 생각을 재정리하고 종합하는 가운데 사고력과 문제해결력이 향상된다.
- 교사는 유아의 흥미와 요구를 파악하여 교육계획에 반영할 수 있게 된다.

[그림 10-1]은 이야기 나누기 활동의 교육적 가치를 보여 준다.

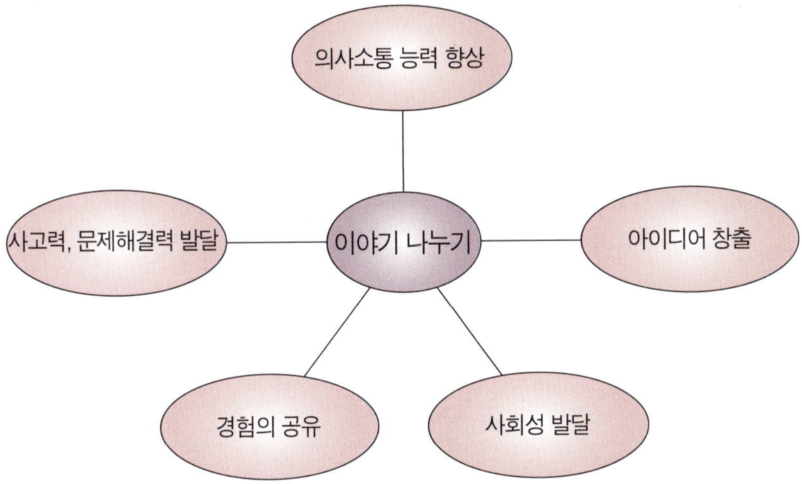

그림 10-1 이야기 나누기 활동의 교육적 가치

2) 활동 유형

(1) 주말을 지낸 이야기 나누기

주말의 경험 발표하기는 주말을 지내면서 유아가 경험한 것을 다른 유아들에게 전달하고 공유하는 시간으로, 대부분의 학급에서는 월요일 아침에 주말 동안에 있었던 일에 대해 이야기를 나눈다. '부모님과 함께 동물원 갔던 일' '할머니 댁 방문했던 일' 등 주말을 지낸 이야기 나누기는 교사에게는 유아들을 이해하고, 유아들에게는 친구들의 생활을 서로 이해하는 중요 자원이 된다.

(2) 새 소식 나누기

새 소식 나누기는 올림픽 이야기, 공룡(초식, 육식)에 관한 이야기 등 최근의 관심이나 이슈가 되고 있는 사회적 관심사 그리고 유아가 생활하면서 경험하거나 새롭게 접하게 된 개념, 사실, 정보 등을 다른 유아와 함께 공유하기 위한 목적으로 이야기 나누는 것을 말한다. 새 소식에서 다룬 내용은 유아에게 새로운 흥밋거리가 되어 탐색 및 탐구 활동으로 확장될 수도 있다.

(3) 소개하기(보여 주며 묻고 말하기)

유아는 성인과 달리 사물을 중심으로 관계를 형성하려는 경향이 있다. 따라서 유아가 평소 좋아하거나 소중히 여기는 놀잇감, 작품 등에 대해 자랑하고 싶은 것을 알리는 '소개하기' 시간은 유아의 욕구에 맞는 활동이다. 그러나 유아가 '소개하기'로 한 사물 혹은 놀잇감은 종종 다툼의 원인이 된다. 또한 유아들이 소개하고픈 마음에 부모에게 새로운 물건이나 놀잇감 구입을 요청할 수도 있다. 따라서 교사는 유아가 소중이 여기는 물건이나 놀잇감을 교실로 가져 오는 것을 신중하게 고려해

유아가 자신이 가져온 자원을 소개하는 모습

야 한다. 따라서 이러한 분쟁을 예방하기 위해서 매주 소개하기를 하기보다 한 달에 한 번 정도 실행하는 것이 좋다. 이 활동은 상호작용이 활발하게 이루어지도록 대집단이 아닌 소집단의 형태로 활동을 운영할 수 있다.

과거 소개하기가 '보여 주며 말하기(show and tell)'의 형태로 운영되어 발표하는 유아를 제외한 다른 유아들이 조용히 앉아 있는, 수동적으로 활동에 임하게 한 것과 달리, 최근에는 '보여 주며 묻고 말하기(show and ask-tell)'로 진행하여 활동에 참여한 유아 모두가 적극적으로 경청하고 질문하는 등의 적극적 참여를 유도하고 있다.

(4) 토의하기

토의하기도 토의 목적에 따라 다양한 형태로 운영할 수 있다. 예컨대 유아들과 함께 규칙을 만들기 위한 토의활동도 가능하다. 교사가 규칙을 일방적으로 전달하는 방법에 비해 토의를 통한 규칙 정하기는 유아로 하여금 주인의식을 갖게 하여 규칙을 이해하고 내면화할 수 있게 한다는 점에서 의미가 있다.

그 밖에 특정한 문제를 해결하기 위한 토의, 어떠한 형태 · 모양 · 재질로 구조물을 구성할지에 대한 토의, 동극 무대 꾸미기나 배역 정하기 등과 같이 협동놀이 중에 해결해야 할 과제에 대한 토의, 도덕적인 갈등 상황이 제시된 가상적 문제 상황에 대한 토의 등 다양한 유형의 토의를 진행할 수 있다.

(5) 일과 계획 및 평가하기

하루의 계획 세우기는 주로 개별이나 몇몇 유아와의 상호작용을 통해 이루어지는 것이 일반적이지만, 새로운 자유선택활동을 소개하거나 놀이를 안내하는 경우와 간단한 전달 사항은 대체로 대집단으로 진행된다. 대집단으로 활동이 이루어진 뒤에도 교사는 필요로 하는 유아들이 개별적으로 혹은 소집단의 형태로 활동을 계획할 수 있도록 지속적으로 안내하는 것을 잊어서는 안 된다.

하루 일과의 평가는 개별 유아의 자유선택활동 결과물, 유아의 생각과 아이디어

등에 대해 귀가지도 전에 하는 하루 일과를 회상하는 시간을 통해 이루어진다. 이 때 유아들은 평가표에 자신의 하루 일과에 대한 만족 정도를 평가할 수 있다.

다른 유아들의 하루 일과 평가를 지켜보면서 유아는 그러한 경험을 공유할 기회를 얻게 된다. 또한 이러한 간접 경험은 유아들로 하여금 그 활동에 대한 동기를 유발하여 새로운 탐색을 가능하게 할 뿐 아니라, 그것과 관련된 정보를 획득할 기회를 얻게 된다. 교사의 입장에서 하루 일과의 평가는 유아의 반응, 흥미와 의견들을 파악할 수 있는 귀중한 시간이므로 이들의 의견을 수렴하여 다음 활동을 준비하는 등의 효율적인 교육을 꾀할 수 있다는 장점을 갖는다.

(6) 주제에 관한 이야기 나누기

이야기 나누기는 유아들이 서로 정보를 나누는 기회로 활용되어야 한다. 교사만이 유일한 정보 제공자일 때 유아는 수동적인 역할에 한정되어 유아의 적극적 참여를 끌어내기 어려워진다. 따라서 교사는 정보가 일방적으로 전달되지 않도록, 또한 유아의 흥미와 발달 수준에 따라 주제를 선정하며 이를 다양한 매체를 적절히 활용하여 유아의 적극적 참여를 유도할 수 있어야 한다. 또한 유아들의 공동 관심사로 주제가 결정되면 주제 관련 정보, 개념, 지식의 공유를 위한 유아 간의 활발한 의견 교환을 격려하고, 유아가 직접 조사하고 탐구해 온 지식과 개념을 토대로 이야기를 진행하여, 유아가 주도되는 활동이 되어야 한다.

3) 교수-학습방법

효율적인 이야기 나누기 활동이 되기 위해 다음과 같은 교수-학습 원리를 적용할 수 있다.

- 교사는 이야기 나누기에 대한 목표를 분명히 인식하고 지식이나 개념 전달보다 유아가 지식을 획득하는 과정 및 방법에 더 의미를 둘 수 있도록 배려해야

한다.

- 유아들이 서로의 경험을 공유하여 공통의 학습 경험을 하는 기회를 갖도록 배려한다.
- 모든 아이에게 기회를 균등하게 주도록 한다. 교사는 가능한 모든 유아가 골고루 대화에 참여하도록 안배하며, 자신의 의도에 맞는 이야기를 하는 특정 유아에게 잦은 기회와 시간을 할애하지 않도록 한다. 간혹 의사표현을 하지 않던 유아가 발표 의사를 표명한 경우 먼저 이야기할 수 있는 기회를 준다.
- 유아의 발달수준, 주의집중 시간, 집단의 크기 등을 고려하여 활동한다. 이야기 나누기가 효율적으로 이루어지려면 유아의 발달수준과 집중 시간을 고려하며, 교육목적과 내용, 활동 특성에 따라 대 · 중 · 소집단의 크기를 정한다. 만 3~5세 유아의 주의집중시간은 10~20분에 불과하므로, 모든 활동은 이들의 흥미가 아직 남아 있을 때 중지하는 것이 좋다. 또한 유아-교사 간의 상호작용이 활발히 이루어지기 위한 장소 및 배치 역시 중요하다. 즉, 안정된 곳에서 유아들의 수를 고려하여 원형, 반원형 등으로 구성하며 이야기 나누기를 하는 동안 개별 유아들의 반응을 잘 관찰할 수 있어야 한다.
- 다양하고 적절한 질문 활용을 통해 유아의 사고를 확장시키고, 관심과 주의를 집중하여 이야기의 흐름을 잘 이해할 수 있도록 도와야 한다. 자신의 경험을 적절히 표현하지 못하는 유아를 위해서는 보충 질문을 통해 의사표현을 돕는다. 그럴 경우 한 가지 답을 유도하는 수렴적 질문을 할 수 있으며, 때로는 다양한 이야기가 나올 수 있는 발산적 질문을 필요에 따라 적절히 사용해야 한다. 그러나 유아의 사고 확장을 위해 발산적 질문을 보다 많이 하는 것이 바람직하다. 또한 유아에게 질문을 한 후에는 유아가 생각할 수 있는 시간을 충분히 주어야 한다.
- 이야기 나누기를 효과적으로 하려면 이야기의 내용을 충실히 살릴 수 있는 매체를 선택하여 활용해야 한다. 동기유발과 이해, 흥미가 지속되도록 실물, 인형자료, 그림 및 사진, 영상자료 등의 다양하고 적합한 매체를 활용해야 한다.

- 교사는 정확한 언어 표현과 바른 태도로 유아와 의사소통을 해야 한다. 교사는 표준어를 사용하여야 하며, 문장의 구조가 단순하고 문법에 맞는 언어를 사용해야 한다. 또한 적절한 몸짓과 함께 억양에 변화를 주며, 바른 경청 태도를 보임으로써 유아와의 호혜적 상호작용이 원활히 일어나도록 한다.
- 여러 사람 앞에서의 발표를 두려워하는 유아, 너무 작은 소리로 이야기하는 유아, 길게 말하는 유아, 엉뚱한 이야기를 하는 유아, 산만하여 활동을 방해하는 유아 등 다양한 유형의 유아들이 있다. 이때 교사는 유아의 장황한 이야기를 정리해 주거나, 엉뚱한 이야기를 하는 경우 이야기 주제를 다시 상기시켜 주는 등 이야기 나누기 흐름의 방해를 최소한 줄이고 주의를 집중할 수 있도록 이끌어 주며 끝까지 경청하는 모범을 보여야 하며, 유아가 발표로 성취감을 느낄 수 있도록 안내하고 배려해야 한다.

교사와 함께 주제에 대해 이야기 나누는 모습

3 동 화

동화에 대한 정의는 학자에 따라 그 범위와 구체성에서 차이를 보이지만, 동화의 발생과 발달 과정에 관해서는 거의 일치된 견해를 보인다. 석용원(1983)은 동화를 옛 이야기나 민화 중에서 그 형식을 취하고 인간의 보편적인 진실을 내용으로 하는 시에 가까운 산문문학으로서 어린이에게 들려주기 위한 이야기라고 하였다. 박화목(1990)은 서민 계층에서 자연 발생하여 구전되어 내려온 민담, 더 근원으로 올라가서 신화, 전설, 우화 등 이른바 설화 문학에서 성인을 대상으로 발달된 것은 소설이고, 아동을 대상으로 발달된 것은 동화라고 정의하였다.

이 정의들을 종합해 보면, 동화는 아이들을 대상으로 전승되어 온 옛 이야기이거나 창작된 문학의 한 형태라고 할 수 있다. 결론적으로 동화는 유아를 위한 흥미 있는 이야기로서 창작하거나 전래되어 온 시에 가까운 산문문학이며, 현실과 환상의 내용이 담겨져 있는 문학 형태라고 정의할 수 있다.

1) 교육적 가치

유아기의 동화에 대한 경험은 언어발달, 정서발달 그리고 가치관 형성과 관련하여 중요한 의미를 가진다. 더구나 유아기는 감수성이 예민한 시기이므로 동화에서 받은 인상은 축적되어서 이후의 인격형성에 기초가 된다. 직접 체험의 기회가 적은 유아에게 삶의 의미와 지혜, 남과 더불어 사는 방법을 터득하기 위한 간접체험으로 가장 좋은 매체가 바로 동화라고 할 수 있다.

유아는 교사가 들려주는 동화를 듣고, 혹은 혼자 읽으면서 자신의 감정을 표출하거나 자신의 생활과 연관 지어 경험을 확대시키고 간접 경험을 통해 타인을 이해하게 된다. 제펠트(Seefelt, 1980)는 유아는 동화를 통하여 겪어 보지 못한 새로운 형태의 삶과 사건, 타인의 삶과 사고들을 경험하게 되고 인간의 정서에 대한 통찰력을 가지게 된다고 주장하였다. 또한 유아는 동화를 통해 사고력이 신장되고, 현실적인 고정관념을 탈피하여 자유로운 상상력을 발휘할 수 있게 된다(Elley, 1989). 동화의 교육적 가치를 구체적으로 살펴보면 다음과 같다.

- 동화는 유아의 언어능력 발달을 돕는다. 동화를 통해 유아는 문어와 구어의 연관성을 알고, 흥미롭게 다양한 어휘를 익히며, 읽기 · 듣기 · 쓰기 활동의 동기를 유발하고, 상황에 적절한 의사 표현력, 이야기 구조의 개념을 배운다.
- 동화는 유아의 상상력 · 사고력 · 문제해결력 · 창의적 사고력을 신장시킨다. 동화는 유아의 지적 호기심을 충족시키며, 새로운 지식을 제공하여 다양한 지적 발달을 돕는다. 또한 동화는 유아로 하여금 다른 사람을 이해하게 하며, 여러 가지 문제를 해결할 수 있는 능력을 갖추게 한다.
- 동화는 유아의 정서적 표현 및 순화를 경험하도록 한다. 유아는 동화를 통해 등장인물의 경험을 간접적으로 체험함으로써 기쁨 · 슬픔 · 아픔 · 분노 · 공포 등의 정서를 공감하게 되고, 이 공감을 통해 유아 자신의 정서가 풍부해지며, 내재되어 있던 부정적 정서를 순화시키게 된다. 이러한 정서표현 및 순화의 경험은 유아에게 긍정적이고 올바른 가치관을 심어 주어 올바른 삶의 태도를 길러 줄 수 있다.
- 동화는 유아의 도덕적 판단 의식을 고취시켜 바른 판단력을 갖도록 한다. 수많은 이야기를 듣는 경험은 자연스럽게 선악의 구별 능력이 형성될 수 있도록 하며, 유아 자신의 가치 판단기준을 갖도록 한다.
- 동화를 통해 현실과 다른 상상력의 세계를 경험하면서 유아의 예술성, 상상력을 확대시킨다.
- 동화책을 보면서 책을 감상하는 태도와 좋은 책 읽기 습관을 형성시킬 수 있다. 유아는 동화의 내용을 들으면서 책 속의 내용을 감상하게 된다.

2) 동화 선정 기준

동화를 선정할 때에는 다음의 사항을 고려한다(이경우, 장영희, 이차숙, 노영희, 현은자, 1997).

- 유아의 발달 수준, 이해 능력과 흥미에 적절한가? 유아에게 제시되는 동화책은 분량이 너무 길지 않아야 하며, 유아의 기본욕구와 흥미가 충족될 수 있어야 한다.
- 주제가 분명한가?
- 동화의 내용이 건전하며 도덕성을 길러 줄 수 있는가?
- 유아의 지식과 경험을 풍부하게 하는가?
- 쉽고 반복적이며 리듬 있는 언어로 구성되었는가?
- 그림이 이야기 내용을 잘 표현하고 있는가? 동화책의 그림은 글과 통일성을 가지고 있어야 하며, 심미적인 예술성이 있고, 그림을 보고 내용을 파악할 수 있도록 구성되어 있는 것이 좋다.
- 인물의 구성이 적합한가?
- 이야기가 재미있는가?
- 동극, 토의 등 다양한 통합 활동에 연계될 수 있는가?

3) 교수-학습방법

동화 읽어 주기의 방법에는 정보추출적 읽기와 심미적 읽기 방법이 있다(Rosenblatt, 1991). 정보추출적 읽기는 등장인물의 순서, 이야기의 내용 파악 등에 초점을 두는 방법이며, 심미적 읽기는 가장 재미있었거나 인상적인 부분, 혹은 이야기 내용이 상상되는 부분에 더 초점을 맞추는 방법이다. 교사는 이 두 방법을 적절히 활용하여 동화활동을 계획하는 것이 바람직하다(박미라, 2002). 한편, 동화활동을 진행할 때에는 동화 내용의 특성에 적합한 전달매체의 선정이 매우 중요하다.

전달 유형은 구연동화, 그림동화, TV동화, 융판동화, 자석동화, 막대동화, 테이블 인형 동화, 여러 종류의 인형동화, OHP 동화, 실물 화상기 동화, 파워포인트 동화 등이 있다.

(1) 동화 읽어 주기

동화 읽어 주기 활동은 대부분 교사가 이야기를 들려주고 유아는 수동적인 자세로 듣는 것으로 이루어진다. 이러한 방법은 교사-유아, 유아-유아 간의 효율적인 상호작용을 기대하기 힘들다. 그러므로 동화 읽어 주기에서 가장 중요한 것은 교사가 유아의 반응을 살피면서 상호작용하는 것이다.

- 교사는 유아에게 책을 읽어 주기 전에 먼저 책을 읽어 보고 이야기의 흐름을 파악하고 있어야 한다.
- 읽어 주기 활동은 유아들을 모이도록 한 후 진행할 수도 있고 자유선택활동 시간에 소집단별로 혹은 개별적으로 할 수 있다.
- 전체적 유아의 반응을 살피면서 읽어 주는 것이 좋다. 개인적으로 유아의 모든 질문을 받아주고 들어줄 수는 없지만 전반적인 유아들의 반응을 보면서 유아들의 질문에 답해 주기도 한다.
- 책을 다 읽어 준 후에는 동화의 그림을 한 장씩 보여 주면서 어떤 내용이었는지 회상해 보도록 한다. 이때 내용을 이해했는지 알아보려고 계속해서 질문을 하는 것은 좋지 않다. 동화책을 읽음으로써 유아가 받아들인 정서가 중요한 것이지 인지적인 기억력이나 지식 획득이 목적이 되어서는 안 된다.
- 책을 감상한 후 책의 내용과 연관하여 다른 제목을 지어보거나, 정서를 그림이나 몸으로 표현해 보거나, 인형극을 해볼 수 있는 기회를 제공해 주어 유아가 다양하고 창의적으로 동화와 관련된 느낌을 표현하도록 한다.

동화 읽어 주기의 실제 운영 방법은 다음과 같다.

■ 도입

- 유아의 주의집중, 홍미와 호기심을 일으킬 수 있는 방법을 계획한다(수수께끼, 인형 등장, 그림 및 사진 제시 등을 활용).
- 동화에 나오는 등장인물이나 동화 속에 등장하는 배경, 사건 등을 유아의 경험과 관련하여 간단히 이야기를 나눈다.
- 도입 시간을 갖지 않고 바로 동화를 시작할 수도 있다.

■ 전개

- 동화의 제목을 소개하고 동화를 처음부터 끝까지 들려준다.
- 이야기의 내용에 적합한 목소리로 표현하여 이야기의 내용을 효과적으로 전달한다.
- 교사는 동화를 들려주면서 유아의 반응을 보며 적절히 상호작용한다.
- 설명과 해설 방식의 묘사를 피하고, 간접화법보다는 직접화법의 회화체를 사용한다.
- 억양의 적절한 변화와 적절한 몸짓, 말의 속도, 표정, 시선 등에 유의한다. 과도한 얼굴표정과 몸짓, 지나치게 빠른 목소리, 거친 어투 등을 피한다.
- 이야기의 흐름을 끊지 않는 상황에서 필요시 질문을 하고 중간에 유아가 질문을 하는 경우에도 짧게 답해 주거나 동화가 끝나면 질문하게 한다.
- 동기 부여나 홍미 유지를 위해 음악이나 소품을 활용할 수 있다.
- 읽어 주기가 지나치게 길어지지 않도록 유의한다.
- 교사는 유아의 주의집중 한계 또는 이야기에 대한 유아의 홍미에 맞게 융통성 있게 이야기의 길이를 조절한다.
- 동화를 다 들려주었으면 유아가 이야기를 회상할 수 있도록 그림이나 동화 자료를 다시 보여 준다.

■ 마무리

- 동화에 대한 전체적인 느낌을 이야기해 본다.
- 도덕적인 훈계나 평가 대신 유아의 생각을 정리해 준다.
- 동화와 관련하여 주인공에게 편지 쓰기, 동화의 다음 이야기 상상하여 짓기 등 다양한 연계활동들을 계획할 수 있으나 매번 반복적으로 진행하지는 않도록 한다.

(2) 리허설을 활용한 책 읽기

리허설은 영화 예고편과 같다. 리허설을 활용한 책 읽기는 영화의 예고편이 영화에 대한 호기심을 유발하고 영화의 내용을 이해하는 데 도움이 되는 것과 같다. 아무런 준비 없이 영화를 보는 것보다 영화에 대한 약간의 정보가 있을 때 영화에 몰입이 수월했던 기억을 상기하면 된다.

이야기에 대한 리허설은 정식으로 동화를 읽어 주기 전에 하는 일종의 맛보기로, 유아로 하여금 동화에 관심을 갖게 하여 동화에 대한 동기를 유발시킨다. 동기 유발은 동화에 대한 이해를 높여 주기 때문에 리허설을 적용할 충분한 이유가 된다.

① 대집단으로 이야기를 읽어 주기에 앞서 언어 영역에서 개별 혹은 소집단을 대상으로 이야기를 먼저 들려주는 것도 리허설의 한 방법이다. 성인이 같은 책을 여러 번 읽어 책의 내용을 자신의 것으로 내면화하는 것처럼, 유아도 같은 이야기를 여러 번 접하면서 줄거리의 이해를 넘어 이야기가 주는 감동을 체험하게 된다.

리허설을 위해서는 먼저 유아용 동화에서는 그림이 이야기 구성의 주요 단서라는 사실을 명심해야 한다.

② 이야기를 들려주기에 앞서 교사는 이야기가 그려진 표지를 보여 주고 어떤 이야기인지 예측해 보게 한다. 이때 동화의 제목을 노출시킬 필요는 없다. 글자를 알아야 한다는 부담감을 주지 말아야 하며, 그림의 색채나 질감 등에 대해 이야기를 나눈다. "이 이야기는 어떤 이야기일 것 같니?" "왜 그런 생각이 들었니?" 라고 유아들이 이야기에 대해 예측할 수 있도록 상호작용을 하고나서, "어떤 이야기인지 같이 알아볼까?" 라고 하며 결말이 나오는 마지막 장을 제외한 동화를 한 장 한 장

보여 준다.

③ 대략적인 소개를 한 뒤 본격적으로 이야기를 들려준다. 이 과정에서 교사는 유아의 표정을 자주 살펴 반응을 알아본다. 유아들이 동화에 대해 친구들과 이야기를 나누고 싶어 할 경우 읽기를 잠깐 멈출 수도 있고, 관심을 보이는 부분에서는 천천히 읽음으로써 이야기에 대한 몰입을 도울 수도 있다.

④ 이야기를 다 들려준 다음 이야기 내용 기억하기나 토의를 진행할 수 있고, 유아들이 관심을 보였다면 다음날 같은 이야기를 다른 방법으로, 또 다른 날에 다른 매체를 사용해서 다시 들려줄 수 있다. 이야기를 반복해서 들려줌으로써 유아는 동화의 내용을 제대로 이해할 수 있게 된다.

⑤ 이야기에 대해 충분한 경험을 한 뒤에는 구연으로 혹은 그림이나 글로 유아가 이야기를 재창조하는 활동을 제공할 수 있다. 물론 이 과정에서 유아가 자신이 알고 있는 온갖 이야기를 끄집어내어 이야기를 꾸미기도 하지만, 그 자체가 가치 있는 활동이 된다. 유아들은 처음에는 자신의 관점에서 이야기를 지어내지만, 그것이 다듬어지는 과정에서 독자를 의식할 수 있게 되며 이것은 곧 유아의 탈중심화를 이끌어 낸다는 점에서 경험해 볼 만한 활동이다.

지금까지의 방법을 알기 쉽게 나타내면 [그림 10-2]와 같다.

그림 10-2 리허설을 활용한 책 읽기의 절차

동화의 표지를 탐색하며 이야기를 추측해 보는 모습

다양한 매체로 동화를 감상하는 모습

(3) 동화 지어 보기

유아와 함께 동화를 지어 보는 활동은 창의적인 활동임과 동시에 유아의 언어 이해력과 표현력을 향상시킨다. 그러나 무턱대고 동화를 지어 보라고 하면 유아들은 힘들어한다. 동화를 들려준 후 책에 대한 느낌을 말하는 것이 자연스럽게 이루어져

유아가 협동하여 동화를 짓는 모습과 그림책으로 꾸민 동화

야 한다. 이러한 경험이 이루어진 후 이야기 짓기 활동을 시도할 수 있다.

동화 지어 보기 활동은 유아의 말하기, 쓰기 활동의 증진뿐만 아니라 동화의 전체적인 흐름을 이해하고 자신의 생각을 창의적으로 표현할 줄 아는 방식을 터득해 나갈 수 있도록 해 준다. 또한 동화를 완성하는 과정에서 유아는 자신감과 성취감을 획득하게 된다(차영숙, 유희정, 곽정인, 강민정, 2008).

4 동시

동시는 유아의 마음을 사로잡는 시로, 동심을 바탕으로 가장 함축성 있게 표현한 글이다. 동시는 특별한 형식의 틀이나 규범에 묶이지 않고 자유롭게 쓰이는 것으로 자기 내면의 감정을 정돈하여 운율적인 문장으로 표현하는 것이다. 동화와 달리 동시는 인간의 생각이나 느낌을 기술하는 것이므로, 짧게 압축된 구절이나 문장으로 표현하면서 표현에 적절한 아름다운 단어를 선정하고 은유, 비유, 상징의 방법으로 이미지를 표현한다. 동요가 노래 부르는 특성을 가지고 있는 반면에 동시는 동심을 가진 성인과 유아가 쓰고 읽는 시로서 사색적 특성을 가지고 있다. 유아교육현장에서 동시 활동은 동시 감상하기, 동시 표현하기, 동시 짓기 등으로 운영된다.

1) 유아에게 좋은 동시

유아를 위한 시는 유아가 이해할 수 있는 언어로 표현되며, 추상적인 것보다 행동을 묘사한 시가 적합하다. 좋은 동시의 선택 기준은 다음과 같다(Burke, 1990).

- 진실하고 정직한 표현이 담겨 있는 동시
- 독창적이면서도 정서적인 공감대를 형성할 수 있는 동시

- 언어의 리듬과 운율, 음악적 요소가 뚜렷한 동시
- 생동감 있는 움직임이 묘사되어 있고 간결한 심상이 있어 그림으로 그릴 수 있는 동시
- 듣는 즐거움을 경험할 수 있도록 재미있는 소리를 담고 있는 동시
- 분명하고 정확하면서도 상상력을 자극하는 언어로 구성되어 있는 동시
- 유아에게 친숙한 소재를 다루고 있는 동시
- 전달하고자 하는 주제를 담고 있는 동시
- 교사가 읽어 보아 재미있고 다시 듣고 싶은 동시

2) 교육적 가치

유아는 청각적 즐거움을 느끼게 하는 감상활동을 좋아하는데, 시는 이러한 음악적 요소를 내포하고 있다. 유아는 동시를 감상함으로써 시의 음악성, 언어의 아름다움, 시가 함축하고 있는 메시지를 파악하게 된다. 유아가 동시를 듣고 떠오르는 이미지와 상상, 느낌 등을 말, 그림, 동작 등으로 표현해 보는 활동은 유아의 문학적 감각을 길러줄 수 있다.

동시 감상하기와 동시 표현하기가 동시에 이루어질 때도 있다. 유아는 짧은 동시를 듣고 손이나 몸동작으로 시의 내용을 표현할 수 있으며, 신체를 사용하여 시를 표현하는 것은 시에 대한 의미를 잘 파악할 수 있도록 도와준다.

동시 짓기 활동은 유아의 관심사 및 주제와 관련되는 다양한 활동 및 경험을 한 후, 유아 자신이 느낀 감정이나 생각, 신기한 일 등을 운율에 맞추어 함축적인 언어로 표현하는 방법이다. 동시의 교육적 가치를 살펴보면 다음과 같다.

- 시의 반복, 운율, 리듬감을 통해서 감각적인 즐거움을 경험한다. 동요와 동시를 읽고 들으면서 자신의 감정을 자연스럽고 정확하게 표현할 수 있는 언어적 표현력을 기른다.

- 시는 감성과 상상력을 고무시켜 다양한 방법으로 표상해 보는 경험을 자극함으로써 전인적 발달을 도모한다.
- 사물에 대한 직관력을 기르며 언어의 아름다운 기능을 배운다.
- 정서적으로 다양하고 풍부한 정서적 경험을 통해 문학적 감각, 상상력을 갖게 된다.
- 좋은 동시 감상을 자주한 경우, 자연스러운 동시 짓기로 이루어지며 유아는 자신의 생각, 상상을 글로 표현할 수 있게 된다.

3) 교수-학습방법

동시를 지도할 때 교사는 시적 표현의 아름다움에 대한 감각을 가지고 있어야 하며, 유아와 함께 시를 나누는 경험을 즐겨야 한다. 또한 유아의 흥미를 자극하여 관심이 지속되도록 지도해야 한다. 동시를 이용한 교수-학습방법은 다음과 같다.

- 유아의 발달 정도, 경험 여부, 흥미, 주제 등에 적합한 동시를 선정한다. 유아의 현재 수준에 맞는 다양한 형식과 내용 주제들을 가진 동시들을 광범위하게 선택하여 유아의 동시에 대한 안목을 넓혀 주어야 한다.
- 소개할 동시에 표현된 의미와 발음 등을 사전에 숙지하여 유아에게 효과적으로 전달할 수 있도록 한다. 동시를 낭송할 때는 목소리의 높낮이, 속도와 크기 등을 조절하여 강조점이나 의미의 변화를 부각시킨다.
- 동시의 내용을 지나치게 분석하거나 정보적인 설명을 위주로 진행하는 것은 흥미를 잃게 할 수 있으므로 주의한다.
- 유아가 동시를 충분히 감상하고 즐길 수 있도록 시간과 자료를 충분히 제공한다.
- 필요 시 유아에게 동시에 관한 전문 용어를 소개하거나 암송하게 할 수는 있지만, 유아의 상태나 흥미 정도를 반영하여야 하며, 강요하지 않아야 한다. 반복해서 듣고 낭송하는 가운데 자연스럽게 암기될 수 있다.

- 감상한 동시에 대해 유아들이 서로의 의견을 나눌 수 있는 기회를 주고, 반복해서 동시를 낭송해 볼 수 있도록 한다.
- 동시에 대한 생각이나 느낌을 물은 후 개방형 질문을 하고, 시를 음미할 수 있는 추후 활동을 계획하여 유아가 감상한 동시에 대한 반응을 표현할 기회를 주어야 한다.
- 유아를 위한 동시 자료는 흥미와 집중의 지속성을 위해 그림과 언어를 함께 사용하며, 인형자료, 그림, OHP 자료, 동영상, 실물 등의 다양한 시청각적 매체 등을 활용한다. 또한 동시의 주요 특성을 고려한 교수매체를 활용하는 것이 좋다. 예를 들면, 의태어가 자주 나타나는 동시의 경우 움직이는 그림자료로 제작하여 활용할 수 있고, 특정 소리가 반복되는 동시의 경우 악기나 소리 나는 물체들을 이용하여 동시 지도를 할 수 있다.
- 동시에 대한 교사의 주관적 느낌, 교훈, 설명을 일방적으로 주입하지 않는다. 유아의 느낌, 생각, 표현을 중시하고 잘 정리해 주는 활동에 중점을 둔다.
- 동시 활동은 한 번에 주어진 시간 내에 완벽하게 이루어질 수 없으며, 또한 그럴 필요도 없다. 동시는 전이 시간, 일과를 정리하는 시간, 주의집중시간 중에 수시로 이루어질 수 있는 활동이다. 여러 날에 걸쳐 다양한 기회를 통하여 동시를 낭송하면서 자연스럽게 동시의 아름다움을 느끼고 배울 수 있게 한다.
- 동시 감상 활동은 유아의 창의적 동시 짓기를 유발시킨다. 예를 들어, "소는 어떻게 울지?" "고양이는 어떻게 울지?" 등에 답한 것을 적어 주거나, 낙엽 위에서 뒹구르거나, 낙엽 밟기와 뿌리기, 구름 모양이 되는 것 연상하기 등의 경험을 비유적으로 표현하도록 하고, 교사는 이를 의성어, 의태어의 반복어구나 운율을 살려 동시 짓기를 도와줄 수 있다.
- 동시 짓기는 유아의 관심사와 관련된 생각 및 느낌을 이야기해 보고, 주제를 정하여 시의 제목과 내용을 짓도록 하여 이를 전시하거나 반복적으로 낭송하게 할 수 있다.

교사가 소개하는 동시를 감상하는 모습

움직이는 그림자료를 조작하며 동시를 표현하는 모습

무엇보다도 동시를 잘 지도하기 위해서는 교사가 시를 좋아하고 즐길 수 있어야 한다. 교사가 동시를 몇 편 기억하고 있다가 시간이 날 때마다 암송해 주는 것은 동시에 대한 관심을 증진시키는 좋은 방법이다.

낭송을 하는 과정에서는 단어에 대한 의미를 설명하지 않는 것이 좋으나, 유아가 어휘의 뜻을 물어오면 그 뜻을 짧게 알려줄 수 있다. 낭송 후에는 유아와 함께 말하는 과정을 통해 집단 속에서 안정감과 참여 의식, 리듬감을 경험시키는 시키는 것이 좋다.

그 밖에 교수 실제에서 유아가 동시에 대한 부정적 개념을 갖지 않도록 해야 하는데, 교사가 이를 위해 피해야 할 것은 동시를 들려주고 동시를 세부적으로 분석하기 위해 많은 질문을 하거나, 그릇된 읽기나 암기를 요구하면서 한 상황에서 너무 많은 동시를 읽게 하는 것이다. 이처럼 동시를 대상으로 평가하지 않는 것은 유아의 동시 즐기기를 돕는 일이다(김재숙, 2002). 또한 각 동시의 특성이 다름에도 한정된 방법으로만 동시를 지도하는 것은 동시에 대한 유아의 흥미를 떨어뜨리게 된다.

5 동극

1) 교육적 가치

동극은 교사가 들려준 동화를 유아가 극화해 보는 활동을 말한다. 동극을 위해서는 무엇보다 이야기에 대한 유아의 이해와 몰입을 필요로 한다. 동극은 그동안 소리로 듣거나 눈으로 읽었던 이야기를 자신의 몸으로 표현하는 활동이기 때문에 이야기 읽기와 관련된 어떠한 활동보다 유아의 이야기 이해를 극대화시킬 수 있다는 장점을 갖는다.

동극의 교육적 가치는 다음과 같다.

- 이야기의 이해를 향상시키며 또한 표현의 중요성을 경험하게 한다.
- 참여자들 간에 협동을 경험하게 한다.
- 동극에 적절한 표정, 목소리, 행동을 이해하여 상호작용 기술을 익히게 된다.
- 유아의 창의적 표현력과 상상력이 향상된다.
- 유아는 공연 감상 경험을 통해 적절한 감상 태도를 기르게 된다.

동극을 하기 위해서는 먼저 동극에 적절한 동화를 선택해야 한다. 동극에 적절한 동화를 선정할 때 고려해야 할 사항은 다음과 같다(김진영, 백혜리, 최윤정, 2001).

- 길이가 짧고 반복적인 대화체로 이루어진 이야기
- 역할을 행동으로 표현하기 쉬운 이야기
- 다양하고 등장인물이 많은 이야기
- 전개 과정이 명확한 이야기

2) 교수-학습방법

동극은 일종의 행위 예술로 동화와 관련된 활동 중 가장 복합적인 활동이라 할 수 있다. 그러나 유아가 해당 이야기에 대한 이해나 관심이 적을 경우 동극의 진행은 난관에 부딪히게 된다. 동극을 하기 위해서는 유아의 관심과 흥미가 무엇보다 우선이 되어야 한다.

동극 지도 방법은 다음과 같다.

- 리허설과 같은 방법을 통해 동화를 여러 번 그리고 다양한 형태로 경험한 후에 동극을 하여야 한다.
- 교사 주도의 동극이 되지 않도록 주의한다. 배역과 무대와 소품을 정할 때 유아의 의견을 반영하여 계획하도록 한다.

- 교사가 중간 중간 대사를 불러주며 동극 진행에 관여할 수 있으나, 유아들의 흥미가 전제되지 못할 때 교사의 지시에 따르기 위해 유아가 긴장하여 즐거운 경험을 망칠 수도 있음을 잊어서는 안 된다.
- 유아가 전체 줄거리를 이해했더라도 등장인물을 표현하는 극화 과정에서 순서나 대사를 잊기 쉬우므로 이에 대해 청중이 되는 유아들이 너그럽게 이해할 수 있도록 교사의 안내가 필요하다. 동극 배우들의 혼돈을 예방하기 위해 동극 참여자들에게 각각의 등장인물을 표현하는 머리띠나 목걸이를 사용하기도 한다. 이때 소품 제작을 유아들이 하게 하며 또한 "이 머리띠를 하면 동극을 하다가 네가 어떤 역할을 하는지 잊지 않을 거야."라며 소품의 필요성을 인식하게 도울 수 있다. 그래야 유아들이 주도적이며 창의적으로 동극을 이끌 수 있다. 그러나 소품에 지나치게 연연할 경우 동극이 갖는 고유한 의미를 상실할 수 있음을 기억한다.
- 동극을 한 느낌을 그림이나 글로 기록하게 하고 이를 전시하여 동극에 대한 유아의 관심을 키울 수 있다.
- 동극 과정을 촬영하여 유아가 원할 때마다 볼 수 있게 한다. 또한 원할 경우 다른 유아가 배역을 하게 하거나 새로운 이야기를 창출하여 이야기를 꾸미고 이를 다시 동극으로 진행할 수 있다.
- 유아가 동극을 여러 번 경험한 뒤에는 동극 자체는 물론 관람객을 위한 자리 배치, 초청장, 꽃다발 등을 유아들이 스스로 준비하게 하고, 배우 뿐 아니라 연출자, 공연 안내자의 역할도 경험할 수 있게 도와준다.

활동의 예

- 활동명: 커다란 순무
- 활동자료: 그림동화, 등장인물 표시 머리띠, 순무
- 활동방법

① 교사는 동극에 적절한 동화를 선택하여 동극에 적절하게 각색한다. 동화의 원 내용이 변화되지 않는 범위 내에서 등장인물의 특성이 잘 드러나도록 직접화

법을 사용하여 이야기의 내용을 전달하고 긴 설명 부분은 짧게 각색한다. 동극을 많이 경험한 연령이 높은 유아의 경우 교사가 동화의 내용을 각색하지 않고 들려 준 후 동극을 할 것임을 알린다. 유아들에게 동극에 적절하게 각색해야 함을 알리고, 동화를 각색하고 싶은 유아들이 모여 함께 대본을 만든다.

② 교사가 각색한 동화를 들려준다. 교사는 동화를 들려줄 때 유아들에게 동극을 위한 동화임을 알려준다. 동극을 위한 동화는 동극하기 전날, 동극을 하는 날 아침, 동극하기 직전 등 여러 차례 들려주어 유아들이 동화의 내용과 등장인물의 대사를 기억할 수 있도록 한다. 유아들이 직접 각색을 하여 동극 대본을 만든 경우, 교사는 유아들이 각색한 내용으로 동화를 여러 차례 들려준다.

③ 동화를 들려준 후 교사는 동화의 내용에 대해 회상시켜 준다. 등장인물, 주인공, 사건의 순서 등을 이야기해 준다. 또한 동화의 등장인물들의 대사를 함께 말해 준다(예: "할아버지가 큰 무를 뽑지 못하자 어떻게 말했니?" "할머니는 뭐라고 말했지?").

④ 동극을 하기 위해 필요한 것과 그것을 어떻게 준비할지에 대해 이야기 나눈다. 어린 연령의 유아나 동극을 경험한 지 얼마 되지 않은 경우 교사가 동극에 필요한 소품을 미리 준비해 줄 수 있다(예: 커다란 순무 그림, 등장인물 머리띠). 연령이 높은 유아의 경우는 유아들이 필요한 소품이 무엇인지, 필요한 것을 어떻게 준비할 것인지를 결정하고, 유아들이 직접 제작하거나 교사에게 도움을 요청하여 준비한다.

⑤ 유아들과 동화 속 등장인물이 누구누구인지 먼저 이야기한 후 배역을 결정한다. 유아들이 자신이 하고 싶은 배역을 표현하게 한다. 만일 많은 유아가 동일한 배역을 하기를 원할 때 교사와 유아는 배역을 결정하기 위한 방법에 대해 의견을 나누어 유아들이 정한 방법에 따라 배역을 정하기도 하고 양보하거나 순서를 정해 그 배역을 하도록 할 수 있다. 또한 배역 결정표를 만들어 사용할 수 있다. 교실 한쪽 벽에 배역 결정표를 게시해 유아들이 자신이 하고 싶은 배역과 언제 동극에 참여하고 싶은지를 결정하도록 할 수 있다. 소극적인 유아를 위해 교사는

커다란 순무 동극을 하고 싶어요					
	첫 번째	두 번째	세 번째	네 번째	다섯 번째
할아버지					
할머니					
손녀					
강아지					
고양이					
생쥐					
커다란 무					
나무					

그림 10-3 배역결정표

움직임이나 말이 없는 등장인물을 포함하여 동극에 참여하도록 안내할 수 있다.

⑥ 교사는 동극을 할 것임을 알리고 유아들이 동극을 할 수 있을 정도의 충분한 공간을 확보할 수 있도록 유아들과 함께 자리를 정리한다. 유아들 전체가 모일 수 있는 교실 내에서 가장 넓은 영역을 마련하여 동극에 등장하는 유아들이 대기하고 있을 장소를 확보한다. 동극 하는 공간과 가장 가까운 영역의 책상과 교구장을 한쪽으로 치워 대기 장소를 만들고 바닥에 표시를 해둔다. 연령이 높은 유아들은 자신들이 제작한 소품이나 교실 내에 있는 사물들을 이용하여 동극무대를 꾸민다.

⑦ 동극을 시작하기 직전 교사는 다시 한 번 동화를 읽어 준다. 이때, 교사는 유아들이 함께 등장인물의 말을 하도록 해 본다(예: "강아지야, 여기 와서 나 좀 도와줘.").

⑧ 배역을 맡은 유아들은 앞으로 나와 가면이나 머리띠를 쓰고 자기소개를 한다(예: "저는 할아버지를 맡은 노승욱입니다.").

⑨ 동극의 시작과 해설은 교사나 유아가 맡는다. 연령이 낮은 유아의 경우 주로 교

사가 해설을 맡지만, 연령이 높은 유아들은 유아들이 해설을 맡아 한다. 교사는 적절한 개입으로 극의 장면 및 시간 변화를 알려주고 극이 자연스럽게 연결되도록 말이 없는 행동에 대해 이야기해 주거나 대사를 속삭여 주기도 한다(예: "아침이 되어 할아버지는 밭에 무를 뽑으러 갔습니다." – 동극의 시작과 시간을 알려 줌; "할아버지, 할머니는 열심히 무를 뽑았습니다." – 유아의 행동을 격려함; "그래도 커다란 무는 뽑히지 않았습니다." – 유아의 다음 대사를 유도함).

⑩ 교사나 유아가 동극이 끝났음을 알리면 동극에 참여한 유아들은 무대에 한 줄로 서서 인사한다(예: "이렇게 해서 모두 행복하게 살았습니다. 이제 동극이 모두 끝났습니다. 모두 무대로 나와 주세요.").

⑪ 동극이 끝난 후 교사는 유아들과 함께 관람 소감을 나눈다. 이때 교사는 모든 유아의 노력을 격려한다. 관람 소감을 나눈 후 동극을 더 발전시키기 위한 의견을 나눈다(예: "커다란 순무를 더 재미있게 하려면 어떻게 하면 좋을까?").

⑫ 교사는 동극을 한 번만 하고 끝나는 것이 아님을 알려 유아들이 흥미를 가지고 지속할 수 있을 때까지 진행할 수 있다. 하루에 여러 차례 동극을 할 경우 유아들이 집중할 수 없으므로 하루에 한 팀씩 귀가 전이나 식사 후에 공연할 수 있다. 대집단 공연으로 진행하는 것뿐 아니라 흥미 영역에 동극 소품과 무대장치를 배치함으로써 자유선택활동 시간에 원하는 유아들끼리 소집단으로 이루어질 수 있도록 한다.

대사 구성, 소품 제작 및 무대 설치 후 동극을 하는 모습

6 노 래

1) 교육적 가치

유아의 노래 부르기는 특별한 훈련이나 지적학습을 경험하기 이전에도 가능한 기초적인 활동으로(이성천, 1991), 유아의 일상생활에서 가장 쉽게 경험할 수 있는 음악적 표현활동 중 하나다. 노래 부르기는 시각, 청각, 운동감각적 음악활동을 포함하는 보편적인 음악활동으로서 유아의 음악적 욕구를 충족시키는 기회를 제공한다.

유아는 이른 시기부터 육성에 편안함을 느끼고, 유아와 눈을 마주하며 부드러운 음색의 목소리로 노래하는 성인의 노래에 더욱 귀를 기울인다. 연구자들(Davidson, 1985; Davidson, McKernon, Gardner, 1981; Gembris, 2002)에 따르면, 유아가 자신의 목소리를 탐색하는 기간이 지난 2~3세 무렵에 노래의 짧은 음구를 부를 수 있게 되며, 대략적인 멜로디를 따라 부를 수 있게 된다. 이후 시행착오를 거쳐 4세 무렵이 되면 노랫말과 리듬, 형식 등이 완성된 노래를 부를 수 있게 된다(Shuter-Dyson & Gabriel, 1981). 유아는 노래를 듣고 이를 완성하여 부르는 동안 다양한 리듬과 빠르기, 셈여림, 박자, 멜로디 등의 음악적 요소를 경험함으로써 이러한 음악적 요소의 인지 능력과 이를 표현하는 능력을 발달시킬 수 있다. 또한 노랫말의 의미를 이해하고 기억하여 노래로 표현해 보는 과정에서 언어 능력과 지적 능력 발달의 경험을 갖게 되며, 노래와 음악적 요소 간의 관련성, 즉 노랫말의 장단과 리듬 간의 관련성, 노랫말의 고저와 멜로디 간의 관련성을 이해할 수 있게 된다(박형신, 김금주, 2011; 정상녀, 박형신, 2009). 또 여럿이 함께 노래를 부르거나 노랫말을 바꿔 불러 보고 악기를 함께 다루거나 신체표현을 동반하는 등의 경험은 사회성과 창의성의 발달을 촉진할 수 있다.

2) 교수-학습방법

노래 지도는 대집단이나 소집단의 유아를 대상으로 이루어지므로 유아의 수에 따라 확보해야 하는 공간의 크기를 달리해야 한다. 노래 지도는 대개 집단을 대상으로 이루어지므로 이야기 나누기와 같이 반원형 또는 원형으로 둘러앉도록 자리를 구성한다. 그리고 노래 지도를 위한 교수자료의 활용을 고려하여 공간을 배치하는 것이 적절하다. 예를 들면, 게시판 또는 책상 등을 이용할 때에는 바닥이나 의자에 앉은 유아가 교수자료를 보는 데 불편하지 않아야 한다. 교사가 반주악기를 연주하는 동안에도 유아들과 마주볼 수 있는 위치를 확보하는 것이 바람직하다.

노래 지도를 위한 교수자료는 노래의 특성에 따라 제작하거나 구비하여 여러 가지 형태로 활용할 수 있다. 노래지도 시 자료 활용의 예를 제시하면 〈표 10-1〉과 같다.

표 10-1 ● 노래 지도 시 자료 활용의 예

<table>
<tr><td colspan="2">어휘의 특징과 단어의
의미가 관련된 노래</td><td>'숫자놀이'와 같이 말놀이 중심의 노랫말 노래는 단어가 연상되도록 돕는 그림자료를 활용할 수 있다.</td></tr>
<tr><td colspan="2">노랫말에 대상의 움직임이
포함되어 있는 노래</td><td>실물, 모형이나 움직이는 그림자료를 활용할 수 있다.</td></tr>
<tr><td rowspan="2">음악적 요소가
특징적인 노래</td><td>음고의 변화가
두드러진 노래</td><td>음의 높낮이를 눈으로 볼 수 있도록 표현한 그림악보를 활용할 수 있다.</td></tr>
<tr><td>리듬이 특징적이거나
규칙적인 노래</td><td>리듬의 변화를 눈으로 볼 수 있도록 음의 길이를 표현한 막대악보를 활용할 수 있고, 악기나 신체 리듬을 이용하여 노래를 부르기 위해서는 특징적인 리듬을 부각하여 표현한 그림악보 등을 준비할 수 있다.</td></tr>
</table>

(1) 노래 선정의 원칙

노래를 지도하기 위해서는 기본적으로 유아의 발달수준에 맞는 적절한 노래를 잘 선정하는 것이 중요하다. 노래 선정의 일반적인 원칙을 제시하면 다음과 같다.

- 유아의 연령, 발달수준과 흥미, 생활주제를 고려하여 노래를 선정한다.
- 유아의 가창 음역에 따라 적절한 음역대의 노래를 선정한다. 유아의 가창 음역은 연령에 따라 증가하며 개인차가 있으나 일반적으로 5세 이상의 유아는 높은 '도' 이상의 음을 표현할 수 있게 된다. 그러나 최고음에 인접한 음이 포함된 노래는 유아가 표현하는 데 어려움을 느낄 수 있으므로 유아가 편안하게 노래 부를 수 있는 '도-라' 정도의 노래를 선정하는 것이 적절하다(임혜정, 2004).
- 유아의 기억력과 주의집중력을 고려하여 적절한 길이의 노래를 선정한다. 유아의 노래는 너무 길지 않아야 하며, 대략 16마디 내외가 적당하며 연령에 따라 길이를 조절한다. 그러나 다소 긴 노래라 할지라도 반복적인 구조의 노래라면 낮은 연령의 유아도 어렵지 않게 부를 수 있다.
- 노래의 내용이 유아에게 친숙하고 이해 가능한 것이면서 호기심을 충족시켜 주며, 제반 발달을 돕는 노래를 선정한다.
- 다양한 형식과 문화권의 노래를 선정하여 유아가 풍부한 음악적 경험을 할 수 있도록 한다.
- 목소리의 탐색과 다양한 음악적 요소를 탐색할 수 있는 노래를 선정하여 음악적 발달을 이끌 수 있어야 한다.

이와 같은 내용은 유아의 발달적 특성을 고려한 노래 선정의 일반적인 원칙이지만, 노래의 다양한 특징과 교육적 목표를 고려하여 융통성 있게 조절하는 것이 바람직하다.

(2) 노래 지도 방법

교사는 노래 지도를 하기에 앞서 노래를 충분히 숙지하여 정확하게 표현할 수 있어야 하며, 유아가 표현하기 어려운 높은 음이나 복잡한 리듬이 포함된 노래의 경우에는 조옮김을 하여 음역을 낮추거나 리듬을 단순화시켜서 지도하도록 준비하는 것이 좋다. 또한 노래의 특성을 분석하여 각 노래에 적절한 교수자료와 지도방법을 선택하고, 식사시간 등을 이용하여 노래의 음악을 들려주어 유아가 친근감을 느낄 수 있도록 할 수도 있다.

- 노래의 주제나 노랫말과 관련된 자료들을 활용하여 유아의 동기를 유발한다. 그림자료 또는 동화나 영상자료 등을 활용하여 노래 내용에 대한 유아의 이해를 돕고 흥미를 자극할 수 있다.
- 눈빛과 표정, 동작 등으로 노랫말과 음악적 요소의 느낌을 충분히 살려 노래를 정확히 불러 준다. 노래의 느낌과 빠르기 등에 대한 표현이 교사의 목소리뿐만 아니라 몸으로 표현되도록 하며, 교사 스스로 노래를 즐겁게 부르고 있다는 느낌이 유아에게 전달되어야 한다.
- 노랫말을 탐색할 때 리듬감을 충분히 살려 노랫말을 읽어 봄으로써 노랫말과 노래의 리듬 간의 관련성을 이해하고 자연스럽게 리듬감을 익힐 수 있도록 한다.
- 노랫말과 멜로디를 감상한 후에는 한 음절씩 허밍으로 멜로디를 익히도록 한다. 이때 교사는 복잡한 반주를 삼가고 멜로디가 잘 전달되도록 반주하는 것이 좋다.
- 유아와 함께 노래를 부를 때는 중단 없이 노래 전체를 불러 보는 방법이 바람직하다. 한 소절씩 끊어 가르치는 방법은 유아가 노래의 전체적인 흐름을 느끼는 데 지장을 주기 때문이다. 그러나 특정 음악적 요소의 이해를 돕거나 유아의 표현이 정확하지 않은 부분이 있는 경우에는 그 부분을 떼어서 반복적으로 불러볼 수도 있다.

교사가 리듬악기를 연주하며 노래를 들려주는 모습

그림카드를 활용하여 노랫말을 탐색하는 모습

- 유아가 교사의 언어적 지시 없이도 노래 시작 지점을 정확히 파악할 수 있도록 명확하게 전주를 연주해 주어야 한다. 전주는 노래의 시작 지점을 알려 주는 동시에 노래의 빠르기와 높이 등을 안내할 수 있다. 따라서 일관된 속도의 전주를 들여 줄 필요가 있다.
- 유아가 노래를 충분히 익힌 후에는 노래를 창의적으로 변화시켜 부르도록 한다. 창의적인 노래 부르기 방법은 노랫말을 바꿔 부르거나 문답식의 표현, 음악적 요소를 변화시켜 불러 보는 방법 등이 있다. 또한 리듬악기를 연주하며 노래를 부르거나, 신체표현 등을 창작하여 함께 표현할 수도 있다.
- 편안하고 안정적인 분위기를 제공하여야 한다. 노래 지도는 유아가 즐거운 마음으로 자발적으로 참여하는 가운데 진행하는 것이 바람직하다.

7 신체표현활동

1) 교육적 가치

신체표현활동이란, 유아가 몸을 움직여 자신의 생각과 느낌을 표현하는 활동을 의미하며, 기본운동활동과 창의적 신체표현을 포함한다. 유아는 본능적으로 몸을 움직여 주변을 탐색하고 이를 모방하여 표현하거나 자신의 생각과 느낌을 표현하는데, 파이카(Pica, 2004)는 이러한 경험이 유아의 전인적 발달에 기초가 되며 모든 발달에 우선적으로 작용한다고 보았다. 유아는 움직임을 통해 자신의 신체 기능을 인식하게 되고, 감각 기능을 발달시키며, 신체조절력과 운동 능력을 향상시키고, 공간의 위치, 방향 및 기하적 정보를 인식하고 공간과 사물의 관계를 파악해 나간다(김은정, 이정욱, 2009; Graham, 2004). 또한 대상의 이미지를 표현해 봄으로써 상상력과 창의적인 표현력을 기르게 되고, 긍정적인 방법으로 에너지를 발산하게 되어 정서적인 만족감과 건강을 유지하게 된다.

신체표현활동 중 기본운동활동에는 공간 속에서 신체의 위치를 바꾸는 이동동작, 신체의 위치를 이동하지 않고 수평적 · 수직적으로 움직이는 비이동 동작, 사물과의 관계 속에서 힘을 가하고 받게 하는 조작운동이 포함된다(Gallahue, 2004). 이 중 이동동작은 걷기, 뛰기, 팔을 아래위로 흔들며 걷기 등 공간을 이동하는 동작을 말한다. 비이동작동작은 손뼉 치기, 무릎 굽혔다 펴기, 두 팔 위로 뻗기, 엎드려서 엉덩이 들어올리기와 같이 중력에 대해 자신의 중심을 유지하며 위치를 변경하지 않고 움직이는 동작을 말한다(Gallahue & Ozmun, 1988). 마지막으로, 조작운동이란 신체의 일부분을 이용하여 물체와의 관계에서 이루어지며, 사물에 힘을 주고 사물로부터 힘을 받는 동작을 말한다. 한편, 창의적 신체표현으로는 움직이면서 또는 제자리에서 할 수 있는 모든 운동동작과 몸짓을 활용하여 표현하고자 하는 것을 다양하게 창조적으로 표현하는 활동을 의미한다. 즉, 음악과 이야기 또는 사건에 대한 느낌과 이미지를 상상하여 창의적으로 표상하는 활동이라 할 수 있다. 유아의 연령이 높아지면 신체표현 기능 역시 발달되어 표현의 정확성이 향상되므로 교사는 유아의 발달수준을 고려하여 다양한 신체표현의 기회를 제공해 주어야 한다.

2) 교수-학습방법

신체표현활동은 실내 또는 실외에서 매일 이루어지는 것이 좋다. 소요 시간은 유아의 발달수준과 일과 가운데 정적인 활동과 동적인 활동 간의 안배를 고려하여 결정하는 것이 바람직하다. 활동의 유형과 전개 방법은 주제와 유아의 발달수준, 흥미를 고려하여 적용하는 것이 좋다. 일과의 흐름과 유아의 발달수준, 흥미, 주제의 특성 등을 고려하여 집단을 구성하고, 전개 방법과 자료 등을 선정하여 활동을 전개한다. 이렇게 하면 유아는 보다 적극적으로 활동에 참여하게 되며, 주제에 대한 개념을 쉽게 이해하게 되어 성취감을 경험할 수 있다.

리드(Read, 1958)를 비롯한 학자들(박형신, 김영연, 2004; Miche, 2002; Pica, 1995)은 예술 분야의 활동들 간에는 긴밀한 연관성이 있으므로 이들 간의 통합이 유아의 예술적 감각과 창의적 표현력을 동시에 향상시킬 수 있다고 주장하였다. 실제로 공간과 형태, 시간, 힘, 흐름, 리듬과 같은 움직임의 요소들은 음악의 주요 요소와 밀접하게 관련되므로 유아는 음악을 들으며 자연스럽게 몸을 움직여 느낌을 표현한다. 음악은 유아의 움직임에 동기를 유발하고, 예술적 요소에 대한 이해를 도우며, 주제에 대한 새로운 아이디어를 제공한다. 따라서 신체표현활동 시 적절한 음악 자료를 더 추가해 주어 유아의 표현력과 신체 기능의 향상뿐만 아니라 주제에 대한 이해를 돕는 것이 바람직하다. 또한 이때 리본막대 또는 스카프와 후프 등의 도구를 첨가해 주는 것도 좋다.

신체표현활동은 움직임이 수반되는 활동이므로 충분한 공간이 확보되어야 하며, 대집단으로 전개되는 경우 자칫 혼란스러워질 수 있으므로 활동의 전개 방법과 순서를 사전에 꼼꼼히 계획하여 두는 것이 좋다. 또한 모든 유아들이 함께 움직이기보다 소집단으로 진행함으로써 혼잡을 막아 자유로운 표현이 이루어질 수 있도록 전개한다. 신체표현활동에 흥미를 보이지 않거나 소극적인 유아에게는 개별적인 표현을 요구하기보다 흥미를 자극할 수 있는 도구를 첨가해 주거나 여러 유아와 함께 표현해 보도록 하여 심리적인 부담을 줄여 줄 필요가 있다. 또한 신체표현활동에 지속적으로 흥미를 보이는 유아가 있다면 자유선택활동이나 별도의 시간에 여러 차례 경험할 수 있도록 시간과 공간을 배정해 줄 수 있다.

한편, 슬레이터(Slater, 1993)는 주제를 중심으로 한 신체표현활동의 통합적 교수-학습모형을 4단계, 즉 도입, 움직임 익히기, 창의적 표현, 평가로 구성하여 제시하였다.

- **도입 단계** 유아가 활동에 대한 흥미를 느끼고 준비운동을 겸할 수 있는 간단한 활동을 5분 이내로 진행한다. 교사는 유아의 상태를 고려한 후 활동을 전개한다.
- **움직임 익히기 단계** 주제에 따라 표현할 수 있는 다양한 동작들을 10~15분 정도 탐색하고 실행해 본다.
- **창의적 표현 단계** 이전 단계에서 경험한 신체활동들을 보다 창의적으로 표

전통음악에 맞춰 자유롭게 한삼춤을 추는 모습

선(경로)따라 달리기를 하는 모습

현해 보는 단계로, 주제에 대한 생각과 감정을 포함한 움직임을 15~20분 정도 표현한다.

- **평가 단계** 주제에 대한 자신의 느낌을 창의적 표현 과정에 얼마나 잘 적용하였는가에 대해 3~5분 평가해 본다.

효과적인 신체표현을 위해 교사는 유아에게 주제에 대한 충분한 탐색의 시간을 제공하고 허용적인 분위기를 조성함은 물론 적절한 언어적 상호작용을 통하여 창의적인 표현이 이루어질 수 있도록 격려해야 한다.

8 게 임

1) 게임의 정의와 유형

게임은 놀이의 일종으로 규칙을 가지며 게임에 참여하는 모든 게임자가 정해진 규칙을 이해하고 지켜야 한다는 특징을 갖는다(지혜련, 1983). 게임은 일정한 규칙을 정해 놓고 승패를 결정하는 놀이로 구조화되어 있다. 따라서 게임을 통해 유아는 규칙 준수에 관한 학습 기회를 가질 수 있게 되며, 유아들이 함께 게임 방법이나 규칙을 정하는 과정에서 인지발달과 협상 능력이 증진되는 효과를 얻는다(최기영, 신선희, 2003; DeVries & Zan, 1994). 따라서 게임은 가장 높은 수준의 놀이 형태라고 할 수 있다(Freitag, 1998). 피아제의 이론에 근거하여 카미와 드브리스(Kamii & DeVries, 1979)는 게임에는 예정된 클라이맥스가 있으며, 놀이자들이 협력하거나 경쟁자의 역할이 부여된다고 설명하였다.

게임은 유형에 따라 소집단과 대집단의 형태로 진행될 수 있으며, 신체를 활용한 게임과 볼링이나 카드와 같은 도구를 활용하는 게임으로 나누어 볼 수 있다. 게임의 종류는 〈표 10-2〉와 같다(이경우, 반운경, 1992; Kamii & DeVries, 1980).

표 10-2 ● 게임유형의 예

집단유형	유형	설명
소집단	알아맞히기 게임	한정된 단서에서 '누가? 무엇을?'에 대한 문제를 추측하는 게임이다. 시각적 · 청각적 · 촉각적 · 언어적 단서를 통해 알아맞히는 게임이 있다.
	목적물 맞히기 게임	'과녁 맞히기' '비석치기' '볼링'과 같이 놀이자가 어떤 물체를 표적으로 정하여 맞히는 게임으로, 자신의 행위와 물체의 변화를 인식하게 하는 게임이다.
	카드 게임	카드로 하는 게임으로, 카드의 관계를 고려하여 비슷하거나 같은 카드 짝짓기, 숫자나 서열에 따라 배열하기, 수를 조합하여 하나의 수를 완성하는 집합 분배 게임으로 나뉜다.
	판 게임	판(board)을 이용한 게임으로, 주사위나 회전판을 이용해 일정한 길을 따라 말을 움직여 진행하는 게임이다. 판의 표면에 말을 놓는 데, 여기에는 표면을 채워 나가는 게임, 표면에 일정한 형태를 만들어 가는 게임, 물건 모으기 게임, 실제로 물체를 헤아려 사물의 분류를 할 수 있는 게임으로 나뉜다.
소 · 대집단	숨기기 게임	'숨바꼭질' '동전 숨기기' '보물찾기'와 같이 자신이나 혹은 특정 물체를 다른 유아가 찾아낼 수 없도록 숨기는 게임으로 탈중심화가 이루어진다.
	언어 지시 게임	'가라사대' 게임은 술래의 말을 듣고 그 지시에 따라 움직이는 게임이다. '무궁화 꽃이 피었습니다' 게임은 단순하고 직선적인 술래의 지시에 따라 움직이는 게임으로 상대편을 속이려고 하는 과정에서 탈중심화가 이루어진다.
대집단	경주 게임	출발점에서 같이 출발하여 빨리 목표지점에 도착하는 가장 단순한 게임이다. 부채 위에 물건을 얹어 떨어뜨리지 않고 계속 치면서 반환점을 돌아오는 등 과제를 주는 게임, 릴레이의 형태로 진행하는 게임이 있다.
	쫓기 게임	한 유아는 다른 유아를 잡으려고 하고 그 유아는 잡히지 않으려고 피하는 유형의 게임이다. 술래 한 명이 다른 모든 유아를 잡는 게임, '수건 돌리기'와 같이 한 유아를 술래로 선택하는 게임, '고양이와 쥐' 게임처럼 술래가 한 유아를 쫓고 다른 모든 유아가 술래를 막는 게임이 있다. 놀이 중 술래가 예상치 못한 유아를 쫓는 전략을 세우는 과정에서 탈중심화를 경험하게 된다. 술래를 제외한 나머지 유아들이 술래를 제지하는 과정에서 협력을 배우게 된다.

시판되고 있는 판 게임

대근육을 사용하도록 제작한 판 게임

2) 교육적 가치

게임의 교육적 가치는 다음과 같다.

- 재미와 기쁨을 준다.
- 유아들이 순서를 정하고 규칙을 따라야만 이루어지는 활동으로, 이러한 경험은 또래관계를 공고히 하게 되어 사회성 발달에 도움이 된다.
- 유아는 게임을 하며 좌절하기도 하고 공격적인 정서를 억제해야 하면서 정서의 조절과 통제를 경험한다. 또한 놀이 중에 도덕성과 공정성에 대해 생각할

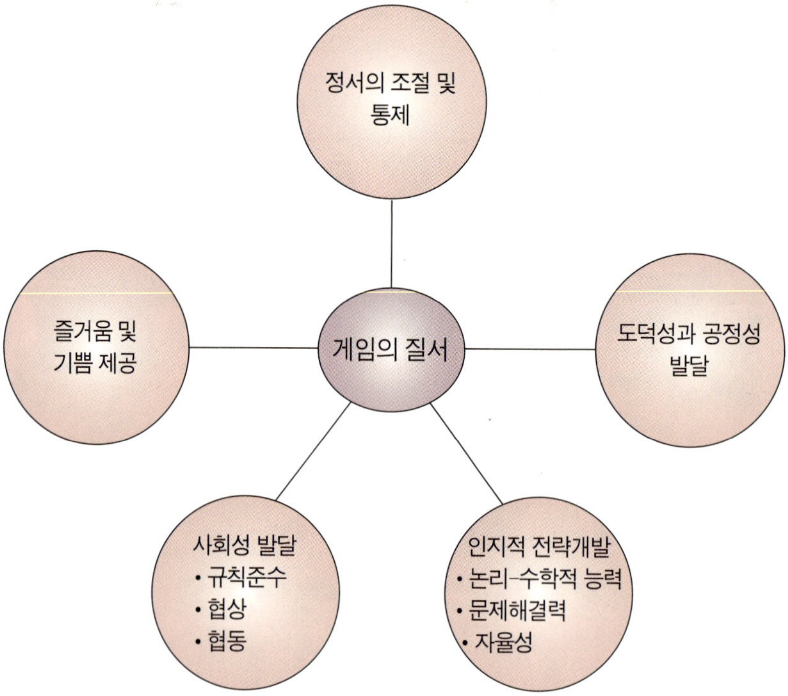

그림 10-4 게임의 교육적 가치

기회를 갖게 된다.

- 게임에 내재된 경쟁으로 유아는 사회적으로 인정되는 공격적 표현이 가능하고, 게임을 통해 유아가 다른 사람을 이기고 성공하는 것이 인정된다. 따라서 게임을 통해 억제된 충동이나 공격성을 사회적으로 인정되는 방법으로 표출하는 방법을 학습한다.
- 승리를 위해 유아는 게임 중에 자기중심성에서 탈피하여 다양한 인지적 전략을 세우며 이로써 논리-수학적인 능력, 문제해결력, 자율성이 향상된다.

3) 게임 발달단계

연령에 따른 게임 발달에 대해 알아보면, 만 1~2세아들은 주로 성인과 함께 게임을 하며, 이 시기에는 승부보다 놀이자들과의 관계에서 영아가 안정을 갖게 하는 양상을 띤다. 만 2~3세가 되면 자율적으로 게임을 선택하며 게임에 대한 탐색이 이루어지고 게임이 다양해진다. 만 3~4세에는 승패보다 놀이 상대를 신뢰하고 함께 즐기는 것과 규칙의 융통성을 인식하게 된다. 만 4~5세는 나름의 규칙을 만들기도 하며, 이 과정에서 사회적 결속력, 질서와 무질서를 이해하게 된다. 만 5~7세에는 공통 주제에 대해 대립되는 집단을 만들어 편 게임을 할 수 있으며, 만 7~9세는 게임에 대한 바른 태도와 습관을 형성하면서 질서와 선의의 경쟁과 같은 좋은 습관을 배우게 된다(이소영, 2006). 게임은 게임자의 연령이 증가함에 따라 게임 규칙이 복잡해진다. 이때 참여자들은 새로운 규칙을 만들어 가며, 놀이자 간에 상호작용이 증가하면서 경쟁도 유발되고 게임의 결과를 명확히 구분되는 양상을 갖는다(정진, 성원경, 1994).

게임에 대한 유아의 반응은 연령에 따라 발달하지만, 개개인의 경험에 따라 달라진다. 게임을 즐겨하는 유아가 그렇지 않은 성인보다 게임의 규칙을 익히고 적용하는 데 더 능수능란한 것이 그 예다.

4) 교수-학습방법

(1) 게임의 선정 기준

유아들에게 적합한 게임 선정 기준은 다음과 같다.

- 재미있고 도전적인 게임이어야 한다. 경쟁적인 게임은 유아의 흥미를 쉽게 유발할 수 있으나, 그보다는 추론 능력이나 다른 사람과 협동할 기회가 포함된 게임이 유아에게 더욱 유익하다.
- 유아 스스로 성공을 판단할 수 있어야 한다. 게임의 결과가 명확해야 하며, 성공 여부의 평가가 모호한 게임은 바람직하지 않다. 자신의 행동과 게임의 관계를 유아가 연결 지음에 따라 인지 능력이 향상되기 때문이다.
- 모든 놀이 참여자가 적극적으로 게임에 참여할 수 있어야 한다. 제외되거나 소외되는 유아 없이 모든 유아가 참여할 수 있는 게임이어야 한다. 예를 들면, '의자 뺏기' 게임은 유아들이 차례로 게임에서 제외되는 놀이이기 때문에 유아기의 게임으로 적합하지 않다. 또한 게임이 한두 명의 유아에게 집중되지 않도록 유의해야 한다. 예를 들면, 한 명이 술래를 너무 오래할 경우 나머지 다른 유아들은 곧 흥미를 잃게 된다.
- 유아의 발달과 흥미에 적합해야 한다. 유아의 신체 및 인지 능력에 맞는 게임을 선택해야 한다.
- 게임의 난이도를 고려해야 한다. 유아에게 너무도 익숙해서 도전할 의욕을 주지 못하는 게임이나 너무 어려워 즐길 수 없는 게임은 피해야 한다. 자신감과 새로운 것에 대한 도전이 적절히 배합된 게임이 바람직하다.
- 장소와 계절, 시간에 알맞은 게임을 선택한다. 몸을 움직이는 게임의 경우 충분히 넓은 공간이 필요하다. 또한 날씨가 더운 여름에는 지나치게 많은 땀을 흘리게 하는 게임은 삼가고, 겨울에는 몸의 움직임이 많은 게임이 바람직하다.
- 유아의 인원에 따라 게임의 유형을 적절하게 선택한다. 게임이 역동적으로 진

행되기 위해서는 게임의 종류에 따라 적정한 인원이 필요하다. 너무 적은 인원으로 편 게임을 하게 되면 게임 시간이 지나치게 짧아져 게임이 제대로 이루어지기 어려우며, 반면 너무 많은 인원이 참여할 경우 기다리는 시간이 길어져 유아들은 흥미를 잃고 지루해한다.

(2) 지도 방법

앞서 언급하였듯이, 신체를 활용한 게임과 도구를 활용한 게임, 그리고 집단 유형에 따라 소집단과 대집단 게임으로 나누어 볼 수 있다. 여기서는 유아들이 가장 즐겨하는 그룹게임과 자유대형 게임, 원 게임, 편 게임 등을 소개하고자 한다.

그룹게임

그룹게임에 필요한 자료는 구입하거나 교사가 제작할 수 있으며, 유아들이 그룹게임에 익숙해지면 유아들이 필요한 자료와 규칙을 만들어 사용할 수도 있다.

게임에 따라 특별한 전략을 필요로 하는 경우도 있으나 '운'에 의해 승패가 결정되는 게임도 적지 않다. 특히 전략을 사용하는 게임에서는 유아가 승패에 연연해하지 않도록 각별한 지도가 필요하다. 게임을 통해 '내가 이렇게 했더니 저렇게 되었다.' 라고 자신의 행위와 사물이나 대상의 반응과의 관계를 연결 짓게 되고 그 과정에서 유아는 인지적으로나 사회적으로 발달할 기회를 얻는다. 이처럼 게임에서는 승패가 거론될 수밖에 없지만, 그럴 경우에도 유아가 결과에 지나치게 연연해하지 않도록 지도해야 한다. 그룹게임에서 경쟁은 재미와 몰입을 보장하는 중요한 요소임에 틀림이 없다. 그러나 경쟁이 지나쳐 승리만을 추구하는 게임은 부작용을 야기하여 교육적으로 유용하지 못하다. 그룹게임이 유아에게 의미 있는 경험이 되기 위해서는 특별히 경쟁적 요소가 포함된 게임을 할 때 교사의 세심한 관찰과 충분한 이해가 요구된다. 놀이자들에게 심사숙고하여 게임에 임하도록 충분한 시간을 부여하고 교사의 지나친 훈수로 게임 참여자들이 자신의 생각이나 전략을 발휘할 기회

유아들이 팀을 나눠 판 게임을 하는 모습

유아가 제작한 판 게임을 하는 모습

를 박탈해서도 안 될 것이다. 그리고 무엇보다 중요한 것은 교사가 비경쟁적인 분위기를 조성해야 하는 것이다.

자유대형 게임

자유대형 게임은 팀으로 나눈다거나 원형을 만드는 것과 같이 게임대형이 없이 유아들이 자유롭게 서 있다가 교사의 음악이나 벨소리와 같은 신호를 듣고 멈추는 방법으로 진행한다. 교사가 지시를 주면 유아들이 이에 따라 움직이는 게임으로, 예를 들어, 짝짓기, 꼬리 밟기, 동대문 놀이 게임 등이 있다.

활동의 예

- 활동명: 짝짓기 게임
- 활동자료: 흥겨운 음악, 탬버린, 숫자카드
- 활동방법:

① 유아들이 움직이는 데 충분한 공간을 확보한다. 교구장과 책상, 의자를 교실 벽 쪽으로 밀어 유아들이 안전하게 움직일 수 있도록 공간을 마련한다. 만약 충분한 공간이 마련되지 않는다면 유희실로 이동한다.

② 교사는 유아들과 함께 모여 앉아 짝짓기 게임 방법에 대해 이야기한다. 유아들이 처음에 어디에 어떻게 서서 움직일 수 있는지, 교사가 신호를 보내면 지시를 듣고 볼 수 있도록 어떻게 해야 하는지, 지시를 듣고 움직이는 방법 등 구체적인 게임 방법을 이야기한다. 특히, 게임을 진행하는 동안 안전사고가 나지 않도록 규칙을 함께 정한다(예: 벽 쪽으로 밀어 놓은 교구장이나 책상 위로 올라가지 않기, 친구를 밀지 않기 등).

③ 교사는 유아들에게 친숙한 음악, 노래를 틀어주어 유아들이 자유롭게 교실 내를 돌아다니면서 움직이도록 한다. 이때 교사는 유아들이 교사 주변에만 머무르지 않도록 격려한다.

④ 유아들이 자유롭게 돌아다니며 몸을 움직이도록 충분한 시간을 주고 탬버린 등을 이용해 신호를 보낸 후 숫자카드를 들어 유아들에게 보여 준다.

⑤ 유아들이 숫자를 보고 짝을 찾도록 하고 교사는 유아들의 안전사고에 주의를 기울인다. 만약 짝짓기에 소극적이고 뒤로 물러서 있는 유아가 있을 경우 교사는 게임에 직접 참여하여 소극적인 유아들과 짝을 짓는다.

⑥ 교사는 짝짓기를 한 번 할 때마다 탈락자가 한두 명만 남도록 숫자를 조절하여 숫자판을 제시한다. 너무 많은 유아가 탈락하지 않도록 유의한다. 탈락한 유아는 미리 정한 간단한 벌칙(예: 엉덩이로 이름 쓰기, 노래 부르기 등)을 수행한 후 다시 게임을 시작한다.

● 유의점:

게임에서 짝을 맞추지 못해 탈락한 유아를 게임에 참여하지 못하게 하는 경우 점점 참여하지 않는 유아들의 수가 늘어나게 되면서 게임의 역동성이 떨어지고 참여하지 못하는 유아는 흥미를 잃게 되므로 유의한다.

자유대형 게임

원 게임

원 게임은 유아들이 동그랗게 둘러앉거나 서서 하는 게임으로, 게임 방법이 단순하고 규칙이 적은 게임부터 복잡한 게임까지 다양하여 유아의 연령에 맞게 다양한 게임을 실시할 수 있다. 연령이 낮은 유아들은 동그랗게 둘러앉아 공 돌리기, 수건돌리기 등과 같은 간단한 규칙을 가진 게임을 할 수 있고, 연령이 높은 유아들은 노래와 함께할 수 있는 방법이 더 복잡한 '저 실 바늘을 따라' 와 같은 게임을 할 수 있다.

활동의 예

- 활동명: 공 돌리기
- 대상연령: 만 3세
- 활동자료: 공
- 활동방법:

① 교사는 유아들과 공 돌리기 게임에 대해 이야기한다. 공 돌리기 게임을 하기 위해 앉아야 하는 대형을 정하고 둘러앉는다. 연령이 어린 유아들이 동그랗게 앉는 것을 어려워한다면 교실 바닥에 부직포로 만들어진 동그라미 모양을 바닥에 놓아 유아들 자리를 표시해 준다.

② 유아들과 교사가 함께 둘러앉은 후 다시 한 번 게임 방법에 대해 이야기하고 이 게임에서 지켜야 할 규칙을 정한다(예: 공을 던지지 않기, 너무 빨리 옆 사람에게 넘겨주지 않기 등).

③ 유아들이 이미 알고 있고 친숙한 노래를 부르면서 공을 옆 사람에게 전달한다.

④ 노래가 끝날 때 공을 받은 사람이 술래가 된다. 술래가 된 유아는 모든 유아가 함께 정한 가벼운 벌칙(예: 엉덩이로 이름쓰기, 흉내 내기 등)을 수행한 다음 다시 게임을 시작한다.

⑤ 공 돌리기가 익숙해지면 교사는 방향 바꾸기를 시도한다. 노래를 부르면서 한 쪽 방향으로 공을 돌리는 중간에 교사가 "반대로!" 라고 외치면 공을 반대 방

동그랗게 둘러앉아 공 돌리기 게임을 하는 모습

향으로 돌린다.

- 활동명: '저 실 바늘을 따라'
- 대상연령: 만 5세
- 활동자료: 게임 설명판
- 활동방법:

① 먼저 유아들이 '저 실 바늘을 따라' 노래에 모두 익숙해진 후 게임을 실시한다.

② 노래를 부른 후 교사는 유아들과 함께 노래에 맞춰 할 수 있는 게임에 대해 이야기한다. 게임하는 동안 유아들의 움직임이 복잡하므로 게임 설명판을 이용하거나 직접 시범을 보여 게임 방법을 설명한다.

③ 충분한 넓은 공간을 확보하도록 교구장, 책상, 의자를 교실 벽 쪽으로 치운다.

④ 유아들이 자신이 할 역할을 정한다. 옷감 역할의 유아들과 바늘과 실을 할 유아들로 나눈다. 옷감을 하는 유아들은 동그랗게 대형을 만들어 선 후 서로 손을 잡는다. 바늘과 실을 하는 유아들이 지나갈 수 있을 만큼 공간을 두고 선다. 바늘과 실을 하는 유아들은 손을 잡거나 허리를 잡고 길게 연결하여 선다. 이

서 있는 유아들 사이로 어깨나 허리를 잡은 유아들이 들어갔다 나왔다 하는 모습

때 교사는 옷감을 하는 유아들이 일정한 간격을 유지할 수 있도록 색테이프를 바닥에 붙여 자리 표시를 해 줄 수 있다.

⑤ 동그랗게 선 옷감을 하는 유아들은 손을 어깨 높이로 들어 바늘과 실 유아들이 앞뒤로 지나다닐 수 있도록 한다. 노래를 부르는 동안 바늘과 실을 하는 유아들은 옷감을 하는 유아들 사이를 앞뒤로 왔다 갔다 하면서 지나가고, 노래가 끝나면 옷감을 하는 유아들은 손을 내려 실을 끊는다. 이 때, 옷감 안쪽에 있는 바늘과 실 유아들이 술래가 된다. 술래가 된 유아들은 간단한 벌칙을 수행한다.

⑥ 역할을 바꾸어 게임을 한다.

⑦ 교사는 유아들이 너무 빠른 속도로 움직이지 않도록 하여 안전사고에 주의한다.

편 게임

편 게임은 운동량이 많고 경쟁적인 요소가 강해 유아들이 매우 좋아하는 게임이다. 따라서 편 게임 시 유아들은 게임에 높은 집중을 보인다. 그러나 지나치게 경쟁적인 게임은 유아들로 하여금 반칙이나 질투를 유발하기도 한다. 그렇기 때문에 평소 게임에 익숙하지 못한 유아가 소외되어 즐거워야 할 게임의 본래 의도가 상실되기도 한다.

편 게임을 하면서 유아는 각 팀의 구성원의 수가 같아야 함을 알게 되는데, 이 과정에서 유아는 수 세기와 일대일 대응을 자연스럽게 배울 수 있다.

일반적으로 편 게임은 팀으로 나누어 각 팀이 반환점을 빨리 돌아오는 식의 방법으로 진행된다. 봄에는 '진달래꽃 가져오기', 여름에는 '수박 따오기' '징검다리 건너기'와 같이 주제와 계절에 따라 다양한 게임이 진행될 수 있다. 이러한 게임들은 제목이 다를 뿐 유아들이 목표 지점에서 가져오거나 완수해야 하는 과업은 동일하다. 단지 가져와야 할 것이 진달래꽃이나 수박일 뿐이다. 그렇기 때문에 게임의 주제나 목적을 상실할 채 남보다 빨리하기에만 열중할 수 있어 게임이 갖는 고유한 교육목적을 달성하는 데 한계가 있을 수 있다. 이를 위해서는 유아들이 조형놀이에

편 게임

서 만든 꽃을 게임의 소품으로 사용하여 다른 영역과의 연관성을 높일 수 있다. 또한 단순히 꽃을 빨리 따오기보다 꽃이 상하지 않게 온전한 상태로 가져오는 것에 교사가 게임의 의미를 부여하는 것도 편 게임의 교육적 목표를 살릴 방법이 된다. 교사는 경쟁적인 요소가 너무 부각되지 않도록 "○○ 팀 져라!" 라는 식의 응원과 같은 행동이 유발되지 않도록 지도해야 한다. 또한 유아들이 게임 의도나 방법을 충분히 숙지하지 못한 상태에서 게임을 할 경우 무조건 빨리 그리고 이기고자 하는 경쟁적인 요소가 강조되지 않도록 지도에 유의해야 한다.

9 요 리

1) 교육적 가치

요리활동은 과학활동 가운데 하나로서 촉각, 시각, 청각, 후각 이외에 미각적 탐색도 가능한 활동이다. 요리는 유아가 평소에 자주 쉽게 경험할 수 없지만, 오감각을 만족시키고 주로 어른들이 하는 활동을 직접 해 본다는 성취감, 활동 후에 간식으로 먹는다는 기대감을 줄 수 있으므로 유아에게 더욱 큰 즐거움을 준다. 또한 요리활동은 요리 재료의 물리적 속성을 관찰하고 음식과 자연물을 탐색하는 직접적인 경험을 제공하므로 교육적 효과가 크다. 컵, 숟가락, 계량컵, 저울 등의 요리기구를 활용함으로써 자연스럽게 측정 경험을 제공하여 수학적 능력 발달을 돕기도 한다. 그 밖에 요리의 즐거움을 통해 정서적 안정감 · 성취감 · 자신감을 발달시키고, 다른 유아와의 소속감 · 유대감 · 의사소통 능력 등을 발달시킬 수 있다.

2) 환경구성

요리활동은 자유선택활동 시간에 이루어지므로 교실 안의 흥미 영역 중 한 곳을 융통적으로 사용할 수 있다. 요리활동에 참여하는 유아의 수는 안전을 고려하여 6명이 넘지 않는 것이 좋다. 참여 유아들이 요리활동 재료와 도구를 가지고 충분히 활동할 수 있는 크기의 책상과 의자를 배치한다. 요리활동 재료와 도구를 모두 책상 위에 올려놓으면 활동을 하기 혼잡하므로, 요리재료와 도구를 보관하는 선반이나 카트를 따로 두면 좋다. 또한 요리활동 후에 간식으로 먹으면서 조리과정을 회상해 보고 음식의 맛, 색과 향을 느껴 보기 때문에 간식 영역도 마련되어야 한다.

요리활동을 위한 교수자료는 다음과 같다.

- **요리활동 순서표** 요리활동 순서표는 그림과 글자를 이용하여 재료 및 도구와 준비물, 요리순서를 알기 쉽게 만들도록 한다. 재료는 사용량(측정 양)을 함께 제시해 주면 좋다.
- **요리활동 재료와 도구** 요리활동의 교육목적에 따라 요리 재료와 도구를 구비한다. 요리활동에 사용하는 도구는 실제 요리에서 사용하는 도구를 사용해도 좋다. 그러나 칼은 매우 위험하므로 케이크용 플라스틱 칼을 사용하도록 한

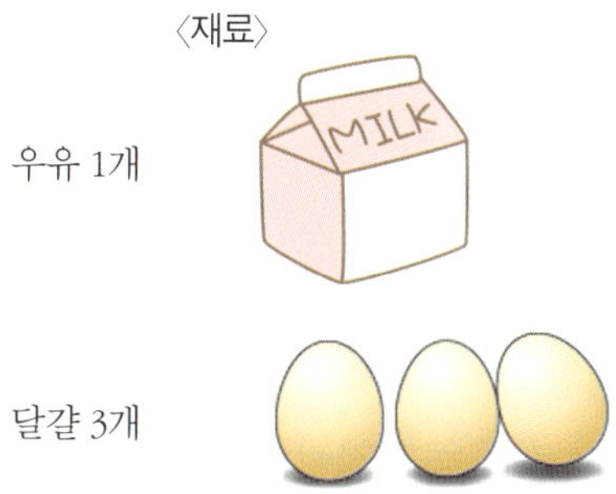

그림 10-5 글자와 그림으로 요리 재료의 양을 표현한 예

다. 플라스틱 칼로 잘라지지 않는 특별한 재료를 사용할 때에는 교사가 스테인리스 칼로 잘라 준다. 주걱, 국자와 같은 도구를 제외한 모든 도구는 유아들에게 각자 하나씩 사용할 수 있도록 준비하는 것이 좋다. 칼과 도마도 유아 개인용으로 구비해 주면 좋다. 4세 이상의 유아라면 단위를 이용한 측정이 가능한 시기이므로, 측정 도구로 비표준도구(숟가락, 컵)뿐 아니라, 표준단위인 계량컵

안전을 위해 플라스틱 칼을 사용하는 모습

과 전자저울을 사용해 보게 한다.

3) 교수-학습방법

- 요리활동은 반드시 소집단의 형태로 운영하도록 한다. 요리활동은 과학적 탐색, 관찰 및 실험, 수학적 측정을 직접적으로 경험할 수 있다는 장점이 있으므로, 유아들이 함께 아이디어를 나누면서 직접 경험하도록 하여야 한다.
- 요리활동의 내용은 유아의 수준에 따라 계획하여야 한다. 유아의 연령과 발달 수준, 생활주제에 따라 물리적 탐색을 하는 활동을 할 것인지, 가열을 통해 화학적 변화를 경험할 수 있는 활동을 할 것인지 구체적으로 계획하여야 한다. 물리적 변화의 관찰보다 화학적 변화를 경험하는 것이 더 어려우므로, 5세 유아라면 안전한 기구 사용을 통해 가열을 하는 요리활동을 할 수 있다.
- 모든 요리활동 과정은 유아가 직접 참여하여 조작하여야 한다. 요리활동은 다양한 탐색과 탐구가 가능한 중요한 과학활동이다. 유아가 직접 경험하였을 때 교육적 효과를 더욱 높일 수 있으므로 유아가 모든 과정에 직접 참여하도록 한다. 유아가 바라보기만 하는 활동은 탐색의 영역을 좁힐 뿐 아니라, 흥미를 잃게 하여 관찰을 잘하지 못하도록 만들 수 있다.
- 교육적 경험도 중요하지만 무엇보다 요리는 안전하게 활동할 수 있어야 한다. 특히 요리활동은 실제 도구들을 사용하기 때문에 위험한 요소들이 있으므로 항상 안전에 유의하여야 한다. 가열기구를 사용하는 경우, 가열기구보다 약간 높고 크게 하드보드지로 상자틀을 만들어 가열기구 바깥으로 씌워 두면 안전하게 사용할 수 있다. 안전장치를 마련했더라도 가열기구를 사용하기 전에는 유아와 유의할 점에 대해 반드시 이야기를 나눈다. 전기밥솥이나 솥을 사용하는 경우, 솥에서 나오는 김은 온도가 높아 매우 위험하므로 재료가 익는 과정을 관찰하기 위해서는 솥에 투명한 뚜껑을 닫은 상태에서 김이 닿지 않도록 떨어진 위치에서 유아가 관찰할 수 있도록 한다. 가열요리는 5세 이상의 수준에서 가능하

가열기구 주변으로 상자틀을 설치해 둔 모습

다. 요리도구의 위험성 때문이기도 하지만, 열에 의해 나타나는 화학적 변화를 발견하고 추론하는 것은 보다 높은 수준이기 때문이다.

- 교사는 요리활동마다 재료와 조리방법에서 발견할 수 있는 과학적 관찰과 탐색을 할 수 있게 유도하고, 물리적 · 화학적 변화, 조작에 의한 변화 등을 분석하게 하며, 이를 유아가 발견하도록 상호작용하여야 한다. 물리적 변화는 그 물체와 물질 자체가 가진 속성에 의한 것이고, 화학적 변화는 물체와 물질 자체가 가진 본래의 속성이 다른 속성으로 변화하는 것을 의미한다. 예를 들면, 화학적 변화는 날달걀을 익히면 달걀의 맛, 색, 모양과 향이 달라지는 것이다. 화학적 변화는 보다 추상적 개념으로 어렵게 느껴지므로 5세 이상의 유아에게 경험의 기회를 제공한다. 교사는 유아가 오감각을 통해 관찰하고 탐색하고 발견하고 아이디어를 나누도록 격려한다.
- 요리 과정에서 각 재료는 정확한 양을 측정하여 넣어야 조화로운 맛을 낼 수 있다. 따라서 측정은 필수적인 과정이다. 요리활동을 통해 유아는 자연스럽게 비표준단위와 표준단위 측정을 경험할 수 있게 된다. 교사는 요리과정에서 유

소집단으로 요리를 하는 모습

아가 측정의 필요성을 느끼게 하고, 측정의 속성과 단위의 관계를 인식하게 하고, 측정 단위의 개념 및 측정 방법에 대해 구체적으로 인식할 수 있도록 도와야 한다. 일방적 전달이 아니라 유아가 속성과 단위를 연결 짓고, 측정을 잘하기 위한 방법에 대해 추론할 수 있도록 질문하고 생각할 기회를 제공한다.

- 교사는 유아 간의 상호작용을 촉진하여 유아들이 서로 아이디어를 공유하고 다른 아이디어로 확장하도록 도와야 한다.
- 요리활동 후 정리정돈을 함께하고, 개별 간식 영역으로 이동하여 간식을 함께 먹는다. 요리를 먹으면서 재료와 조리 방법, 요리의 과정, 재미있거나 어려웠던 점, 음식의 맛, 색과 향, 음식의 변화된 점, 느낌 등에 대해 이야기를 나눈다.

10 현장학습 및 자원인사 초청

유아교육기관에서의 현장학습과 자원인사의 활용은 주제와 관련된 현장을 방문하거나 전문가 및 자원인사를 직접 초청하여 학습의 효과를 높여 주기 위한 목적에서 실시된다. 이러한 목적이 잘 이루어지도록 교사는 견학 장소를 사전 답사하여 현장학습으로 적합한 곳인가를 고려하여 선정한다. 또한 지역사회와의 협력 및 교류는 매우 중요하며, 가정과 사회의 공동 책임의식을 고취시킨다. 유아교육기관에서 지역사회 전문인력을 활용하는 방안은 유아의 관심 분야, 흥미와 요구, 그리고 진행되고 있는 주제에 부합되는 효율적 교육 효과를 기대할 수 있는 장점이 있다. 이에 최근에는 교육과학기술부 주관으로 유아교육과정 지원을 위한 지역사회 전문 인력풀을 구축하여 유아교육과정을 지원하고자 하는 노력이 강조되고 있다.

1) 현장견학

현장학습 장소에 따른 교사의 역할은 조금씩 다를 수 있으나 최대한의 교육적 효과를 거둘 수 있도록 교사는 다음과 같은 사항을 유의한다.

(1) 사전 준비 사항

- 적합한 견학지를 선정하다.
- 교사는 현장학습을 위한 견학 장소를 사전에 답사를 하여 소요 시간, 입장료, 급수 시설, 주차장, 안전 여부, 유아들과 함께 둘러볼 지역 등을 파악하고, 직접 경험할 수 있는 범위를 결정한다. 또한 견학 장소에서의 화장실의 위치, 간식이나 점심을 먹을 만한 장소 등을 점검한다.
- 교사는 출발하기 전 유아들에게 견학의 목적을 분명히 이야기하여 유아가 분명한 목적 의식을 갖도록 한다.
- 유아의 안전을 위한 이름표를 달 수 있도록 준비한다.
- 견학 시 필요한 약품이나 기타 물품(물수건, 물, 간식 등)을 챙기도록 한다.
- 견학 시 유아가 실수할 것을 대비하여 여벌옷을 준비한다.
- 현장학습에 인솔을 위한 봉사자가 참가하는 경우 이들을 사전 교육하며, 각 인

솔자가 담당할 유아와 명단을 확인한다.

- 버스를 타고 견학을 가는 경우 멀미를 하는 유아를 사전에 파악하고, 그 밖의 특별한 배려가 필요한 유아들의 상태를 파악한다.

(2) 현장학습(견학) 장소에서

- 견학 장소에 도착하면 화장실에 갈 유아들을 데리고 간다.
- 견학의 목적에 맞게 유아들이 견학할 수 있도록 한다.
- 유아에게 견학할 것을 설명을 하여 주고, 함께 만져 보거나 경험을 할 수 있는 것들은 몇 명씩 충분한 시간을 두고 경험할 수 있도록 상호작용한다.
- 견학 장소 내에서 이동하는 경우, 이탈되는 유아들이 없도록 살피고 자주 인원을 확인한다.
- 미리 확보해 둔 안전한 장소에서 간식과 점심을 먹을 수 있도록 한다.

(3) 현장 학습(견학)을 마친 후 유치원으로 귀가할 때

- 화장실에 다녀오도록 배려하며 인원을 점검한다.
- 물을 마시기를 원하는 유아를 위해 물을 제공한다.
- 땀을 많이 흘린 유아들은 미리 준비한 물수건으로 닦아 준다.
- 걸어서 유치원으로 돌아올 경우 유아들이 잘 따라 오는지를 항상 살핀다.
- 버스를 타고 돌아올 경우에는 유아들의 탑승여부를 확인하고 안전벨트를 확인하고 출발한다. 버스가 출발하면 일어서서 버스 안을 돌아다니는 유아가 없도록 하고, 버스의 중간 좌석에 앉아서 특별한 요구를 해 오는 유아의 요구 사항을 들어준다.
- 버스 안에서 피곤하여 잠을 자는 유아가 있는 경우 옆 아이가 불편하지 않도록 자리를 살펴준다.
- 교사는 버스에서 내릴 때 유아들이 내리는 것을 도와준 후 버스에 아이들이 두고 내린 물건이 있는지 확인한다.

- 견학 후 자신의 경험을 공유하는 활동을 통해 평가하고 다양한 방법의 사후활동으로 활발한 교수-학습활동이 되도록 지원한다(김금주, 2000).

표 10-3 ● 현장학습 활동 계획안

활동명	농장 견학
활동목표	농장체험활동을 통해 우리가 먹는 다양한 채소의 종류와 성정과정을 알 수 있다.
활동방법	• 사전 준비 ① 농장을 가기 전 농장에 대한 이야기를 나눈다. - 농장이란 말을 들어 본 적이 있니? - 우리가 오늘 가는 곳은 여러 가지 채소를 키우는 농장이란다. - 우리가 농장에 가면 무엇을 볼 수 있을까? ② 유아와의 충분한 상호작용을 통해 동기를 유발한다. - 농장 견학에서 보고 싶은 것은 무엇이니? - 농장에 가서 어떤 것을 보고 싶니? 궁금한 점은 무엇이니? : 농장은 어떤 곳인가요? : 농장에 가면 무엇을 볼 수 있어요? : 농장에는 어떤 종류의 식물을 키우나요? : 식물을 잘 키우는 방법을 배울 수 있나요? ③ 견학 시 지켜야 할 약속을 정한다. • 견학 활동 ① 농장에 도착하면 안내를 받는다. ② 농장을 돌아보고 관찰한다. ③ 관찰이 끝난 후 궁금한 점에 대해 유아들이 직접 질문을 한다. • 평가 및 사후 - 견학 후 기억에 남는 것은 무엇이니? - 더 알고 싶은 것은 무엇이니?

현장학습 중에 전문가의 설명을 듣는 모습

2) 자원인사 초청(지역사회 전문인력 활용)

유아교육기관으로 직접 전문적인 자원인사를 초청할 경우, 유아의 관심 분야, 흥미와 요구, 그리고 진행되고 있는 주제에 적합한 내용을 지역사회인사나 전문가, 학부모 전문가 등을 사전에 섭외하여 학급에 초청한다.

자원인사 초청 시 구체적인 운영 방법은 다음과 같다.

- 교사는 지역사회기관과의 협조체제를 〈표 10-4〉와 같이 구축하여 다양한 분

표 10-4 ● 유아교육기관과 지역사회 전문가와의 협조체제 유형

지역사회 기관과의 협조 체제	
지역사회 인적자원을 활용한 활동	• 부모 자원 활용 시에는 신학기 오리엔테이션을 실시할 때 부모 자원 활용 요청서를 배부하여 자원을 확보해 둔다. • 활동의 예 - 학부모 일일교사 - 지역사회 병원, 관공서, 도서관에서 일하시는 분들과 이야기 나누기 - 노인정의 할아버지, 할머니와 함께하는 놀이
지역사회 기관 활동	• 지역사회 관련 기관이나 시설의 활용을 통해 협력관계를 유지한다. - 현장학습을 위해 공공건물이나 시설을 활용한다. • 지역사회와 의사소통을 위해 유아교육기관을 개방한다. - 참관 및 견학을 통해 유아교육기관에 대한 이해를 높인다. • 공공기관과 연계하여 유아에게 필요한 서비스를 연결해 준다.
자원봉사 활동 활용	• 유아의 지역사회 봉사활동 - 유아들이 지역사회 주민들과 접촉함으로써 대인경험을 풍부하게 한다. • 유아교육기관의 지역사회 봉사활동 - 주민교육 - 놀이시설 개방 - 지역주민 참여 행사 주관 • 자원봉사자 활용 - 자원봉사 센터 등 기관과의 긴밀한 협력 관계를 통해 필요한 자원봉사자를 모집하거나 지원을 받는다.

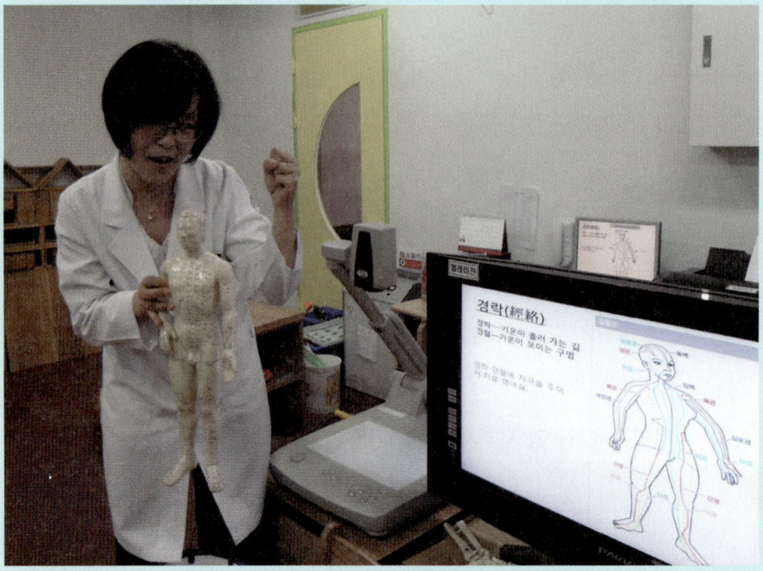

자원인사를 초청하여 설명을 듣는 모습

야에 종사하는 전문인력이나 자원인사를 사전에 파악하여 교육과정 운영에 반영한다(교육과학기술부, 2008c).

- 교육의 성과를 위해 유아가 원하거나 교육과정지원에 자원인사 초청이 필수적이라고 판단될 때 적합한 자원인사를 선정한다.
- 효율적인 교수-학습 성과를 위해 초청할 자원인사와 사전에 접촉하여 초청 목적, 원하는 내용, 시간, 유아의 궁금 사항, 유아와의 상호작용 방법 등을 미리 안내한다.
- 자원인사가 학급에 들어오기 전에 유아에게 충분한 사전 설명(종사 분야, 궁금한 사항)을 함으로써 유아들의 적극적 참여를 유도한다.
- 자원인사와 유아 간의 원활한 의사소통을 위해 필요시 설명, 질문 등을 통한 참여로 지원한다.

11 귀가지도

교사는 하루의 일과를 마무리하면서 하루의 전반적인 사항과 무슨 놀이를 했는지, 놀이 시 어려운 점 및 보완점 등은 무엇인지에 관한 평가에 대해 이야기를 나누며 귀가 지도를 한다. 귀가 지도를 할 때에는 교사와 부모 간에 유아에 대한 정보와 의견(하루 일과 중 특별한 일이나 음식 섭취량, 수면시간 및 횟수, 투약 여부, 건강 및 기분 상태 등)을 교환한다.

1) 사전 준비 사항

교사는 유아가 귀가하기 전에 다음의 내용을 점검하여 등원 시와 다른 사항이 있는지를 파악한다.

- 유아의 상태가 안정되어 있는가?
  - 피곤하지 않은가?
- 병색이 있는가?
  - 감기증상은 없는가?
  - 외상은 없는가?
- 옷차림은 단정한가?
  - 얼굴, 손, 발은 청결한가?
- 소지품을 빠짐없이 챙겼는가?
  - 옷, 작품 등 자기 물건을 빠짐없이 챙겼는가?

2) 귀가 시

- 유아가 스스로 소지품을 챙긴 후 인사하고 귀가하도록 지도한다.
  - 교사는 유아가 빠뜨린 소지품이 있는지 점검한다.
  - 유아 스스로 옷차림을 바르게 하며 교사와 개별적으로 인사를 한 후 다른 유아들에게도 인사하고 헤어지도록 한다.
- 교사는 유아가 안전하게 귀가하도록 학부모 및 보호자에게 인계한다.
  - 귀가 시 유아는 반드시 부모에게 직접 인계하고 그 외의 보호자가 올 때는 가정에서 사전에 부탁한 경우에 한하여 인계한다(이영자 외, 2009).
- 귀가 지도 시 개별 유아의 부모와의 만남은 전체 유아의 안전을 염두에 두어 짧은 시간을 할애하여 의견을 교환한다.
- 유아가 좋은 기분으로 귀가할 수 있도록 교사는 명랑하고 온화한 태도로 귀가 지도에 임한다(이영자 외, 2009).
- 차량을 이용하여 귀가를 시키는 경우 승하차 시 안전에 유의한다.
  - 차량 탑승 시 동승한 교사는 안전벨트 착용 및 안전지도를 한다.
- 도보로 집에 귀가하는 경우, 교사는 안전한 곳까지 유아를 데려다 준다.

귀가 시 인사를 나누는 모습

- 횡단보도를 건너서 가는 유아는 교사가 횡단보도를 함께 건너주어 유아의 안전을 확인한다.

3) 귀가 후

- 유아들이 귀가한 후에 교사는 유아들이 안정된 환경에서 놀이를 할 수 있도록 교실을 정리정돈하며, 다음 날을 위한 준비를 한다.
  - 당일 활동의 결과들을 기록한다.
  - 다음 날의 일과를 위한 계획을 수립한다.
  - 교수-학습을 위해 관련된 자료를 찾거나 준비를 한다.
  - 각 영역에서 사용하는 놀잇감, 게임자료 등이 지저분할 때는 깨끗이 닦은 후 해당 정리함에 담아 정리한다.
- 정리정돈 시간에 유아들과 교사가 합의하여 두기로 한 구성물들은 계속 연장하여 놀이가 진행되므로 이러한 것들은 정리하면 안 된다(교육부, 2000).
- 교사는 버리는 자료들은 한데 모아 반드시 확인한 다음 버린다.
- 파손된 자료가 있으면 수선한다.
- 각 영역 별로 놀이자료를 점검하여 부족한 재료는 채워 놓고, 놀이자료가 부족하지 않도록 환경적인 준비를 해 두고 필요한 자료 역시 첨가한다.

제11장

정리정돈 및 전이 시간

1 정리정돈

1) 정리정돈의 중요성

정리정돈은 놀이가 끝난 다음 다른 놀이로 전이하려 할 때 먼저 했던 활동의 교구나 자리를 유아들 스스로 정리하는 것을 말한다. 그 밖에 이 시간은 미처 끝내지 못한 활동을 다음날 진행하기 위해 자료의 보관을 위한 시간으로도 활용된다. 정리정돈은 자유선택활동 시간 다음에 바로 이어지게 되며, 이는 다음 활동과의 원활한 진행을 위해 꼭 필요한 하루 일과의 일부분이다(Goffin & Wilson, 2001; Hayes & Creange, 2001). 정리정돈의 경험은 주변 정리는 물론 다양한 교육 경험을 한다는 점에서도 가치를 갖는다(Goffin & Wilson, 2001; Hohmann & Weikart, 1995). 기능이나 크기가 같은 자료끼리 분류하고, 비우고, 맞추는 등의 경험을 통하여 사물의 물리적 속성과 수학적 개념을 이해하게 되며, 이를 통해 문제해결의 경험을 갖게 된다. 정리정돈은 유아로 하여금 책임감과 협동심을 기르도록 하며, 성취감을 느끼게 하여 긍정적 자아개념형성을 하도록 돕는다.

2) 정리정돈의 지도

유아들은 정리정돈을 강요받았을 때 자기규제와 자율성이 발달되기 어려우므로 (이승은, 서현, 2010; DeVries & Zan, 1997), 무엇보다도 교사는 유아 스스로 정리정돈의 필요성을 인식하고 자발적으로 참여할 수 있도록 지원하여야 한다. 이를 위해서는 환경적인 준비가 필요하다.

- 교사는 정리정돈의 필요성을 인식시키기 위해 교구의 사진이나 그림이 그려진 바구니, 쟁반 등을 준비해 두어 정해진 자리가 있음을 알려 주어야 한다. 글자를 읽을 수 있거나 관심을 보이는 유아가 있다면 그림이나 사진 외에도 바구니에 교구나 자료의 이름표를 붙여 두어 정리정돈을 쉽게 할 수 있게 유도한다. 교구장 바닥에 교구정리의 위치를 표시해 줄 수도 있으며, 완성하지 못한 활동 자료를 안전하게 보관할 장소를 따로 마련해 주어야 한다.
- 조형 영역에서 사용한 소품 중 다시 사용할 수 있는 자료는 분류하여 보관하도록 하며, 유아들이 쉽게 사용할 수 있는 청소도구를 준비해야 한다.
- 진행 중인 프로젝트를 통해 산출된 결과물은 시간이 경과함에 따라 확장될 수 있으므로 어떤 방법으로 정리하거나 보관할지를 유아들과 토의하여 결정하고 실행하는 것이 좋다. 예를 들어, 바다동물 프로젝트를 진행 중인 교실에서 유아들이 '수족관'을 구성하였다면, 활동이 확장될 수 있도록 주제가 전개되는 동안 수족관을 정리하지 않거나 혹은 공간이 좁다면 복도로 이동하여 구성할 수 있다. 따라서 정리정돈이 필요한 결과물과 유지 · 보관할 결과물에 대해서 유아들과 토의하는 시간을 가져 정해야 한다.
- 유아들이 진행하는 활동의 성격에 따라 정리정돈에 소요되는 시간이 다르므로

자유선택활동 후 교실을 정리정돈하는 모습

정리정돈 시간을 미리 알려 주어 활동 시간과 정리 시간을 유아들이 스스로 안배하도록 한다. 예를 들면, 조형활동이나 쌓기놀이의 경우 정리정돈에 많은 시간이 소요되므로 유아에게는 먼저 활동을 마무리하고 정리정돈을 시작하도록 안내할 수 있다.

- 악기소리나 경쾌한 음악 등 정리정돈 시간을 알리는 신호를 활용하여 유아들이 즐거운 마음으로 정리정돈에 참여하도록 한다.
- 평소 정리정돈 시간을 충분히 계획하지 못할 때 다음 활동 때문에 조급해진 교사는 정리정돈을 강요하거나 교사가 빠른 시간에 치우는 모습을 보일 수 있다. 유아들에게 정리정돈이 귀찮은 것이거나 혹은 교사의 지시에 순종하기 위해 부여되는 의무로 인식되지 않도록 정리정돈 시간이 갖는 의미에 대해 교사의 반성적 사고와 실천이 뒤따라야 한다.

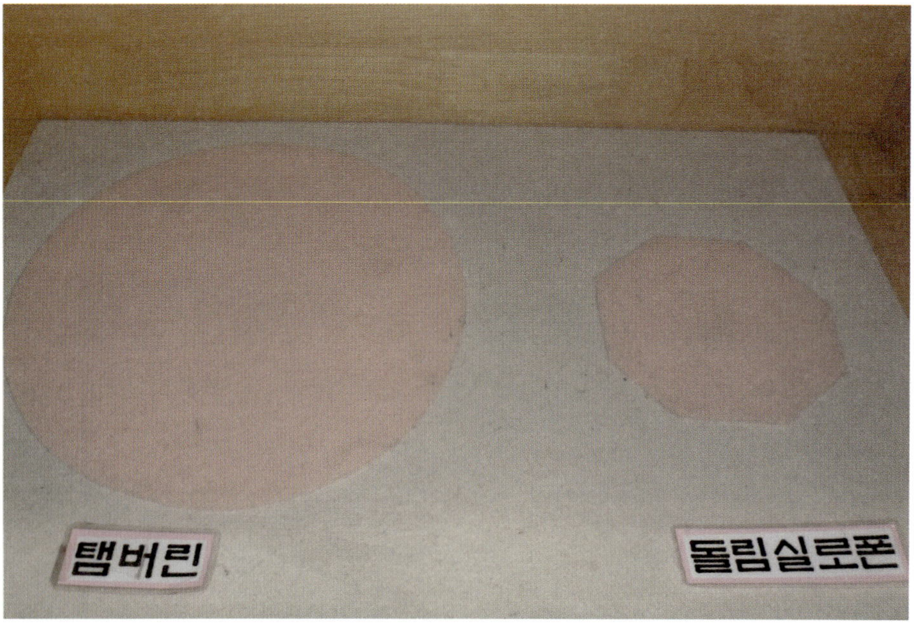

악기 정리 표시

진행 중인 프로젝트 구성물

2 전이 시간

1) 전이 시간의 중요성

전이(transition)에는 크게 두 가지 의미가 있다. 하나는 어떤 교육기관에서 성장한 뒤 새로운 필요에 의해 진급하는 때와 같이 삶에서 일어나는 변화의 시간을 뜻하며, 다른 하나는 하루 일과에서의 전이, 즉 한 활동에서 다른 활동으로 옮겨질 때를 말한다(Wittmer & Petersen, 2011). 유아교육기관의 하루 일과는 규칙적으로 여러 활동이 이루어지기 때문에 각각의 활동이 연결되는 과정인 전이 시간을 갖는다. 그만큼 전이 시간이 어수선하기 때문에 전이 시간의 교실 풍경을 통해 교사가 얼마나 학급을 잘 운영하는지를 파악할 수 있다.

2) 전이 시간의 지도

유아가 유아교육기관에서 처음으로 시작하는 전이 시간은 가정에서 교육기관으로 옮겨지는 등원이다. 교사가 전이 시간을 어떻게 준비하는가에 따라 그날 유아들의 교육기관에서의 하루의 만족도가 결정될 정도로 중요하다. 대부분의 경우 유아들은 교육기관에 즐거운 마음으로 등원하지만, 그렇지 못한 날도 있다. 그러므로 교사는 등원하는 유아가 기쁜 마음을 가질 수 있도록 인적 · 물적 환경을 준비해 놓아야 한다.

일반적으로 교사가 전이 시간을 운영할 때 범하기 쉬운 실수 중 하나는 전이 시간의 의미를 인식하지 못하고 이 시간을 다음 활동 혹은 시간을 위해 스쳐 가는 순간쯤으로 여기는 것이다.

전이 시간을 잘 운영하기 위해 고려할 점은 다음과 같다(유윤영, 2006; Dodge & Colker, 1995).

- 모든 유아가 한꺼번에 새로운 활동으로 움직일 수 있다고 기대해서는 안 된다. 간식시간 뒤 실외놀이 시간이 이어진다고 해도, 아이들마다 먹는 속도가 같지 않으므로 간식을 먼저 먹은 유아들은 친구들이 함께 실외놀이를 나갈 때까지 조용히 퍼즐을 맞추거나 책을 읽는 시간을 가져야 한다.
- 유아가 이해할 수 있는 방법으로 전이 시간을 알려야 한다. 전이 시간은 기존의 활동을 정리하고 새로운 활동이 시작됨을 의미하므로 교사는 전이 시간을 미리 공지해야 한다. 이때 "긴 바늘이 6자에 가 있으면 정리를 할 거예요." "5분 후에 정리를 할 거예요." 대신 "정리할 때까지 네가 퍼즐 하나쯤은 더 맞출 시간은 되겠는걸." "지금 그림을 계속 그려도 좋겠어요. 하지만 새로운 그림을 그리기엔 시간이 충분하지 않아요."라고 아이들의 능력과 속도에 맞춰 활동을 마무리 지을 수 있도록 개별화된 설명이 필요하다.
- 충분한 시간을 제공하되, 융통성 있게 운영해야 한다. 전이활동을 위해서는 충

분한 시간을 할애해야 하는데, 이러한 여유가 필요한 때는 정리정돈 시간이 대표적이다. 정리정돈을 다음 활동을 위해 빨리 해치워야 한다고 여길 때 정리정돈 시간을 짧게 편성하게 된다. 그러나 정리정돈 시간을 치우기 위해 아이들을 몰아치는 시간이 되지 않도록 해야 한다. 반면, 전이 시간을 본 활동을 위해 유아의 주의집중을 유도하기 위한 목적으로 활용할 때 이 시간을 너무 길게 할애할 경우 오히려 방해가 되므로 주의해야 한다. 다시 말해, 주의 집중을 위해 손유희를 반복해서 부름으로써 오히려 유아들은 몰입에 방해를 받게 된다. 전이 활동도 활동의 성격과 목적에 따라 시간 운영에서 융통성을 요한다.

- 다양한 방법을 활용한다. 간식을 먹기 위해 손을 씻으러 가거나 실외놀이나 귀가시간처럼 유아들이 장소를 이동해야 하는 전이 시간에 유아들의 안전을 위해 교사는 '태도 좋은 친구'와 같은 이름으로 유아를 한 명씩 호명하여 이동해야 할 장소로 보내는 경우가 있다. 이때 유아들은 조금이라도 자신의 이름이 빨리 불리길 바라는 마음에 교사의 눈에 들고자 바른 자세를 경쟁적으로 취할 것이다. 하지만 교사는 유아의 모든 이름을 동시에 부를 수 없기에 아이들의 실망은 커지며, 단지 교사의 눈에 들기 위해 애쓰는 모습은 교사에게 지나치게 의존하는 것이라 자율성의 향상이라는 교육의 목적에도 적절하지 않다. 이러한 일을 예방하기 위해 ① 교사는 미리 아이들 수만큼 아이의 이름이 적힌 각각의 아이스크림 막대를 준비하여, ② "손을 씻으러 갈 친구는~."이라고 말하며 먼저 막대 하나를 뽑아 아이를 호명한다. ③ 호명된 아이가 나와 나머지 막대에서 막대 하나를 뽑아 다른 친구를 또 호명하여 호명된 순서대로 장소를 이동하는 방법을 활용할 수도 있다. 교사와 무관하게 유아들은 자신의 이름이 호명되기를 조용히 그리고 흥미진진한 눈빛으로 기대하는 가운데 자신이 활동의 주인공임을 인식하게 된다. 그 밖에 전이 시간을 교육적 자극을 제공하는 시간으로 운영하는 방법이 있다. 전에 배웠던 노래를 부르거나 간단한 손유희를 하거나 언어, 사회, 과학 등 다양한 사전 지식을 활용하도록 돕는 수수께끼, 끝말잇기, 이야기 연결 짓기, 그림 보며 순서 연결하기, 수 세기, 그림이나 사

소집단활동을 시작하기 전에 교사가 유아의 주의를 집중시키는 모습

대집단활동 후 유아들이 장소를 이동하는 모습

진에서 관찰하고 탐색한 것 발견하기, 리듬게임, 동작을 활용한 간단한 게임 등 다양한 활동을 할 수 있다.

- 융통성 있게 지도한다. 유아는 자주, 때로는 모처럼 활동에 몰입한다. 몰입은 성취감으로 이어져 이후의 삶에서 중요한 역할을 한다. 블록으로 동네를 꾸미기에 한창인 아이나 그림 그리기에 빠져 있는 아이들에게 정리를 알리는 신호는 방해로 인식되며, 이러한 일이 반복될 경우 유아는 몰입에 대해 부정적인 인식을 갖게 되기도 한다. 따라서 특정 활동에 몰입한 경우 예외를 두어 활동을 마무리 지을 수 있도록 전이 시간을 융통성 있게 운영하여야 한다.

3 손 씻기와 화장실 가기

손 씻기는 유아로 하여금 올바른 청결습관을 기르도록 돕는다. 손 씻기만으로도 감기와 같은 질병을 효과적으로 예방할 수 있으므로 유아의 건강을 위하여 매우 중요하다. 손 씻기는 유아의 손이 더러워지거나 필요한 때, 간식과 식사 전후, 약을 먹기 전, 실외놀이나 조형활동 후, 화장실을 다녀온 후, 물놀이나 견학을 다녀온 후에 주로 이루어진다. 유아교육기관의 유아가 100명 이상일 경우에는 손 세척기 및 손 소독시설을 설치하여야 하고(교육인적자원부, 2007), 화장실이나 교실 안에 있는 싱크대에서 손 씻기를 할 수 있게 한다. 교사는 학기 초나 유아교육기관에 처음 오는 유아들에게 손을 씻는 방법에 대해 시범을 보이며 안내한다.

청결하게 손을 씻는 방법은 다음과 같다.

① 손에 물을 적신 후 액체 비누를 손에 약간 덜어 놓는다.
② 양 손바닥과 양 손 등을 비벼 닦는다.
③ 손가락 사이를 닦은 후, 손가락 끝과 손톱 밑을 비벼 닦는다.
④ 양 엄지손가락과 양 손목을 닦은 후, 비눗기가 남지 않도록 흐르는 물에 깨끗

이 씻는다.

⑤ 물을 잠그고 손의 물기를 가볍게 턴 후 타월로 손을 닦는다.

교사는 유아가 사용하는 수건의 상태를 수시로 점검하여 많이 젖은 수건은 교체한다. 특히 장마철과 같이 습기가 많은 날씨는 하루에 한두 번 더 수건을 교체한다.

화장실 가기는 영아의 경우 교사가 도와줄 수 있지만, 유아가 만 3세가 넘고 손이 엉덩이에 닿으면서 휴지로 용변 처리를 할 수 있는 시기가 되면 보다 독립적으로 행동할 수 있다. 유아교육기관의 화장실은 유아가 편안하게 용변을 보기 좋도록 조성하지만, 유아에 따라 화장실을 편안히 이용하기 어려운 경우가 있다. 그러므로 교사는 유아의 생활과 화장실 이용 정도를 관찰하여 개별 유아에 따라 점진적으로 용변지도를 해 주는 것이 좋다. 화장실의 청결과 쾌적함을 유지하기 위하여 교사는 화장실 바닥이 항상 건조한 상태로 유지되도록 하고, 환기를 자주 시킨다.

화장실은 여러 사람이 함께 이용하는 장소이므로 사회적 규칙을 지킬 수 있도록 안내하는 것이 필요하다. 화장실 안에 사람이 있는지 노크하여 확인하도록 하고, 여러 사람이 몰릴 경우 줄을 서서 차례를 지켜 이용하도록 한다. 화장실은 깨끗이 이용하도록 하고, 용변 후 휴지를 사용하여 깨끗하게 용변 처리를 하도록 한다. 유아는 때로 휴지를 사용할 때 휴지의 양을 신경 쓰지 않는 경우도 있다. 그러므로 화장실 이용을 초기에 지도할 때, 소변과 대변에 따라 휴지의 양을 얼마나 사용하면 좋은지에 대해 이야기를 나누고 구체적으로 안내하도록 한다. 유아가 용변을 본 뒤에는 반드시 손을 씻도록 한다.

손을 씻고 닦는 모습

화장실을 이용하기 위해 노크를 하거나 줄을 서는 모습

제12장

간식 · 급식과 낮잠

1 간식과 급식

유아기는 신체적 · 정신적 발달이 왕성한 시기다. 유아기는 건강한 체질과 올바른 식습관의 기초를 형성하는 시기이므로 적절한 영양을 제공하는 것이 매우 중요하다. 유아교육기관에서는 간식과 점심식사를 제공하게 되는데, 유아의 1일 영양 권장량에 따라 영양적으로 균형 잡힌 식단을 구성하는 것이 바람직하다.

간식과 급식은 유아에게 필요한 영양을 공급하고 체질 형성에 기여할 뿐 아니라, 유아가 올바른 식습관을 형성하도록 하고, 영양과 음식에 대한 올바른 인식을 하도록 운영하여야 한다. 간식과 급식에 제공되는 음식은 영양과 비용을 고려하면서 몸에 좋은 조리 방법으로 만들어 제공하여야 한다.

간식과 급식 제공을 위한 설비와 기구는 기준에 따라 설치하고 정기적으로 위생관리를 실시하도록 한다. 유아교육기관의 운영자와 교사들은 지침에 따라 조리원과 작업 위생관리, 식재료 위생관리, 개인위생관리를 항시 철저히 하여야 한다(교육인적자원부, 2007). 영양관리는 유아교육기관의 지역적 특성, 급식 유형, 유아의 기호도를 파악하고 유아의 연령과 가정에서의 아침식사 여부 등 특성을 파악하여 식단을 관리하도록 한다(교육인적자원부, 2007).

간식은 성인에 비해 신진대사율이 높은 유아에게 꼭 필요한 에너지를 보충해 주므로 매우 중요하다. 하루의 간식량은 유아의 1일 영양권장량의 10~15% 정도로 제공하고, 오전과 오후 간식으로 나누어 제공한다.

급식은 간식에 해당하는 10~15%를 제외한 나머지에서 1/3 정도의 영양권장량으로 준비한다. 간식과 급식 식단의 영양기준은 3~5세 영양섭취기준을 중심으로 작성하고, 개인차에 따라 조절한다(교육인적자원부, 2007). 1회의 점심과 2회의 간식 공급을 기준으로 유치원 급 · 간식의 총 섭취열량은 3~5세 유아의 경우 약 600±60kcal 수준으로 구성하는 것이 바람직하다(교육인적자원부, 2007).

간식은 주식이 아닌 주식과 주식의 중간에 제공하는 보충 에너지원이므로, 식사시간의 중간 정도에 제공하여 주식을 방해하지 않아야 한다. 간식시간은 유아의 등원시간, 아침식사를 걸렀는지의 여부, 발달적 요구에 따라 융통성 있게 운영한다. 어린 영아의 경우에는 개별적 요구에 따라 자유간식으로 운영하고, 나이가 더 많은 유아들은 전체 간식시간으로 일괄 운영할 수 있다.

간식과 급식을 제공할 때는 교사가 유아들에게 직접 나누어 주기도 하고, 나이가 더 많은 5세 유아의 경우 당번을 정하여 배식을 돕기도 한다.

교육인적자원부(2007)에서 제시하는 배식단계에서의 주의할 점은 다음과 같다.

- 배식 직전에 깨끗한 행주로 식사할 식탁이나 책상을 닦는다.
- 배식할 때는 손을 깨끗이 씻고, 위생장갑을 착용한다.
- 배식대 및 배식 전용도구는 세척 · 소독하여 건조된 것을 사용하며, 음식별로 구분하여 사용한다.
- 조리실에서 급식 장소까지 운반할 때는 반드시 뚜껑을 덮어 이동한다.
- 음식을 다른 장소로 운반할 때에는 보온 · 보냉 상태를 유지하여야 한다.

간식과 급식시간은 유아에게 영양을 공급할 뿐 아니라, 유아가 올바른 식생활습관과 예절을 형성하고, 영양에 대한 올바른 이해를 통해 편식을 하지 않는 습관을 들이는 중요한 교육적 시간으로 운영하여야 한다.

간식과 급식시간에 유아에게 지도하는 식생활습관과 예절은 다음과 같다.

- 간식과 급식을 먹기 전에 손을 씻도록 한다.
- 음식은 천천히 꼭꼭 씹어 먹도록 한다.
- 모든 음식은 골고루 먹도록 한다.
- 다른 유아나 교사와 대화를 나누면서 즐거운 분위기에서 식사한다. 다만, 입 안의 음식은 모두 씹어 삼킨 후 이야기하도록 한다. 교사는 이야기를 나눌 때, 그날의 음식의 맛, 색과 향이 어떤지, 좋아하는지, 우리 몸에 무엇이 좋은지, 어떤 방법으로 만들었는지에 대해 이야기 나눌 수 있다.
- 간식과 급식 중간에 자리를 이동하면서 먹지 않도록 한다.
- 간식과 급식을 모두 마친 후 자신의 식기와 자리를 스스로 정리하도록 한다.

편식의 원인은 이유기의 미각 및 촉각 상의 이유, 생리적 · 심리적 원인, 사회경제적인 요인, 가정의 식사환경 등이 될 수 있다(정미라, 배소연, 이영미, 2007). 유아의 편식 습관을 개선하여 올바른 식습관을 형성함으로써 적절한 영양을 제공하기 위해서는 다음의 방법을 사용할 수 있다. 우선 편식 지도는 강제적인 분위기에서 이루어지면 안 된다. 유아는 간식과 급식시간이 즐거워야 음식과 먹는 분위기에 대해 긍정적인 정서와 태도를 가질 수 있다. 또한 편식은 가정의 분위기에 영향을 받기 때문에 가족이 함께 편식습관을 갖지 않도록 노력하여야 한다. 유아가 싫어하는 음식은 다른 조리방법으로 요리하여 음식의 맛을 새롭게 접할 수 있도록 배려한다. 교사는 유아의 식사량에 대해 지나치게 관심을 표하지 않도록 하고, 영양공급이 충분하다면 문제 삼지 않아도 된다. 문제가 된다면 유아의 간식 양 정도와 일상 습관을 관찰하여 간접적으로 지도하도록 한다. 또한 유아의 편식은 영양교육을 통해 간

간식을 먹는 모습

급식을 먹는 모습

접적이면서도 효과적으로 개선하도록 도울 수 있다. 간식과 급식 시간에 개인의 음식 기호와 영양에 대해 이야기를 나누는 경험은 유아가 음식에 관심을 갖게 하고 음식과 우리 몸의 관계를 인식하는 데 도움이 되며, 음식을 골고루 섭취하여야 할 필요성을 인식하도록 하기 때문에 도움이 된다.

2 낮 잠

일반적으로 3~4시간 정도로 운영을 하는 반일제는 특별히 낮잠 시간을 편성할 필요가 없다. 그러나 오후 시간까지 장시간 동안 유아교육기관에서 생활하는 종일반 유아들에게는 낮잠 및 휴식 시간이 필요하다. 낮잠과 휴식은 유아의 뇌발달뿐 아니라 건강을 유지하고 질병으로부터의 감염을 막아 주는 기초 조건이 되기 때문이다(김명순, 김의향, 배선영, 한찬희, 2005).

낮잠은 누적된 육체의 피로를 회복하는 데 유익하지만, 적정 시간 이상의 낮잠을 자면 야간 수면을 방해할 수 있으며 수면 주기가 변할 수 있으므로 유의해야 한다(대한수면연구회, 2006).

1) 낮잠의 중요성

유아는 오전 일과 속에서 누적된 피로와 스트레스를 풀고 오후 일과를 준비하기 위해 낮잠을 자야 하며, 낮잠의 중요성 및 의의는 다음과 같다.

- 낮잠 시간은 영유아의 발육과 에너지를 회복시키며 기억력을 높인다. 유아가 자고 있는 동안 사고와 행동을 위해서 사용했던 우리의 뇌에 있는 신경세포들이 정리되며, 자고 있는 동안 신체발육의 대부분이 진행되기 때문에 유아에게 있어서 충분한 수면은 필수적이다(박찬옥, 구수연, 이옥임, 2010). 또한 수면은

섭취한 음식물을 소화 · 흡수시키며 육체적 · 정신적 피로의 회복을 돕고 건강한 생활을 유지시킨다(조운주, 최일선, 2004).

- 수면을 취하는 동안 뇌는 새로운 호르몬과 화학전달물질을 분비하여 온몸의 세포활성을 자극한다. 또한 수면을 거치는 동안 뇌에서는 성장호르몬인 멜라토닌이 분비된다. 이 호르몬은 세포분열을 촉진하여 성장에 필요한 새로운 조직을 만들어 내고 손상된 조직을 복원하는 것을 돕는다(Dement & Vaughan, 1999).
- 낮잠을 통해 유아는 정서적 안정감을 갖는다. 잠이 부족한 유아는 주의력이 산만하고, 예민해질 수 있으며 침착하지 못한 행동을 보일 수 있다. 낮잠을 통하여 유아는 긴장과 흥분이 줄며, 에너지를 회복하여 정서적으로 안정된 상태가 된다.

2) 낮잠 지도

낮잠이 유아의 발달과 성장에 유익하더라도 강제로 재우거나 강요해서는 안 된다. 이러한 낮잠은 자칫 유아들이 잠자는 시간을 부정적으로 인식할 수 있기 때문이다. 그러므로 교사들은 유아들이 잘못된 행동을 할 때 침대에 가두는 행동을 해서는 절대 안 된다. 유아는 부정적인 감정과 침대를 연관 지음으로써 수면에 대한 부정적인 정서를 형성하게 되기 때문이다.

- 낮잠은 유아의 연령과 개별 유아의 생리적 차이, 습관 등에 따른 개인차가 고려되어야 한다. 3세 유아의 경우 4~5세 유아보다 휴식이 좀 더 요구되며, 이러한 특성은 교육과정 계획에 반영되어야 한다. 예를 들어 3세 유아는 1시간 반~3시간 정도의 낮잠이, 4~5세 유아의 경우 30~40분 정도의 휴식이나 1시간 정도의 낮잠이 적절하다. 4~5세 유아의 경우 일찍 일어난 유아를 위한 조용한 활동 장소 준비 및 활동의 계획이 있어야 한다(이영자, 양옥승, 1991). 또한

유아마다 잠들기 전의 습관, 잠들기까지의 시간, 총 수면 시간, 잠버릇, 잠 깬 후의 습관이 다르기 때문에 부모 면담, 질문지 조사 등을 통해 사전 파악하여 적절히 도와주어야 한다(이영자, 1995).

- 낮잠은 매일 일정한 시간에 자도록 한다.
- 낮잠을 자기 전에는 대소변을 꼭 보게 하고, 이를 닦고 세수를 하도록 한다.
- 침구 사이에 어느 정도 간격을 두어 다른 유아가 방해하지 않도록 하고, 매일 같은 위치를 정해 주어 자신의 잠자리를 알게 한다.
- 위생적 침구 사용을 위해 머리를 두는 부분과 바닥에 닿는 부분을 색, 무늬, 모양 등으로 표시하여 구분해서 사용하도록 한다.
- 방의 온도, 습도, 조명 등을 적절하게 조절하여 주고 유아가 직접 자신의 이불과 베개를 챙겨서 잠자리를 마련할 수 있도록 점차적으로 지도한다.
- 간편한 옷차림으로 잠자리에 들게 하고, 잠들 때까지 조용한 음악을 들려주거나 동화를 들려준다.
- 유아가 잠든 후에도 교사는 지속적으로 살펴야 한다. 교사는 유아의 낮잠 시간 동안 항상 교실에 상주하여 수면 중에 일어날 수 있는 갑작스러운 사고가 일어나지 않도록 하고, 개별적인 보살핌이 필요할 때에는 즉각적으로 반응해 준다. 또한 중간에 깨서 우는 유아의 경우, 다독거려 주거나 자장가를 불러 주어 편안함과 안정감을 갖고 다시 잘 수 있도록 해 준다. 신체적인 불편함이나 환경의 문제 때문에 깰 수 있으므로 실내 온도나 잠자리 등을 확인한다.
- 유아의 개인적인 수면 요구를 수용해 준다. 자기 전에 잠투정을 하는 경우 안아주거나 개별적인 요구를 받아주는 등 옆에 있어 준다. 심리적인 안정감을 줄 수 있는 음악이나 인형, 놀잇감을 통해 스스로 잠들 수 있도록 도와준다. 너무 피곤하거나 흥분되는 경우 잠을 잘 수 없으므로 자기 전에 유아의 마음을 가라앉히고 수면을 도울 수 있는 조용한 음악을 들려주거나 이야기를 들려준다.
- 교사는 잠자리에서 깨어 난 후, 낮잠이 오후 교육활동으로 잘 전환될 수 있도록 돕기 위한 배려를 한다. 충분히 잠을 자지 못해서 잠투정을 하는 유아는 다

음 활동에 영향을 줄 수 있으므로 교사는 안아 주는 등 편안하게 잠을 깰 수 있도록 도와준다. 천천히 여유 있게 잠에서 깨어나도록 교사는 부드럽고 긍정적인 목소리로 유아를 반겨 준다. 유아가 밝기와 소음, 주위 환경에 적응하도록 충분한 시간을 준다(이영자 외, 2009).

- 가정에서의 가족 및 유아의 수면 패턴 · 습관, 취침시간, 생활 리듬 등을 파악하여 유아교육기관에서의 수면 지도와 연계되도록 한다. 필요시 유아가 잠잘 때 사용하는 친숙한 인형이나 베개 등을 가지고 오게 한다. 또한 부모와의 상담을 통해서 가정에서 늦게 잠을 자는 경우 일정한 시간에 잠을 자는 습관을 갖도록 한다.
- 정서적인 불안을 해소해 준다. 교사는 정서적으로 불안한 유아의 경우 개별적으로 위로해 주며, 보다 편안하고 안정된 마음으로 잠들 수 있도록 책을 읽어 주거나 자장가를 불러 준다.
- 낮잠을 원하지 않는 유아를 강압적으로 자게 하는 것은 바람직하지 않다. 조용히 휴식을 취하게 하며, 놀이를 더 하기를 원하는 유아는 낮잠 시간 이후에 놀이 시간을 주겠다고 약속하거나 일정 시간(20~30분) 동안 놀이를 더 하도록 허락한다. 이때 다른 유아가 잠자는 것을 방해하지 않도록 분리된 영역을 마련해 주어 조용한 놀이나 휴식을 취하게 하고 원인을 해결하는 것이 필요하다.
- 잠에서 깬 후 스스로 겉옷을 입고 이불과 베개를 정리하도록 지도한다.
- 낮잠을 위한 침구류는 자주 소독하거나 세탁하여 항상 청결을 유지한다. 유아교육 기관에서 세탁이 여의치 않은 경우 주말에 가정으로 보내 세탁해 오도록 한다.

3) 환경구성

낮잠을 지도할 때의 중요한 점은 교사가 유아를 재우는 것이 아니라 스스로 잠들 수 있도록 이끌어 주는 것이다. 따라서 교사는 낮잠을 잘 수 있는 환경과 분위기를 제공해야 한다. 이를 위해 다음과 같은 사항을 고려한다.

- 편안하고 쾌적한 수면 환경을 제공한다. 유아는 주변 환경에 민감하게 반응하므로 수면실을 마련하여 빛과 소음을 차단해 준다.
- 18~23°C의 적절한 온도와 습도를 유지하는 등 수면을 위한 아늑한 환경을 마련해 준다.
- 낮잠을 위한 별도의 방이 없는 경우 매트를 교실 한쪽에 준비하여 두었다가 방의 낮잠 영역에 깔아 준다.
- 창문의 커튼이나 블라인드를 드리우되 너무 어둡지 않게 하고, 자기 전에 진공청소기로 청소한 후 잠자리를 마련해 주면 청결한 환경을 제공할 수 있다.
- 활동실에서 수면을 취해야 할 경우 기능적 측면을 고려하여 환경구성이 이루어져야 한다. 유아를 위한 낮잠 영역은 각 유아마다 개별 간이침대를 제공할 수 있는 크기여야 한다(Olds, 2001).
- 낮잠을 위한 방을 따로 마련하면 수면 및 휴식을 위해 바람직하다. 수면 공간이 따로 있을 경우, 휴식환경이 바람직하게 조성되며, 유아가 잠자는 동안 활동실이 정리될 수 있으며, 필요에 따라 재배치가 가능하고, 잠에서 먼저 깬 유아가 다른 유아의 잠을 방해하지 않고 다른 곳에서 활동 할 수 있는 등 유아의 수면 습관의 차이에 부응하기 쉽다. 낮잠실을 분리하는 것보다 놀이 영역의 한 부분으로 하여 교사가 깨어 있는 유아들을 돌보면서 동시에 자는 유아를 볼 수 있도록 하는 것이 좋다는 학자들도 있으나(O' Brien, Porterfield, Herbart-Jackson, & Risley, 1979), 이러한 경우 활동실이 더 넓어야 하고, 활동적인 영역과도 구분되며, 교사가 잘 관찰할 수 있고 시각적인 자극이 적으며, 차분한 색상과 조도를 지니고 천정의 높이도 낮은 곳으로 환경이 구성되어야 한다.

아늑한 분위기의 낮잠실

유아가 낮잠을 자는 모습

참고문헌

교육과학기술부(2008a). 교육인적자원부 고시 제2007-153호에 따른 유치원 교육과정 해설(1): 총론. 서울: 대한교과서주식회사.

교육과학기술부(2008b). 유치원 평가 편람. 교육과학기술부.

교육과학기술부(2008c). 유치원 특성화교육과정 운영지원을 위한 전문인력풀 활용자료. 서울: 나우커뮤니케이션.

교육과학기술부(2011). 교육과학기술부 고시 제2011-30호에 따른 유치원 교육과정 개정안.

교육인적자원부(2007). 유치원급식 운영관리 지침서. 서울: 서울멀티넷.

교육인적자원부 · 한국교육개발원(2005). 교육통계연보. 서울: 교육인적자원부 · 한국교육개발원.

권정례, 이영자(2010). 유아교육기관 운영관리. 서울: 한국방송통신대학교출판부.

김금주(2000). 학급보조교사의 역할. 교육부.

김명순, 김의향, 배선영, 한찬희(2005). 유아보육프로그램. 서울: 서울특별시.

김성애(2010). 포스트모더니즘적 교육 및 인성학적 차원에서 본 한국 통합교육이 가지는 교육적 의미. 유아특수교육연구, 10(2), 23-49.

김수정, 곽금주(2003). 의사 전달적 기능으로서 영아기 신체접촉. 인간발달연구, 10(2), 51-73.

김영호(1999). 레지오 에밀리아 접근법의 이론과 실제. 서울: 학지사.

김은정(2011). 유아의 음악적성, 음악적 성향과 교사의 음악관련 태도 변인 간의 구조분석. 음악교육연구, 40(2), 221-250.

김은정, 이정욱(2009). 움직임을 통한 공간능력 향상 활동이 유아의 공간능력과 신체표현능력에 미치는 효과. 유아교육학논집, 13(6), 345-366.

김은희(1996). 다상징적 접근(Multi Symbolic Approach)에 의한 유아의 사고과정 변화. 중앙대학교 대학원 박사학위논문.

김재숙(2002). 독자반응이론에 의한 동시지도가 유아의 동시감상 및 짓기에 미치는 영향. 덕성여자대학교 유아교육학과 박사학위 청구논문.

김진영, 백혜리, 최유정(2001). 유아를 위한 교수-학습방법론. 서울: 양서원.

대한수면연구회(2006). 수면 혁명. 대교베텔스만.

박미라(2002). 이야기 책 읽어주기 접근법이 유아의 문어 이야기 구조 발달 및 이야기 유형에 미치는 영향. 덕성여자대학교 대학원 박사학위 청구논문.

박승희(2003). 한국 장애학생 통합교육. 서울: 교육과학사.

박신정(2004). 다상징적 접근 방법이 유아의 그리기 표상 능력에 미치는 영향. 한국교원대학교 교육대학원 석사학위논문.

박은혜, 김희진, 이지현(2002). 레지오 에밀리아 접근법에서 시간과 공간의 의미. 교육학연구, 40(1), 311-328.

박찬옥, 구수연, 이옥임(2010). 영아-교사 상호작용의 이론과 실제. 파주: 정민사.

박형신, 김금수(2011). 이야기 다시 말하기를 통한 발붙임새 창작활동이 유아의 국악능력과 언어능력에 미치는 영향. 열린유아교육연구, 16(2), 253-273.

박형신, 김영연(2004). 예술영역간의 통합적 국악활동이 유아의 장단개념 이해도에 미치는 영향. 음악교육연구, 27, 65-89.

박화목(1990). 유아의 발달과 동화 연구. 서울: 장학출판사.

법무부(2009). 2008 출입국 · 외국인정책 통계연보. 서울: 법무부.

보건복지부(2010). 보건복지부 고시 제2010-71호에 따른 표준보육과정의 구체적 보육내용 및 교사지침.

석용원(1983). 동화구연의 이론과 실제. 서울: 백록출판사.

신은수, 유윤영(1998). 유아의 지식구성을 위한 사전지식의 역할에 관한 논의. 덕성여자대학교 사회과학연구, 5, 127-140.

양옥승, 최경애, 이혜원(2011). 영유아교육과정. 서울: 학지사.

엄정애(2009). 영유아 놀이와 교육. 파주: 교문사.

위영희, 한성희, 박정원, 석은선, 문혁준(2008). 영유아교수학습방법. 서울: 창지사.

유윤영(2003). 3세아의 "나의신체"에 대한 사전 개념. 미래 유아교육학회지, 10(3), 147-172.

유윤영(2006). 학습공동체를 위한 대집단활동. 서울: 다음세대.

유윤영(2010). 부모교육. 파주: 정민사.

유혜령(1994). 유아교수매체의 이론과 실제. 서울: 창지사.

유혜령(1998). 교수매체 환경과 유아의 경험향식에 관한 현상학적 연구: 자유선택활동을 중심으로. 유아교육연구, 18(1), 131-152.

이경우, 반운경(1992). 그룹게임: 피아제 이론이 암시하는 수교육. 서울: 창지사.

이경우, 장영희, 이차숙, 노영희, 현은자(1997). 유아에게 적절한 그림책: 유아도서추천을 위한 기초연구. 서울: 양서원.

이기숙(2000). 유아교육과정. 서울: 교문사.

이성천(1991). 나도 국악을 가르칠 수 있다. 서울: 풍남.

이소현, 박은혜(2001). 장애 유아 통합유치원 교육과정: 사회적 통합 촉진을 위한 활동-중심의 교육과정. 서울: 학지사.

이소현, 부인앵(2004). 장애 유아의 유치원 통합교육 현황 및 프로그램 지원 욕구. 특수교육학연구, 39(1), 189-212.

이숙재, 장영희, 김혜실, 김정화(1999). 유아의 인종 인식에 관한 연구. 유아교육연구, 19(1), 95-110.

이순형, 이혜승, 이성옥, 황혜신, 이영미, 정윤주, 한유진, 성미영, 권기남, 김지현(2007). 영유아 교수방법. 서울: 학지사.

이승은, 서현(2010). 유아교육기관에서 자유선택활동 후 정리정돈에 대한 교사의 인식 및 실태 연구. 유아교육학논집, 14(6), 227-249.

이영자(1995). 유치원 종일제 프로그램의 운영. 한국유아교육학회(편), 교육개방화에 대비한 유치원 종일반 프로그램(pp. 116-139). 서울: 양서원.

이영자, 양옥승(1991). 종일제 유치원과 탁아소를 위한 종합적 유아교육과정의 개발. 유아교육연구, 11, 23-42.

이영자, 오애순, 정현주, 유연화, 양승희, 최영해(2009). 영유아 프로그램의 운영. 파주: 양서원.

이영자, 이기숙, 이정욱(2008). 유아교수 · 학습방법. 서울: 창지사.

이은주(2010). 특수교사와 일반교사의 공동협력을 통한 장애학생의 일반교육과정 접근에 관한 실행연구. 특수아동교육연구, 12(2), 1-29.

이정환, 김희진(2007). 영유아교육의 교수학습방법. 서울: 파란마음.

이정희(1999). 반편견 교육활동이 유아의 인종에 대한 고정관념 완화에 미치는 효과. 덕성여자대학교 교육대학원 석사학위논문.

이현주(2010). 그림책을 활용한 다상징적 접근이 유아의 의사소통능력에 미치는 효과. 경북대학교 대학원 박사학위논문.

이희경(2002). 유아교수 · 학습방법. 서울: 동문사.

임재근(2010). 탐구과제에 대한 사전지식이 초등과학 영재의 관찰 방법과 의문에 미치는 영향. 과학교육연구지, 34(1), 105-112.

임재택(1997). 유아교육기관 운영관리. 파주: 양서원.

임혜정(2004). 유아교육기관에서 선호하는 동요에 관한 조사 및 악곡분석 연구. 덕성여자대학교 대학원 박사학위논문.

장영희(2000). 영아교육과정. 파주: 양서원.

정미라, 배소연, 이영미(2007). 영유아를 위한 건강 및 영양교육. 경기: 양서원.

정상녀, 박형신(2009). 동요를 활용한 이야기 다시 말하기 활동에 관한 연구. 열린유아교육연구,

14(6), 103-121.

정진, 성원경(1994). 유아놀이와 게임활동의 실제. 서울: 학지사.

조운주, 최일선(2004). 유아교육기관에서의 유아생활지도. 서울: 창지사.

조윤경, 김수진(2008). 유아교사를 위한 특수아동지도. 고양: 공동체.

지혜련(1983). 옥외놀이. 유아교사를 위한 워크숍: 개방주의 교육의 실제(pp. 147-157). 서울: 연세대학교 가정대학생활연구소.

차영숙, 유희정, 곽정인, 강민정(2008). 현장중심의 유아교수 · 학습방법. 서울: 창목출판사.

최기영(2002). 그룹게임에 나타난 유치원 아동의 경쟁성에 관한 연구. 열린유아교육연구, 6(4), 153-172.

최일선, 조운주(2010). 유아교육평가의 이론과 실제. 서울: 창지사.

한국유아교육학회 편(2006). 유아 교육사전. 서울: 한국사전연구사.

황인주, 김은정(2010). 유아의 놀이성이 음악적 성향과 음악적성에 미치는 영향. 유아교육학논집, 14(5), 55-78.

황해익(2006). 유아교육에서 평가의 변화 방향. 기록화(Documentation)를 통한 귀 기울이기. 2006 변형영유아교육학회 춘계 학술대회, 7-28.

Acredolo, L., & Goodwyn, S. (2000). 베이비 사인. 공경희 역. 서울: 명진출판. (원전은 1996년에 출판)

Alexander, P., & Judy, E. (1988). The interaction of domain-specific and strategic knowledge in academic performance. *Review of Educational Research, 58*(4), 357-404.

Allen, K. E., & Schwartz, I. S. (2001). *The Exceptional child: Inclusion in Early Childhood Education*. NY: Delmar.

Asher, S. R. (1980). Topic interest and children' s reading comprehension. In R. J. Spiro, B. C. Brue, & W. F. Brewer (Eds.), *Theoretical Issues in Reading Comprehension*. Hillsdale, NJ: Erlbaum.

Berk, L. (2006). 아동발달. 이종숙, 이옥, 신은수, 안선희, 이경옥 공역. 서울: 시그마프레스. (원전은 2006년에 출판)

Berk, L., & Winsler, A. (1995). *Scaffolding Children's Learning: Vygotsky and Early Childhood Education*. Washington, DC: National Association for the Young Children.

Branford, J. D., & Vye, N. J. (1989). A perspective on cognitive research and It' s implications for instruction. In L. B. Resnick & L. E. Klopfer (Eds.), *Toward the Thinking curriculum: Current Cognitive Research*. ASCD.

Bredekamp, S., & Rosegrant, T. (Eds.). (1992). *Reaching potentials: Transforming early childhood curriculum and assessment for young children* (vol.1). Washington, DC:

National Association for the education of young children.

Burke, E. M. (1990). *Literature for the Young Child.* Boston, MA: Allyn and Bacon.

Carey, S. (1986). *Conceptual Change in Childhood.* Cambridge: MIT Press.

Clemmon, J., Laase, L., & Cooper, D. L. (1993). *Portfolios in the Classroom: A Teacher's Sourcebook.* Jefferson City, MO: Scholastic, Inc.

Committee on Early Childhood Pedagogy (2000). *Eager to learn.* Washington, DC: National Academy Press.

Dattner, R. (1969). *Design for Play.* Cambridge, MA: MIT Press.

Davidson, L. (1985). Tonal structure in children' s early songs. *Music Perception, 2,* 361-374.

Davidson, L., McKernon, P., & Gardner, H. (1981). The acquisition of song: A developmental approach. In R. A. Choate (Ed.), *Documentary Report of the Ann Arbor Symposium on the Applications of Psychology to the Teaching and Learning of Music* (pp. 301-317). Reston, Virginia: MENC.

Decker, C. A., & Decker, J. R. (2001). *Planning and Administering Early Childhood Programs.* Upper Saddle River, NJ: Prentice Hall.

Dekkers, P., & Thijs, G. (1998). Making productive use of students' initial conceptions in developing the concept of force. *Science Education,* 31-51.

Dement, W. C., & Vaughan, C. (1999). *The Promise of Sleep.* NY: Delacorte Press.

Dempsey. J. D., & Frost, J. L. (1993). Play environments in early chilhood education. In B. Spodek (Ed.), *Handbook of Research on the Education of Young Children* (pp. 306-321). NY: Macmillan.

DeVries, R., & Zan, B. (1997). 유아를 위한 사회 도덕성 발달. 이은화, 이경우, 곽향림 공역. 서울: 창지사. (원전은 1995년에 출판)

Dodge, D. T., & Colker, L. J. (1995). *The Creative Curriculum for Early Childhood.* Washington, DC: Teaching Strategies Inc.

Edwards, C., Forman, G., & Gandini, L. (1996). 레지오 에밀리아의 유아교육: 어린이의 수많은 언어. 김희진, 오문자 공역. 서울: 정민사. (원전은 1993년에 출판)

Edwards, C., Gandini, G., & Forman, L. (1998). *The Hundred Languages of Children: The Reggio Emilia Approach to Early Childhood Education* (2nd ed.). NJ: Ablex Publishing.

Elkind, D. (2001). The adaptive function of work and play. *Play, Policy, Practice Connections, 6*(2), 6-7.

Elley, W. B. (1989). Vocabulary acquisition from listening to stories. *Reading Research Quarterly, 24*(2), 174-187.

Esbensen, S. B. (1987). *An Outdoor Classroom.* Ypsilant, MI: The High Scope press.

Essa, E. L. (1981). Outdoor play area designs for learning. *Day Care and Early Education, 9*(2), 37–42.

Forman, G. (1996). A child constructs an understanding of a water wheel in five media. *Childhood Education, 72*(5), 269–273.

Forman, G. (1994). Different media, different languages. In L. G. Katz & B. Cesarone (Eds.), *Reflections on the Reggio Emilia approach* (2nd ed., pp. 41–53). Urban. IL: ERIC Clearinghouse on Elementary & Early Childhood Education.

Forman, G., Lee, M., Wrisley, L., & Langley, J. (1993). The city in the snow: Applying the multisymbolic approach in Massachusetts. In C. Edwards, L. Gandini, & G. Forman (Eds.), *The Hundred Languages of Children: The Reggio Emilia Approach to Early Childhood Education* (pp. 233–250). Norwood, NJ: Ablex.

Fowler, W. (1980). *Infant and Child Care: A Guide to Education in Group Settings.* Boston: Allyn and Bacon.

Fraser, S., & Gestwicki, C. (2002). *Authentic Childhood: Exploring Reggio Emilia in the Classroom.* Albany, NY: Delmar.

Frost, J. L. (1992). *Play and Playscapes.* Albany, NY: Delmar.

Frost, J. L. (1997). Nature and importance of play, creating play environments. *Children and Play Environment, 5,* 37–97.

Frost, J. L., & Klein, B. (1979). *Children's Play and Playgrounds.* Boston, MA: Allyn and Bacon.

Gallahue, D. L. (2004). *Developmental Physical Education for Today's Children* (2nd ed.). Macmillan, NY: Brown & Communication, Inc.

Gallahue, D. L., & Ozman, J. (1988). *Understanding Motor Development: Infants, Children, Adolescents, Adults* (5th ed.). NY: McGraw Hill.

Gandini, L. (1993). Foundationtals of Reggio Emilia approach to early childhood education. *Young Children, 49*(1), 4–8.

Gardner, H. (1979). Developmental psychology after Piaget: An approach in terms of symbolization. *Human Development, 22,* 73–88.

Gardner, H. (1996). 마음의 틀. 이경희 역. 서울: 문음사. (원전은 1993년에 출판)

Gembris, H. (2002). The development of musical abilities. In R. Colwell, & C. Richardson (Eds.), *The New Handbook of Research on Music Teaching and Learning* (pp. 487–508). Oxford: Oxford University Press.

Gopnik, A. (1993). Theories and illusions. Author's response to open peer commentary. *Behavioral and Brain Science, 16,* 90–100.

Graham, G. (2004). Movement concepts defined. In G. Graham, S. A., Holt/Hale, & M. Parker (Eds.), *Children Moving*. Boston, MA: McGraw Hill.

Graham, J. (1990). *Pictures on the Page*. Sheffield, UK: National Association for the teaching of English.

Goffin, S. G., & Wilson C. S. (2001). *Curriculum Models and Early Childhood Education: Appraising the Relationship*(2nd Ed). NJ: Merrill Prentice Hall.

Gullo, D. F. (2000). 유아 발달과 교수 · 학습과정. 이기숙, 강숙현 역. 서울: 창지사. (원전은 1992년에 출판)

Hallahan, D. P., & Kaufman, M. J. (2003). *Exceptional Learners: Introduction to Special Education*. (9th ed.). Boston: Allyn and Bacon.

Hayes, K., & Creange, R. (2001). *Classroom Routines that Really Work for Pre-k and Kindergarten: A Bank Street Teacher Resource*. NY: Scholastic Inc.

Hebert, E. A. (1998). Lessons learned about student portfolios. *Phi Delta Kappan*, *76*(8), 583-585.

Helm, J. H., & Katz, L. G. (2001). *Young Investigators: The Project Approach in the Early Years*. NY: Teachers College Press.

Hendrick, J. (1997). *First Steps Toward Teaching the Reggio Way*. OH: Merrill/Prentice-Hall.

Hilgard, E. R., & Bower, G. H. (1981). *Theories of Learning* (5th ed.). Englewood Cliffs, NJ: Prentice hall.

Hohmann, M., & Weikart, D. P. (1995). *Education Young Children: Active Learning Practices for Preschool and Child Care Programs*. Ypsilanti, MI: The High/Scope Press.

Huber, L. K. (1999). Woodworking with young children: You can do it! *Young Children*, *54*(6), 32-34.

Hutt, S., Tyler, S., Hutt, C., & Christopherson, H. (1989). *Play, Exploration and Learning: A Natural History of the Preschool*. London: Routledge.

Inagaki, K. (1992). Piagetian and post-Piagetian conceptions of development ane their implications for science education in early childhood. *Early Childhood Research Quarterly*, *7*, 115-133.

Jaffke, F. (2000). 발도르프 킨더가르텐에서의 놀이와 작업. 윤선영 역. 서울: 창지사. (원전은 1995년에 출판)

Janney, R. J., & Snell, M. E. (2000). *Teachers' Guides to Inclusive Practices: Modifying Schoolwork*. Baltimore, MD: Paul H. Brookes, Inc.

Johnson, J. E., Christie, J. F., & Yawkey, T. D. (1989). *Play and Early Childhood Development*. Glenview, IL: Scott, Foresman and Company.

Jonassen, D. H., & Grabowski, B. L. (1993). *Handbook of Individual Differences, Learning and Instruction*. NJ: Lawrence Ewbaum Associates.

Kamii, C., & DeVries, R. (1979). Piaget' s theory, behavior and other theories in education. *Journal of Education, 161*, 13-33.

Kamii, C., & DeVries, R. (1980). *Group Games in Early Education: Implication of Piaget's Theory*. Washington, DC: The National Association for the Education of Young Children.

Katter, E. (1995). Multicultural Connections: Craft and Community. *Art Education, 48*(1), 8-13.

Katz, L. (1980) Mothering and Teaching - Some Significant Distinctions. In L. Katz (Ed.), *Current Topics in Early Childhood Education*, III (pp. 47-64). NJ: Ablex Publishing Corporation.

Kaufman, M. J., Gottlieb, J., Agard, J. A., & Kukic, M. (1975). Mainstreaming: Toward an explication of the construct. In E. L. Meyen, G. A. Vergason, & R. J. Whelan (Eds.), *Alternatives of Teaching Exceptional Children* (pp. 35-54). Denver: Love.

Kritchevsky, S., Prescott, E., & Walling, L. (1977). *Planning Environments for Young Children: Physical Space*. Washington, DC: NAEYC.

Manning, K., & Sharp, A. (1977). *Structuring Play in the Early Years at School*. London: Ward Lock Educational.

Mayer, R. E. (1982). Learning. In H. E. Mitzel (Ed.), *Encyclopedia of Educational Research* (pp. 1040-1058). NY: Free.

Meisels, S., & Steele, D. (1991). *The Early Childhood Portfolio Collection Process*. Center for Human Growth and Development. Ann Arbor, MI: University of Michigan.

Melson, G. F. (1989). The developmental of metasocialization: A theoretical frame work: *Journal of Applies Developmental Psychology, 10*, 241-266.

Miche, M. (2002). *Weaving Music into Young Minds*. NY: Delmar Publishers Inc.

Mullin, J. (1981). Toys. *Phenemenology + Pedagogy, 1*(3), 268-284.

Murphy, S., & Smith, M. A. (1990). Talking about portfolios. *The Quarterly of the National Writing Project and the Center for the Study of Writing*. Berkeley, CA: University of California.

NAEYC (1991). Guidelines for appropriate curriculum content and assessment in programes serving children ages 3 through 8. *Young Children*, 64-84.

NAEYC (1998). NAEYC Position Statement on Developmentally Appropriate Practice in the primary Grades, Serving 5 through 8 year olds. *Young Children*, 64-84.

NAEYC (2009). *Position Statement: Developmentally Appropriate Practice in Early Childhood Programs Serving Children from Birth through Age 8*. http://www. naeyc.org/DAP

Nimmo, J. (1994). Emergent curriculum. *Conference Proceedings: The Challenge of Reggio Emilia-Realising the Potential of Children.* Parkville, Australia: University of Melbourne.

O' Brien, M., Porterfield, J., Herbert-Jackson, E., & Risley, T. R. (1979). *The Toddler Center-A Practical Guide to Day Care for One and Two Year Olds.* Baltimore: University Park Press.

Odom, S. L., Deklyen, M., & Jenkins, J. R. (1984). Integrating handicapped and nonhandicapped preschoolers: Developmental impact on the nonhandicapped. *Exceptional Children, 51,* 41-49.

Odom, S. L., & McEvoy, M. A. (1990). Mainstreaming at the preschool level: Potential barrier and tasks for the field. *Topics in Early Childhood Special Education, 10*(2), 409-416.

OECD (2001). *Starting Strong.* Paris, France: OECD.

OECD (2006). *Starting Strong II.* Paris, France: OECD.

Olds, A. R. (2001). *Child Care Design Guide.* NY: McGraw-Hill.

Piaget, J. (1972). *Psychology and Epistemology: Towards a Theory of Knowledge.* Harmondsworth: Penguin.

Pica, R. (1997). Beyond physical development: Why young children need to move. *Young Children, 52*(6), 4-11.

Pica, R. (2004). *Experiences in Movement: Birth to Age 8.* Albany, NY: Delmar Publishers Inc.

Proshansky, E., & Wolf, M. (1975). The physical setting and poem education. In T. G. David & B. D. Wright (Eds.), *Learning Environments* (pp. 30-48). Chicago: University of Chicago Press.

Read, H. (1958). *Education through Art.* London: Faber and Faber.

Robison, H. F., & Schwartz, S. L. (1982). *Designing Curriculum for Early Childhood.* Boston, MA: Allyn and Bacon, Inc.

Rosenblatt, L. M. (1991). Literature S.O.S.! *Language Art, 68,* 444-448.

Seefelt, C. (1980). *Teaching Young Children.* NJ: Prentic Hall.

Seitz, H. (2008). The power of documentation in the early childhood classroom. *Young Children, March,* 88-95.

Shin, D., & Frost, J. L. (1995). Preschool children' s symbolic play indoors and outdoors. *Internation Play Journal, 3,* 83-96.

Shuter-Dyson, R., & Gabriel, C. (1981). *The Psychology of Musical Ability* (2nd ed.). London: Methuen.

Slater, W. (1993). *Dance and Movement in the Primary School: A Cross-curricular Approach to Lesson Planning.* UK: Northcote House.

Spodek, B. (1991). Early Childhood Curriculum and cultural definitions of knowledge. In B. Spodek & O. Saracho (Eds.), *Issues in Early Childhood Curriculum: Year Book in Early Childhood Education* (vol. 2). NY: Teachers College Press.

Spodek, B., & Saracho, O. N. (1994). *Right from the Start: Teaching Children Ages Three to Eight*. Boston: Allyn & Bacon.

Steffe, L., & Gale, J. 구성주의와 교육. 조연주, 조미헌, 권형규 공역. 서울: 학지사. (원전은 1995년에 출판)

Tobias, S. (1994). Interest, prior knowledge, and learning. *Review of Educational Research, 64*(1), 37-54.

Trawick-Smith, J. (2001). 놀이지도: 아이들을 사로잡는 상호작용. 송혜린, 신혜영, 신혜원, 성지현, 이종희 공역. 서울: 다음세대. (원전은 1994년에 출판)

Tyler, R. (1990). 교육과정과 학습지도의 원리. 이해명 역. 서울: 교육과학사. (원전은 1968년에 출판)

Valencia, S. (1990). A portfolios approach to classroom reading assessment: The whys, whats, and hows. *The Reading Teacher, 43*(4), 338-340.

Van Hoorn, J., Nourot, P. M., Scales, B., & Alward, K. R. (2003). *Play at the center of the Curriculum*. Upper Saddle River, NJ: Merrill Prentice Hall.

Vosniadou, S., & Brewer, W. (1987). Theories of Knowledge restructing in development. *Review of Educational Research, 57*(1), 51-67.

Vygotsky, L. (1976). Play and its role in the mental development of the child. In J. Bruner, A. Jolly, & K. Sylva (Eds.), *Play: Its Role in the Development and Evolution*. NY: Basic Books.

Weikart, D. P., Epstein, A. S., Schweinhart, L. J., & Bond, J. T. (1978). The Ypsilanti Preschool Curriculum Demonstration Project: Preschool years and longitudinal results. *Monographs of the High/Scope Educational Research Foundation, 4*. Ypsilanti, MI: High/Scope Press.

Wellhousen, K. (2002). *Outdoor Play, Every Day: Innovative Play Concepts for Early Childhood*. Albany, NY: Delmar.

Wellman, H. M. (1990). *The Children's Theory of Mind*. Cambridge, MA: Harvard University Press.

Whitin, D. J. (1997). Collectin data with young children. *Young Children, 52*(2), 28-32.

Wittmer, D., & Petersen, S. H. (2011). 영아발달과 반응적 교육: 관계중심 접근법. 이승연, 김은영, 강재희, 문혜련, 이성희 공역. 서울: 학지사. (원전은 2006년에 출판)

Wolter, D. L. (1992). Whole group story reading? *Young Children, 48*(1), 72-75.

찾아보기

《인 명》

《내 용》

저자 소개

김금주

덕성여자대학교 대학원 유아교육과(석사)

덕성여자대학교 대학원 유아교육과(박사)

전 한국유아교육학회 이사

강릉원주대학교 부설유치원 원장

현 강릉원주대학교 원주캠퍼스 유아교육과 교수

| 주요 연구실적 |

유아를 위한 프로젝트 접근의 현장적용(정민사, 2005)

영유아언어교육(창지사, 2009)

유아교육개론(창지사, 2009)

유윤영

덕성여자대학교 대학원 유아교육과(석사)

덕성여자대학교 대학원 유아교육과(박사)

전 열림어린이집 원장

덕성여자대학교 대학원, 성균관대학교 대학원 외래강사

현 덕성여자대학교 교육대학원 겸임교수

| 주요 연구실적 |

부모교육(2010, 정민사)

Piaget의 개념 연구가 유아교육에 미친 영향에 관한 논의(미래유아교육, 2010)

어머니와 교사의 유아기 발달에 대한 기대와 교육 목표에 대한 인식(미래유아교육, 2011)

오진희

덕성여자대학교 대학원 유아교육과(석사)

덕성여자대학교 대학원 유아교육과(박사)

전 세화유치원 교사

덕성여자대학교 대학원 외래강사

현 대림대학교 유아교육과 전임강사

| 주요 연구실적 |

유아교육개론(창지사, 2009)

유아의 어휘력, 읽기 발달, 이야기 이해능력과 가상적 내러티브 발달 수준과의 관계(유아교육학논집, 2008).

길이 측정에서 유아의 표준 측정 도구(자)에 대한 이해(열린유아교육, 2011)

김은정

덕성여자대학교 대학원 유아교육과(석사)

덕성여자대학교 대학원 유아교육과(박사)

전 동명유치원 교사

덕성여자대학교 대학원, 중앙대학교 대학원 외래강사

현 부천대학교 유아교육과 전임강사

| 주요 연구실적 |

유아의 수학적 문제해결에 대한 이론적 고찰(아동학회지, 2007)

문제해결에 기초한 유아 기하활동 구성 및 적용 효과(유아교육연구, 2009)

유아의 어휘력과 이야기 이해능력이 마음이론에 미치는 영향(열린유아교육연구, 2010)

박형신

덕성여자대학교 대학원 유아교육과(석사)

전남대학교 대학원 유아교육과(박사)

전 유성유치원 교사

동강대학교 유아교육과 전임강사

현 강릉원주대학교 원주캠퍼스 유아교육과 조교수

| 주요 연구실적 |

유아 다문화교육의 이론과 실제(학지사, 2011)

유아교사의 국악교육에 대한 학습경험과 유아국악교육 인식 및 적용실태(열린유아교육연구, 2010)

이야기 다시 말하기를 통한 말붙임새 창작활동이 유아의 국악능력과 언어능력에 미치는 영향(열린유아교육연구, 2011)

유아교사를 위한 일과 운영 방법

2012년 2월 25일 1판 1쇄 인쇄
2012년 2월 29일 1판 1쇄 발행

지은이 • 김금주 · 유윤영 · 오진희 · 김은정 · 박형신
펴낸이 • 김진환
펴낸곳 • (주) 학지사
121-837 서울특별시 마포구 서교동 352-29 마인드월드빌딩 5층
대표전화 • 02)330-5114 팩스 • 02)324-2345
등록번호 • 제313-2006-000265호

홈페이지 • http://www.hakjisa.co.kr
커뮤니티 • http://cafe.naver.com/hakjisa

ISBN 978-89-6330-845-6 93370

정가 19,000원

저자와의 협약으로 인지는 생략합니다.
파본은 구입처에서 교환해 드립니다.